上海·2013
Shanghai 2013

首届世界考古论坛会志
Bulletin of the Shanghai Archaeology Forum, Volume I

中国社会科学院考古研究所
上海市文物局　编著

科 学 出 版 社
北 京

内 容 简 介

本书为首届世界考古论坛学术资料汇编，收录了2013年8月23～26日举办的首届世界考古论坛的学术材料及会议资料。主要包括：论坛介绍、开幕式致辞、世界重大田野考古和研究成果入选项目、世界考古学主题论坛演讲和公众考古讲座的讲稿。

本书可供考古、历史、文物、博物馆工作者、高校学生等参考阅读。

图书在版编目（CIP）数据

首届世界考古论坛会志 / 中国社会科学院考古研究所，上海市文物局编著.
—北京：科学出版社，2015.11
ISBN 978-7-03-046344-9

Ⅰ.①首… Ⅱ.①中… ②上… Ⅲ.①考古学－文集 Ⅳ.①K85-53

中国版本图书馆CIP数据核字（2015）第270013号

责任编辑：柴丽丽／责任校对：张凤琴
责任印制：肖　兴／书籍设计：北京美光设计制版有限公司

科 学 出 版 社 出版
北京东黄城根北街16号
邮政编码：100717
http://www.sciencep.com

北京华联印刷有限公司　印刷
科学出版社发行　各地新华书店经销

*

2015年11月第 一 版　开本：787×1092　1/16
2015年11月第一次印刷　印张：22
字数：515 000

定价：308.00元

（如有印装质量问题，我社负责调换）

序

　　《首届世界考古论坛会志》即将出版。此刻，"会志"的书稿就在手边。翻阅着这部书稿，我的思绪被带回到2012年，设立世界考古论坛的前前后后都浮现在我的脑海中。

　　2012年春，中国社会科学院学部委员考察团在王伟光院长的率领下，赴上海考察，探索中国社会科学院与上海市人民政府开展广泛合作的可能性。就在考察过程中，王伟光院长和时任上海市人民政府市长的韩正先生讨论要在上海做一件具有世界影响力的文化大事。王伟光院长建议，在上海建立一个世界性的考古论坛，定期开展国际性学术活动。此建议得到韩正市长的积极响应和完全赞同，并表示，上海市政府将提供包括经费在内的全方位支持。达成共识后，两位领导把这个任务交给了我。

　　接到这个任务时，我的心情十分复杂，既激动，又担心。激动的是，我们有可能实现一直以来的愿望——中国考古学作为一个主要的成员真正融入国际考古学界的大家庭；担心的是，国际考古学界涵盖那么多国家，有那么多"大腕"，人家能响应我们的倡议吗？万一得不到国际学术界的响应，我们就完不成上级交办的任务了呀！

　　抱着这样的心情，2013年伊始，我们开始筹备首届论坛。先是以我个人的名义，向国际学术界的一些权威如伦福儒、查尔斯·海曼和布赖恩·费根等人致函，说明我们有意主办一个论坛，为国际考古学界的交流提供一个持续、稳定的平台，询问他们是否愿意成为论坛的核心成员。在征询信发出之后，我的心一直悬着，但几位学者很快就回了信，纷纷表示愿意为论坛做贡献。

　　几位学者的积极回应令我喜出望外！我马上给在世界范围内遴选出的大约200位知名考古学家写信，介绍论坛的宗旨和构想，邀请他们作为论坛的咨询委员加入工作，并告知他们几位国际考古学界的权威学者已经同意成为论坛的评审委员。不出所料，这次去信得到了十分热烈的响应，他们纷纷推荐各自熟悉的领域内重要的考古发现和研究成果。在咨询委员推荐的基础上，评审委员进行了认真的评审，最后产生了十项重大田野考古发现和九项重大考古研究成果。

2013 年 8 月 23 日，首届论坛在中华艺术宫（即上海世博会中国国家馆）举行。开幕式十分隆重，作为论坛主办单位的主要领导，中国社会科学院院长王伟光和上海市人民政府市长杨雄出席开幕式并致辞，在开幕式上致辞的还有国家文物局副局长童明康和英国剑桥大学教授伦福儒勋爵。中国社会科学院副院长李扬和上海市人民政府副市长翁铁慧也参加了开幕式，并向入选重大田野考古发现和研究成果的项目负责人颁奖。开幕式由上海东方传媒负责电视短片的制作和现场活动的主持，会场气氛热烈，颇有些奥斯卡奖颁奖典礼的味道。

在为期三天的论坛上，入选重大田野考古发现和研究成果的项目负责人分别介绍了各自的成果。我们还举办了题为"古代文明的比较研究"的主题论坛，来自各大古老文明研究领域的顶级学者小威廉·费什、费克里·哈桑、查尔斯·海曼、乔纳森·柯诺耶、伦福儒、查尔斯·斯坦尼什分别发表了中美洲文明、古埃及文明、两河流域文明、古印度文明的最新发现和比较研究成果，向与会学者展现了丰富的资料和富有启发性的观点，我代表中国学者介绍了"早期中国文明形成过程的考古学观察"。论坛还设置了"公众考古讲座"，请妮莉·罗伯斯、布赖恩·费根和帕达耶三位长期致力于公众考古事业和推广考古学知识普及的知名学者在上海博物馆做了三场讲座，报名听讲者非常踊跃，会场上互动热烈，给三位讲演者留下了十分深刻的印象。

论坛的最后半天为学者自由发言。来自 18 个国家的 29 位学者就今后论坛的组织形式、活动内容、国际考古学界的动向等广泛的话题发表了自己的意见。

首届论坛的成功举办，为国际考古学界提供了一个交流的平台，也在中国考古学界与世界考古学界之间架起了一座桥梁，中国考古学界得以更加直接地了解世界考古学的最新动态和进展，更好地融入国际学术界的大家庭，国际学术界也增进了对中国考古学的了解。我相信，首届论坛将在世界考古学的发展历史上留下重要的一笔。

最后，我要对为这次论坛成功召开做出巨大贡献的各国学者表示由衷的敬意！

世界考古论坛秘书处　秘书长
中国社会科学院考古研究所　所长
2015 年 9 月 15 日

目 录

世界考古学主题论坛演讲

世界考古论坛公众考古讲座

后记

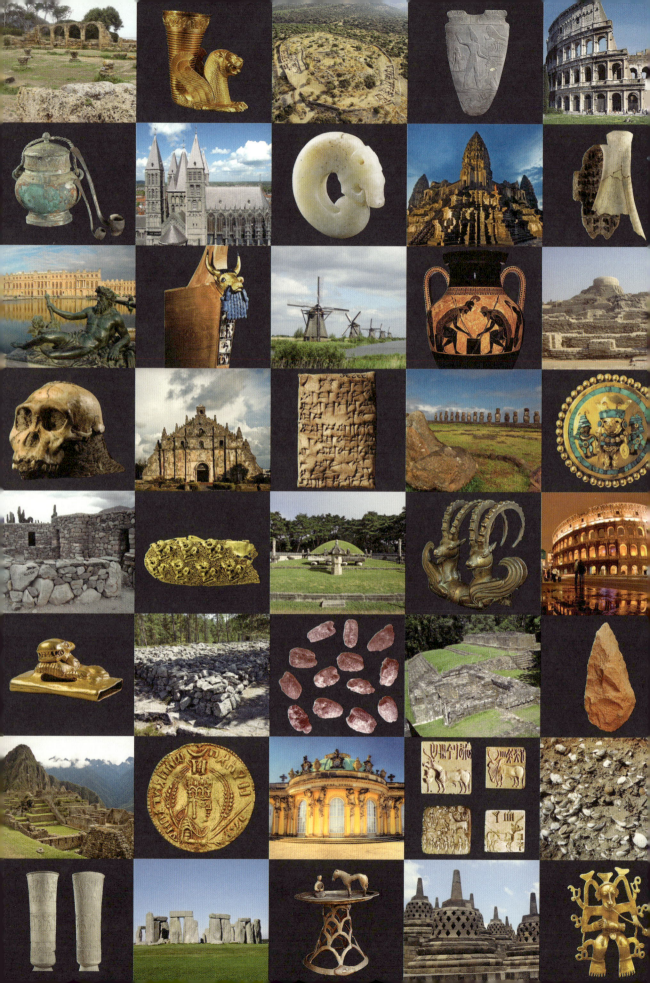

世界考古论坛

简介

世界考古论坛

　　世界考古论坛旨在推动世界范围内考古资源和文化遗产的调查、研究、保护与利用。它是宣传考古成果、促进考古研究、彰显文化遗产现代意义的高端国际学术平台。论坛致力于创新与合作，关注人类社会的可持续发展。

论坛的宗旨

世界考古论坛将致力于

促进全世界范围内考古调查、发掘和研究水平的提升；促进对世界不同地区、不同时代文化和社会面貌的了解；促进科学界对人类历史进程的认识与反思，并以此强调考古研究的现实意义。

加强国际考古学界的交流，为不同地区、不同领域学者增进相互了解，开展合作创造条件，促进世界考古学的发展。

借鉴人类社会发展的历史经验，探索当代社会面临的重大课题，尤其是生态环境的保护、社会的可持续发展、文化多样性的尊重和保持，以及城市化、全球化、人口迁徙和社会贫富分化等问题。

促进考古学与公众之间的互动，提升公众对考古学的关注和认识；有效保护全世界的考古资源和文化遗产。

中国石峁遗址（图片版权：孙周勇）

论坛组织机构

世界考古论坛由中国社会科学院和上海市人民政府联合主办，中国社会科学院考古研究所和上海市文物局承办。世界考古论坛由中国社会科学院考古研究所和上海市文物局共同组成执行委员会，负责论坛的实施。执行委员会由双方委派的秘书长领导。

咨询委员会是世界考古论坛的重要组成部分，该委员会由来自世界不同国家和地区的咨询委员们组成，他们是考古和文化遗产研究领域一流的专家学者。咨询委员在完全自愿的基础上为委员会工作，协助世界考古论坛履行其历史使命，负责提名或者帮助推荐世界重大田野考古发现和研究成果。论坛的另一重要组成部分是评审委员会，其成员是来自世界各大地区的学术权威和专家，他们负责对推荐的重大田野考古发现和研究成果进行评选。

← 墨西哥阿尔班山遗址（图片版权：妮莉·罗伯斯）

论坛活动内容

世界考古论坛活动主要由三部分组成：全球范围内重大田野考古和研究成果评选、世界考古学主题论坛演讲、公众考古讲座。

1. 全球范围内重大田野考古和研究成果评选

全球范围内重大田野考古和研究成果评选，强调新思想、新理念，强调创新性，强调对当今世界和人类共同未来的重要性，以此推进考古学研究水平的提高和知识创新，提高公众对考古学重要性的认识，促进对世界考古资源和文化遗产的保护，推动更加广泛的国际交流与合作。

重大田野考古发现和重大考古研究成果的推荐和评选每两年举

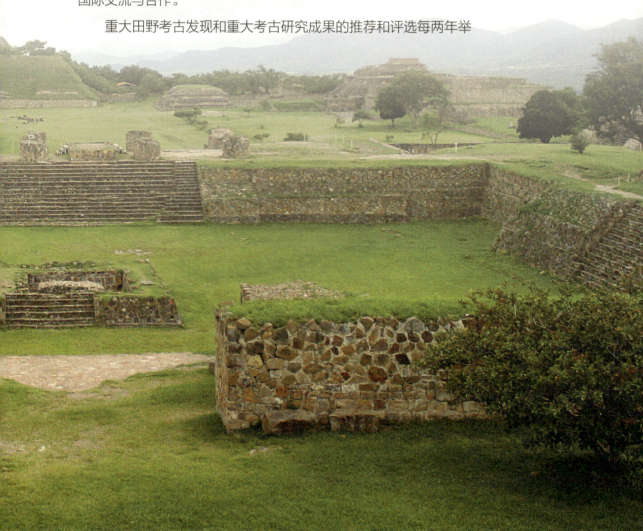

▲ 以色列特尔别是巴遗址（图片版权：泽夫·赫尔佐格）

行一次。被提名的田野考古发现和研究成果必须具有原创性，直接源自合法、科学的考古发掘、调查或是其他严谨的科学研究。论坛评审委员会将依据严格优选和公平公正的最高准则对推荐项目进行评选。邀请入选的田野考古发现和研究的负责人参加两年一届的世界考古论坛，介绍其研究成果。

评选项目包括重大田野考古发现和重大考古研究成果两类，每一类评选不超过 10 项。重大田野考古发现指那些能够加深、甚至改变我们对特定地区或全球范围古文化认识的田野考古调查和发掘。重大考古研究成果主要针对专项课题或以实验室科学分析为基础的考古研究。可以是多年综合性的研究项目，也可以是理论、方法、技术上的重大突破，或基于考古新发现的突破性研究成果。

2. 世界考古学主题论坛演讲

世界考古学主题论坛演讲，旨在讨论考古学理论和方法的最新进展，交流针对具体问题的研究成果，从而推进各国学者之间的学术交流和研究合作。主题论坛演讲着重强调与当今社会和世界未来发展息息相关的主题。其中包括：

• 人类起源与进化

• 农业起源与发展

• 早期城市、国家、文明起源与发展

• 古代文明的比较研究

• 经济发展与社会变革

• 古代城市和城市化

• 社会和生态耦合系统发展机制

• 科学技术的进步及其与人类社会发展的关系

• 精神生活（宗教、伦理、艺术）与社会

• 古代社会的可持续发展和衰亡

• 社会分工、分化与社会和谐

• 文化交流、人口迁徙与社会发展

• 全球化及文化多样性

• 公众考古

• 考古实践的伦理

- 考古资源和文化遗产的保护与管理
- 考古和文化遗产旅游

3. 世界考古论坛公众考古讲座

公众考古讲座为公众提供一个了解和欣赏古代文化遗产、考古知识的平台，致力于宣传考古发现及考古研究对当代社会的贡献。

宣传与出版物

　　《世界考古论坛通讯》将包括与论坛相关的事务、工作进展等方面的新闻，以及当今社会关注的相关议题的介绍和讨论。《世界考古论坛会志》将刊载每届世界考古论坛所评选的重大田野考古发现和重大考古研究成果的详细报道，以及根据主题论坛和公众考古讲座所整理的论文。

世界考古论坛

开幕式致辞

中国社会科学院院长王伟光致辞

尊敬的各位嘉宾、各位朋友，女士们、先生们，大家好：

现在，我谨代表论坛的共同主办单位——中国社会科学院和上海市政府宣布：世界考古论坛开幕！

2012 年，我曾到上海考察，向上海人民学习。当时我想，应该在美丽上海的发展蓝图上用浓墨重彩，展现上海文化建设的美景。而且我很高兴地发现，上海市委市政府的领导同志与我们"英雄所见略同"，都认为未来的上海不仅应该具有强大的经济实力，也应该凸显博大的人文情怀。基于这一共识，我们商定，由中国社会科学院和上海市政府共同举办世界考古论坛。在上海这个国际大都会，汇聚世界各地研究古代文明的优秀学者，共享世界重大考古发现和研究成果带来的震撼和启迪。在此，首先让我们对上海市委市政府的鼎力支持表示衷心感谢。

中国社会科学院考古研究所在中国考古学界居于领先地位，集中了国内最优秀的研究力量和研究资源。建立 60 多年来，考古研究所在中国各个省市自治区都开展过考古工作，特别是在中华文明起源和早期王朝诞生的核心地区，在以汉唐盛世的两京——长安和洛阳为代表的中国历代都城，在广大的边疆地区开展了广泛且深入的考古工作，几乎每年都有重要考古发现和优秀研究成果问世。考古研究所在世界范围内也有广泛影响，与数十个国家的考古研究机构建立了密切的合作关系，推出了一批中外合作的重要研究成果。这让我们有充分的理由相信，中国考古的国家队完全有能力组织好世界考古论坛这样的文化盛典。

在上海市委市政府的大力支持下，考古研究所在所长的主持下，组建论坛咨询委员会和评审委员会，形成了一个有影响力的国际团队，开展了卓有成效的论坛筹备工作。论坛得到了世界各国学者的热烈响应和大力支持。举办这一论坛，呼应了各国学者加强相互交流的共同期待，也是展现世界考古学最新研究成果的重要平台。在此，我要向各国学者对中国考古学和论坛的大力支持表示衷心的感谢！

世界考古论坛宗旨最重要的特点是，推进国际考古学研究的深入开展和各国考古学家的交流与合作，更加注重发挥考古学研究在当代社会发展中的作用，促进人类文化遗产的保护、优秀文化传统的继承、对多样文化的尊重和保护，让世界了解中国文明，让中国了解世界文明，促进世界文明的融合发展。

现存于世界各地的古代遗迹和遗物是人类文明的重要见证，是人类共同的文化遗产，需要考古学家和媒体共同努力，使这些文化遗产所蕴含的历史文化信息更好地为全世界民众所了解，使越来越多的人更加自觉地参与到对这些文化遗产的保护中去。

我想特别强调的是，考古学并不仅仅是研究人类过去的一门学问，她还会为解决当代社会发展所面临的一系列问题提供重要的历史经验和借鉴。中国古代著名思想家、教育家孔子曾说过，"君子和而不同"。这一观点在今天仍然具有重要的意义。众所周知，世界各地区的文明异彩纷呈，各自有悠久而辉煌的历史和独特的发展道路，犹如百花园中的花朵，各具特色，五彩缤纷，绚丽多彩。如何认识这些文明、如何处理各文明间的关系，不仅是重大的学术问题，也是重大的现实问题。当今世界，要着力保护文化的多样性，促进各个文明在保持各自特色的基础上，相互尊重，相互理解，相互学习，取长补短，和谐共处，共同发展。

近一百多年来，中国一直在探索着适合本国国情的发展道路，并逐渐坚定了走自己的民族复兴之路的信心。这种自信心，很大程度上源于对中华文明起源和独特发展道路的深刻认识：既然中华文明曾经以自己独特的方式创造过辉煌，当代中国人民也应该有足够的自信、智慧和包容，既广泛汲取各文明的优秀因素，又不盲目复制别国的发展模式，坚定地走自己的发展道路，以独特的方式再造辉煌，向世界展示中华文明的强大创新能力。我们深知，对中华文明的传承是中国坚持走自己的发展道路的根基。我们也同样懂得，对中华文明的传承，不是盲目自大和故步自封，而是要在了解和尊重世界其他文明的基础上，博采众长，吐故纳新。

世界考古论坛为我们提供了了解世界各地区文明的最佳平台。我相信，论坛必将彰显考古学的历史使命，彰显人类文明的伟大风采，在促进对人类历史经验的吸收和借鉴、推动对人类文化遗产保护和优秀文化传统继承等方面，发挥积极作用。谢谢！

2013 年 8 月 23 日

上海市人民政府市长杨雄致辞

尊敬的王伟光院长、伦福儒勋爵，各位嘉宾，女士们、先生们：

上午好！今天，首届世界考古论坛隆重开幕。首先，我代表上海市人民政府，对论坛的召开，表示热烈的祝贺！向与会的海内外嘉宾，表示诚挚的欢迎！

现代社会的价值观，根植于古代文明之中。开展科学的考古研究，深入了解人类社会发展历程，有助于我们更好地理解过去，认识现在，把握未来。本次论坛以"古代文明的比较研究"为主题，邀请来自世界多个国家考古界的专家学者进行研讨，这对于进一步发现古代文明的共性与个性，阐释人类文明发展规律，找到古代文明的兴衰对当代社会的启示，具有十分重要的意义。

　　文化是民族的血脉、城市的灵魂。上海的文化之根可以追溯到距今 6000 年的马家浜文化、距今 5000 年的崧泽文化。近代以来，上海成为东西方文化汇聚交融之地，形成了海纳百川、兼收并蓄的海派文化品格。当前，上海正在加快建设国际经济、金融、贸易、航运中心和社会主义现代化国际大都市，需要更加注重发挥文化对城市发展的引领和支撑作用。此次论坛在上海召开，有助于我们进一步学习借鉴国际最新的考古研究成果，从人类文明的演进中获取灵感，从世界各地的文化中汲取养分，更好地推进上海的现代化建设。我相信，大家的真知灼见，一定会为我们带来启迪和收获。

　　最后，预祝论坛取得圆满成功！祝各位嘉宾在上海期间生活愉快！

　　谢谢大家！

2013 年 8 月 23 日

国家文物局副局长童明康致辞

尊敬的伦福儒先生、王伟光院长、杨雄市长，

尊敬的各位来宾，朋友们：

　　大家早上好！首先，请允许我代表国家文物局向首届世界考古论坛的隆重开幕表示热烈祝贺，并向来自五湖四海的朋友们致以诚挚的问候。

　　中国是历史悠久的文明古国，有着深厚的金石学传统，但真正意义上的科学考古学是受西方考古学影响诞生的，第一代中国考古学家大多具备西学背景。中国考古学在李济、梁思永、夏鼐、苏秉琦等先生的引领下，经过几代考古人近百年的努力探索，取得了令人瞩目的成就，成为世界考古学的重要组成部分。

　　我国政府根据我国的基本国情，制定举措，积极推动考古和文化遗产保护工作的开展。新中国成立以来，我们先后组织实施三次全国文物普查工作，特别是去年完成的第三次全国文物普查，共核定、登录包括古遗址、古墓葬在内的不可移动文物 77 万余处，进一步摸清了我国文化遗产资源的基本情况，为开展保护和利用工作奠定了基础。我们不断强化文物安全工作，加大打击力度，有效遏制了盗掘古遗址古墓葬等违法犯罪案件的发展势头。我们一直将基本建设考古作为首要任务，集中力量做好建设工程中的考古和保护工作，抢救、保护了一大批珍贵文物，也积累了丰富的考古学研究资料。我们高度关注与科研相关的主动性考古工作，组织开展了中华文明探源等大型课题的联合攻关，推动实施了一系列跨区域、多学科合作的考古科研项目。此外，环境考古、水下考古、遥感考古、实验室考古也取得突破性进展，考古工作领域不断拓宽。中国考古学发展到今天，已建立起一套较为完备的学科体系，形成具有中国特色的理论方法，考古学时空框架基本确立，中华文明史逐步从传说走向真实。中国考古不断实现自身学术使命，同时也积极融入时代浪潮，勇于承担社会责任，成为促进经济社会发展的重要力量。大遗址考古是我国当前考古工作的重点，在扎实开展工作的基础上，一批具有示范意义的大遗址保护展示工程顺利实施，国家考古遗址公园的建设卓有成效，遗址周边环境得到显著改善，居民就业和生活质量不断提升，遗址保护和区域社会经济得到和谐发展。考古工作深入发掘遗址的价值与内涵，为元上都、大运河、丝绸之路申报世界文化遗产提供了有力的学术支撑。与此同时，考古工作的公众意识不断增强，公共文化服务水平得到显著提升，更好地满足了公众文化知识需求。考古工作关注民生，工作成果更好地惠及民生，也获得了更加广泛的社会支持。

　　一直以来，中国考古学的发展受到了西方考古学的深刻影响，中外合作考古是中国考古学发展过程中的一项重要内容。近年来，我们与美国、德国、日本等国家开展了多项合作考古调查、发掘项目，不断提高合作的深度和水平。同时，我们也主办并参与国际学术研讨活动，积极拓展中国考古学的国际视野。如今，中国考古科研机构已经具备了在其他国家开展考古工作的能力。中国考古队伍在柬埔寨、蒙古、肯尼亚等国家，与当地学者一道开展合作考古项目，在工作过程中充分展现了中国考古的特点和水平。今后，我们需要进一步加强与国际考古学界的交流与合作。我们真诚地欢迎世界各国考古科研机构来到中国，与我们开展广泛、深入的合作，也期待中国考古学者能更好地出现在世界考古的舞台。

本届世界考古论坛云集了国内外众多知名学者，是世界考古学界的一次盛会。学者们将发表真知灼见，阐释对不同文明内涵与发展历程的新认识，这样的研究有助于我们更真切地把握人类文明的发展规律，更加从容地应对当今人类社会面临的共同问题。祝愿中国考古学和世界考古学在今后取得更加丰硕的成果，祝愿论坛能够成为推动世界考古学发展的重要平台，为上海——这座东方时尚魅力之都，增添新的文化名片。我们也相信，此次论坛的召开，必将提升公众对考古学的关注度和认识水平，对于有效保护全世界的考古资源，推动文化遗产保护事业具有积极意义。

最后，再次预祝论坛圆满成功，祝各位来宾身体健康，工作愉快。

谢谢大家。

2013 年 8 月 23 日

剑桥大学教授伦福儒勋爵致辞

市长先生、国家文物局副局长先生、中国社会科学院院长先生：

　　代表在座的世界各地成就卓越的考古学家，应邀在首届世界考古论坛开幕式上致辞，令我倍感荣幸。吸引我们来到这里的，除了早期古代中国丰富的物质遗存之外，更有近年来中华人民共和国充满活力的考古学研究。

　　我这一代人在大学时代一定都学习过北京人、西安半坡新石器遗址以及安阳商代大墓。旋即我们又了解到秦始皇兵马俑。1980年我首次访问中国时，有幸来到西安，参观了兵马俑，并与中国考古学会第一任理事、国际上享有盛誉的夏鼐先生会见。之后访问北京大学和中国科技大学时，我和我的夫人受考古所邀请去了新疆，参观了许多传说中的丝绸之路上的遗址，那真是一次令人难忘的经历，我由此对中国史前和早期历史的丰富面貌有了第一印象，并了解到我们可以从中学到许多知识。

要全面了解这些内容，就必须将其置于全球史前史的语境下，并开展比较考古学研究。突出全球化和比较研究的方法，正是本次世界考古论坛如此重要的原因之所在。我们很高兴在西方和美洲许多主要的大学里都有中国学子的身影。他们很受欢迎，希望我们将来能有更多的中国学生。同时，还有许多西方的考古学学生在中国工作。通过这种交流和互动，才能在未来数十年间实现真正意义上的世界考古学。

因此，请允许我对你们的盛情款待深表感谢，并对王巍教授及他的同事为成功举办这个对世界考古学而言举足轻重的大会所作出的努力表示感激。谢谢！

2013 年 8 月 23 日

中国社会科学院考古研究所所长王巍致辞

尊敬的各位来宾：

　　受大会组委会的委托，我在这里就世界考古论坛的有关情况做几点说明。

什么是世界考古论坛？

　　世界考古论坛是宣传考古成果、促进考古研究、彰显文化遗产现代意义的高端国际学术平台。是由中国社会科学院和上海市政府联合主办，由中国社会科学院考古研究所和上海市文物局共同组成执行委员会负责组织实施的世界考古学顶级论坛。

为什么要举办世界考古论坛?

众所周知,当今世界,各国的考古学发展如火如荼,重要的考古发现和研究成果如雨后春笋,层出不穷。这些发现和研究不断地刷新我们对人类过去的认识,不断地改写人类的历史。随着人类社会的进步,人们对文化的需求日益增强,对自己祖先创造的文化、对人类所走过的道路的关心日益强烈。当今世界,全球化已经成为一个大的趋势。公众不仅希望了解本国的文化,也希望了解世界其他国家和地区的文化。然而,迄今为止,每年世界各地的重要考古发现和研究成果往往没有得到广泛的宣传,不仅世界民众了解甚少,就连国际学术界也往往所知不多。因此,无论是对世界公众还是对于国际学术界,都需要有一个适当的平台来发布考古的新发现和研究新成果。这就是我们举办论坛最初的缘由。

世界考古论坛的理念是什么?

1. 以促进学术交流,推动学科发展为己任

举办世界考古论坛最为直接的动机就是为世界各个地区、各个国家考古学者提供一个交流的平台,相互切磋,取长补短,促进世界考古学的发展。

2. 注重履行考古学的社会责任

我们从事考古发掘和研究,并不只是为了了解人类的过去,丰富人们的精神文化生活,而是为了总结历史的经验和教训,为正确解决人类社会面临的一系列问题提供借鉴与参考。

人类社会发展到今天,面临着诸多的矛盾和问题,诸如环境的污染,生存的压力,人口的增加、资源的减少,不同宗教、不同文化之间的冲突,等等,人与人,人群与人群,民族与民族,国家与国家以及人与自然之间,如何更好地相处,如何避免产生对人类生存和发展有害的行为,如何使人类更好地发展? 这些问题的解决需要智慧,需要我们总结人类社会的历史经验和教训,以期找出化解矛盾,通向人类更好的未来的途径和方法。

3. 依靠各国知名学者，共同做好论坛考古评选工作

在确定把评选世界重大田野考古和研究成果作为论坛主要内容后，我们清醒地意识到，这项评选工作必须紧紧依靠世界各国学者的共同努力。于是，论坛组委会秘书处从一开始就把充分依靠世界各国的知名学者参与评选作为基本的方针和理念。

4. 将学术研讨交流与普及考古知识相结合

论坛的内容包括重大田野考古和研究成果的报告、主题论坛的讲演和公众考古讲座，把交流学术信息和研究成果与普及考古知识结合起来，争取做到兼顾学界和公众的需求，研究和普及两不误。

关于主题论坛

根据我们对世界考古论坛的设计，每次论坛选择一个世界考古学的重大课题作为主题，围绕主题开展学术研讨。此次论坛的主题是古代文明的比较研究。

古代文明的研究是考古学研究的重要组成部分，一直为各国学者所关注。近年来，这方面的研究再掀高潮，取得了一批重要成果。为更好地认识各个地区古代文明的内涵、特质、发展道路与模式的异同，我们在首届论坛上，把古代文明的比较研究作为主题，将有 7 位学者做讲演，以考古学的视角来分析和考察世界各地的古代文明，为更好地理解文化的多样性，正确处理不同文明的关系提供历史的经验。

关于重大田野考古和研究成果的评选

重大田野考古和研究成果的评选和入选项目的报告是世界考古论坛的重要内容，也是该论坛不同于其他考古学论坛的重要特征。

为了做好评选工作，我们先后采取了以下几个步骤：

1. 聘请"两委"委员

我们首先从世界范围内聘请了 40 位论坛评审委员和 151 位咨询委员，得到了各国考古学家的积极响应和热情支持。40 位评审委员的研究领域基本涵盖了全世界各主要文化区。151 位咨询委员来

自 45 个国家和地区。评审委员和咨询委员并没有高低之分，只是职责不同，作用不同。咨询委员推荐项目，评审委员投票遴选。

2. 确定遴选标准

在征求了一些委员的意见后，论坛秘书处提出了遴选项目的标准。

强调新思想、新理念，强调对当今世界和人类共同未来的重要性，以提高考古研究水平、提升公众对考古学重要性的认识。被提名的项目必须具有原创性，直接源自合法、科学的考古调查、发掘或课题研究。

入选论坛重大田野考古发现的应是那些能够加深、甚至改变我们对特定地区或全球范围古文化认识的田野考古调查和发掘。

入选重大考古研究成果的主要是专项课题或是以实验室科学分析为基础的考古研究。可以是多年的综合性研究，也可以是理论、方法、技术上的重大突破，或是基于考古新发现的突破性研究成果。

3. 推荐评选项目

确定了评选标准后，我们请 150 多位论坛咨询委员提名推荐重大田野考古和研究成果的候选名单，短短一个月的时间，共收到重大田野考古和研究成果的推荐各 50 项左右。

4. 投票遴选项目

我们将咨询委员们推荐的近百个项目如数提交给各位评审委员，请他们进行第一轮的初选的通讯投票，选出首届世界考古论坛重大田野考古和研究成果评选的入围项目各 20 项。然后，再请评审委员正式投票，超过半数者成为入选的项目。

评审委员们十分认真地履行职责，很多委员通看了所有推荐的项目，有些委员除了投票外，还认真填写了评选理由。

经过投票，共有 10 项考古发掘入选重大田野考古发现，9 项研究成果入选重大考古研究成果。

在此，我代表论坛执行委员会向积极参加论坛推荐和评审工作的各位咨询委员和评审委员表示由衷的感谢！

2013 年 8 月 23 日

重大田野考古
和研究成果

入选项目

危地马拉塞哇遗址的
早期祭祀遗迹和玛雅文明起源

猪俣健　达米安·巴兹
美国亚利桑那大学

前古典时期中间阶段早期（公元前 1000～前 700 年），玛雅低地出现了定居人群和陶器。在中美洲的其他地区，许多人群在前古典时期早期（公元前 2000～前 1000 年）已经定居下来，并开始制作陶器。前古典期早期，韦拉克鲁斯（Veracruz）南部和塔巴斯科（Tabasco）西部墨西哥湾沿岸的奥尔梅克人（the Gulf Coast Olmec）在圣洛伦索（San Lorenzo）建造了一座巨大的礼仪中心，制作生产精美的石雕像。长期以来，学者们一直讨论墨西哥湾沿岸奥尔梅克文化对于低地玛雅社会发展的影响。有观点认为，墨西哥湾沿岸奥尔梅克人是玛雅文化的母体，其图腾、中央集权政治组织等一系列文化创举传遍玛雅和其他中美洲群体。而另一些学者提出，低地玛雅受到奥尔梅克文化的影响很小，或者他们与奥尔梅克文化之间只是竞争的关系。作为中美洲文明标志的广场和金字塔等建筑群，是理解玛雅文化与奥尔梅克文化关系的关键。前古典时期中间阶段见于整个中美洲南部的广场—金字塔建筑群为研究低地玛雅文明起源以及在此过程中墨西哥湾奥尔梅克文化所起的作用提供了重要信息。

　　20 世纪 60 年代，哈佛大学主持发掘了危地马拉塞哇遗址（Ceibal,
Guatemala）。发掘资料显示，该中心建立于前古典时期中间阶段
早期。在此基础上，从 2006 年起，猪俣健与丹妮拉·特里亚丹
（Daniela Triadan）一起主持塞哇（Ceibal-Petexbatun）考古项目，
开始对塞哇礼仪中心进行更进一步的发掘，以揭示该遗址的最早使
用期。此项目的首要目的之一，便是依靠更精确的地层控制和更多
的碳十四年代数据来改进塞哇遗址年表。根据这张重新修改过的年
代表，早期的"E 组"建筑群首建于公元前 950 年左右。E 组建筑
群的西部是一座金字塔，东部是一长条形平台，带有典型的墨西哥
恰帕斯（Chiapas）州形成中期中心的特征。塞哇 E 组建筑早于所有
其他已知的低地玛雅中心恰帕斯和奥尔梅克中心拉文塔（La Venta）
所见的同类建筑群。但这并不意味着塞哇 E 组建筑是这类建筑群中
最早的，也不是说这种建筑群完全是由玛雅人发明的。毫无疑问，
塞哇的建立者与附近恰帕斯聚落有交流，例如，E 组建筑下的窖藏
中出土的绿岩斧表现出与墨西哥湾沿岸奥尔梅克文化的联系。

此外，这些建筑与空间在特定历史背景中起到的社会作用也是十分重要的研究问题。塞哇的资料说明，这种最初的礼仪建筑群是作为公共仪式场所而建立的。而且，塞哇不是渐渐地由一个小村庄变为一个礼仪中心，而是在其居民选择了定居的生活方式之后，就立即建造了公共仪式建筑。在前古典时期中间阶段早期，包括 E 组建筑广场下出土的绿岩斧在内的大量祭品的发现，说明该空间一直沿用其初始功能，主要用于公共礼仪活动。

塞哇遗址的新发现表明，低地玛雅文明并不是直接由奥尔梅克文化中心拉文塔单独发展而来，而是由玛雅低地西南部、恰帕斯、太平洋沿岸以及墨西哥湾沿岸南部等地区的文化相互交融而形成。塞哇并不是被动接受其他文明的思想，而是积极地参与了创新的过程。在前古典时期中间阶段晚期（公元前 700～前 400 年），塞哇的广场保持了最初的形式，但在建造方法和陶器风格方面，未见来自恰帕斯和墨西哥湾沿岸地区的强烈影响，而更多地表现出与玛雅低地其他地区之间的联系。

（本文图片版权：猪俣健、达米安·巴兹）

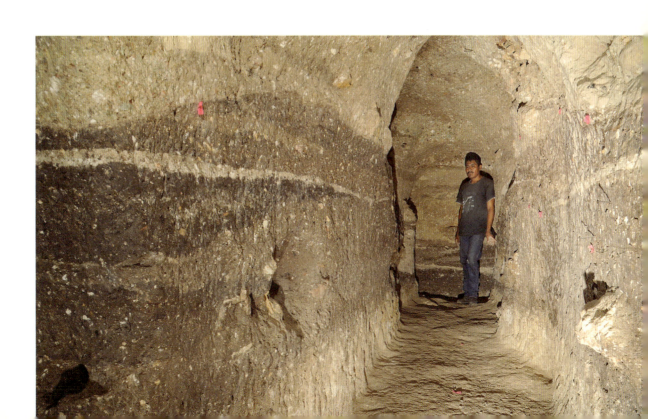

项目负责人简介

猪俣健于 1995 年获得美国范德堡大学人类学博士学位。他曾在洪都拉斯
拉恩特拉达地区以及危地马拉的奥哥提卡和塞哇地区工作。他发表的著述
有：《古典时期的玛雅》（与斯蒂芬·霍斯顿合著，剑桥大学出版社，
2009 年），《表现考古学：权力、社团和政治的舞台》（与劳伦斯·科
本合著，阿尔塔米拉出版社，2006 年），以及《危地马拉塞哇遗址的早
期祭祀遗迹和低地玛雅文明的起源》（《科学》第 340 卷，第 6131 页）。

达米安·巴兹毕业于巴黎第一大学，毕业论文是《前古典时期到古典时期末期低地玛雅城市中部和南部地区公共及私人空间的联系》。主要研究方向为系列空间关系中的公共与个人空间分析，以及特定时期特定社会中的物质、非物质和意识表现形态，以阐释不同社会群体之间的特定关系。他长期从事中美洲古典玛雅社会的社会学研究。从2012年起，他成为塞哇考古项目成员，曾任亚利桑那大学人类学系访问学者。

印度南部早期历史时期手工业暨贸易中心库都马纳遗址的考古发掘

拉詹
印度本地治理大学

库都马纳（Kodumanal, 北纬 11° 6′ 42″、东经 77° 30′ 51″）位于印度泰米尔纳德邦（Tamil Nadu State）埃罗德区（Erode District）佩伦杜来塔鲁克（Perundurai Taluk），在埃罗德西南 40 公里，西距著名的纺织中心切尼马莱（Chennimalai）15 公里。遗址坐落在高韦里河（Kaveri）支流、向东流淌的诺亚尔河（Noyyal）的北岸。现在的库都马纳是一个不起眼的小村庄，当地农业主要是旱作农业，依赖于季风降雨和井水灌溉。为了弥补农业收入的不足，当地有饲养牛羊的传统。但据桑伽姆文学作品 *Padirruppattu*（公元前一千纪末期至公元一千纪）的记载，曾经的库都马纳是一个贸易暨工业中心。这一地区曾处于古代贸易路线上，位于西部的木次日（Muciri）海港（现在的帕特南，Pattanam）以东，连接古代蕉赖（Cheras）的首都卡鲁尔（Karur）。

早在 1961 年，库都马纳的遗物就引起了印度考古局斯里尼瓦沙·迪斯肯（Srinivasa Desikan）的注意。1980 年，泰米尔纳德邦考古部在此进行了试掘，纳伽斯瓦米（R. Nagaswamy）简要公布了试掘结果。数次参观该遗址之后，前泰米尔大学碑铭学教授普拉瓦·

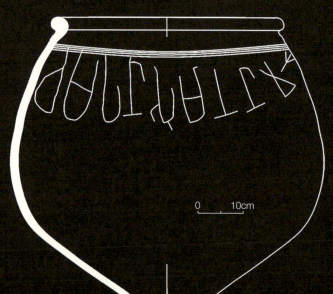

泰米尔一婆罗米文刻铭陶罐

北方磨光黑陶与戳印银币

S·拉贾（Pulavar S. Raju）首次意识到库都马纳在考古学上的重要意义。

　　库都马纳遗址于 1985、1986、1989、1990、1997、2012 和 2013 年间，共进行了七个季度的发掘。该遗址包含面积 15 公顷的居住区和 40 公顷的墓葬区，其中发现了 63 条壕沟和 16 座墓葬。这些发现彻底改变了我们对南亚早期历史时期文化转型的认识。这也要求学者们重新架构一个范式，以便理解作为一个整体的印度次大陆是如何迈入早期历史阶段的。

　　学者曾普遍认为，印度南部地区于公元前 3 世纪左右进入了历史阶段，其标志便是阿育王孔雀王朝［其首都在今比哈尔邦（Bihar），恒河附近的华氏城（Pataliputra）］的建立。相邻的卡纳塔克邦（Karnataka）和安得拉邦（Andhra）发现的古代铭文提到南部地区存在政治实体，这说明在阿育王统治时期书写也被引入到印度南部。阿育王碑文以婆罗米文写成，这是古印度最早的两种文字体系之一。

　　然而，近年来库都马纳的发掘证实以上观点是错误的。通过加速器质谱仪分析，从不同地层深度（15 厘米、60 厘米、65 厘米、80 厘米和 120 厘米）获取的测年样本的年代（均未校准）分别是公元前 200 年、前 275 年、前 300 年、前 330 年、前 408 年。在地层中出土了 551 件泰米尔—婆罗米铭文陶片，一些陶文与北方的名字有关联。还发现了 5 片与印度北部和中部早期历史时期第一阶段有关的北方磨光黑陶文化陶片，以及该文化的银币。有明确证据显示，公元前 5 世纪时，库都马纳已经与恒河平原中部建立起了良好的贸易和文化往来。此外，上文提及的进行年代测定的地层之下还有 65 厘米厚的包含带铭文陶片的文化层，所以早期历史时期的开端可能更早。

　　该遗址还发现了一片完整的宝石工业区。在居住区的中部出土大量不同生产阶段的珠子、废料、原材料和带凹槽的石板。其原料有蓝宝石、绿柱石、玛瑙、红玉髓、紫水晶、青金石[可能来自阿富汗的巴达赫尚（Badakshan）]、碧玉、石榴石和皂石等。还发现了用于冶炼钢、铁及铜等金属的坩埚，以及纺织生产和贝制品工业的遗物。各项证据显示，库都马纳曾是印度南部历史时期十分繁荣的贸易和工业中心。

　　库都马纳的发现与研究说明，印度南部早期历史时期要早于先前观点几百年之久，该地区历史时期的开端与孔雀王朝和阿育王没有任何关系。

（本文图片版权：拉詹）

项目负责人简介

拉詹为本地治理大学历史系教授，印度著名考古学家。拉詹在印度的许多地区，主要是泰米尔纳德邦进行了大量的考古发掘工作。迄今为止，他共发现了从旧石器时代至早期历史阶段的遗址超过 1500 个。拉詹还积极参与了阿普卡鲁（Appukallu）、拉马普拉姆（Ramapuram）、贝特·德瓦尔卡（Bet Dwaraka）和库都马纳的考古发掘，其中库都马纳遗址在国际上引起了强烈关注。拉詹教授先后出版有 12 本专著，发表文章超过 75 篇。他还是福特基金会"南印度历史地图"项目组组长。拉詹曾获最佳教师奖、英联邦奖学金和查尔斯·华莱士奖学金。

乌拉尔最古老的冶金祭祀场所

奥尔加·克罗科娃
俄罗斯乌拉尔联邦大学

峡亚坦卡（Shaytanka）祭祀遗址（Shaitanskoye Ozero II），在很大程度上改变了我们对欧亚大陆北部从石器时代过渡到青铜时代和冶金中心形成这两个问题的认识。

公元前 3000～前 2000 年，中亚地区以所谓的赛伊马—图宾诺现象（Seima-Turbino phenomenon）为主要文化特征。这一时期突然出现了高度发达的锡合金冶金术以及特殊的 blind sleeve 技术。赛伊马—图宾诺风格的青铜器出现于礼仪性遗址，也偶然发现于中国北部到波罗的海的北方森林草原和针叶林地带中，但缺少可靠的文化背景。因此，很难理解这一欧亚现象。另外，虽然中乌拉尔地区铜矿资源丰富，赛伊马—图宾诺风格的青铜器在该地区却十分罕见。

2006～2007 年，谢利科夫（Y. Serikov）教授在叶卡捷琳堡（Yekaterinburg）附近的峡亚坦卡湖边偶然发现了一个非常特殊的遗迹，出土了大量金属制品及不少当地青铜时代陶器。克罗科娃（O. Korochkova）与 斯蒂凡诺夫（V. Stefanov）在 2008～2013 年对其进行了发掘，与茹斯托夫卡（Rostovka）、赛伊马（Seima）、图宾诺（Turbino）等著名的赛伊马—图宾诺礼仪性遗址相比较，该

遗址具有独特的祭祀特征。

　　该地点磁异常非常明显，达到 +3°/+49°，在其地表没有明显的建筑结构。在已发掘的 950 平方米的范围内，发现了约 220 件青铜器、石镞和陶器，其中大部分集中分布。这些遗物或被垂直、成双地置于边缘，或一个套一个的垂直叠压，其中一些保留有丝织品或桦树皮残迹。遗址地表发现了 230 余件造型特殊的由玉髓和燧石制成的箭头，其中有些已残损。其原材料和技术并非当地石器工业的典型特征。我们在遗址外围发掘了一些墓葬，其中有火烧痕迹，包括数具炭化的男性遗骸，年龄在 35 ～ 50 岁。其中一人随葬一件柄部经过装饰的匕首。该墓附近还发现了单独的祭祀遗迹，为一浅坑，底部有 2 个手镯，边缘有 4 个套在一起的容器。

　　尽管出土物与其他著名的赛伊马—图宾诺风格器物相似，乌拉尔遗址有其显著的独创性。金属器物组合除了典型的赛伊马—图宾诺风格器物外，还有一些独特的乌拉尔器物以及先前未知的器物类

型。大多数器物由含锡 3%～8% 的合金制成，杂质（锌，铅，砷等）的含量与成分不稳定，另有一些纯铜铸造的特殊器形。有充分的理由相信，在公元前 19～前 18 世纪，在借鉴草原地区生产中心成就的基础上，赛伊马—图宾诺冶金者为乌拉尔地区冶金业的独立和金属加工中心的形成作出了重要贡献。

赛伊马—图宾诺人与了解氧化铜矿石（孔雀石、赤铜矿、蓝铜矿等）产地的当地人亲密合作，形成了乌拉尔中心。该中心形成的另外一个重要因素，是与邻近的草原地区的交流。这种交流不排除以交换贵重物品和联姻的方式进行的可能性。

矿石开采和金属生产在哪里进行？有很多证据认为是在邻近的地区，特别是在距离峡亚坦卡遗址 10～50 公里的当地聚落中发现了金属生产的迹象（坩埚、范）。该问题将在未来的研究中解答。

至于这批武器是为谁而造，可能是最难回答的问题。事实上在乌拉尔，这类金属器主要集中在复杂的礼仪性场所和墓葬中，聚落中很少见。据信，大部分理想化的武器是打算作为礼物奉献给造物主的。这一仪式印证了一种普遍做法，即当金属出现在人类文化的第一刻，便被让渡给神灵。

峡亚坦卡遗址的调查和发现，突出了赛伊马—图宾诺冶金术在欧亚大陆北部的地位和影响力，揭示了将冶金术引入狩猎者、渔民和采集社会的模式。该遗址也被视为欧洲大陆先进的冶金技术分布网络的新的接入点。

（本文图片版权：奥尔加·克罗科娃）

项目负责人简介

奥尔加·克罗科娃是俄罗斯乌拉尔联邦大学考古和民族学系助理教授，她于 1959 年出生于一个冶金工程师家庭。1975 ～ 1980 年，她在乌拉尔州立大学学习，后在俄罗斯科学院考古研究所进行研究生学习。2011 年，克罗科娃从俄罗斯科学院考古研究所获得博士学位，博士论文为《青铜时代泛乌拉尔地区和博尔河—额尔齐斯河流域的文化交流：因素、机制和动力》。克罗科娃教授的研究兴趣主要是欧亚大陆北部的青铜时代以及安德罗诺沃文化。最近五年，她主要研究乌拉尔地区古代冶金祭祀场所。

埃及吉萨金字塔城聚落考古

马克·莱纳
美国古埃及研究所

古埃及研究协会（AERA）考古队在吉萨高原的东南角发掘建造金字塔的劳工居住的聚落遗址迄今已有 25 载，发现了许多与劳工们日常生活有关的建筑遗迹：房子、作坊、牛畜栏、面包店和港口。若要正确了解古埃及文明，我们必须了解金字塔劳工的日常生活情况。

两个世纪以来，埃及的考古研究已经证实，在古王国第四王朝（公元前 2575～前 2472 年）时期先后建成了古埃及国内最大规模的金字塔：首先是为法老斯尼夫鲁（Sneferu）建造的代赫舒尔（Dahshur）及美杜姆（Meidum）金字塔，之后是在吉萨高原上为后来的统治者胡夫（Khufu）、哈夫拉（Khafre）和孟卡拉（Menkaure）建造的金字塔。埃及古物学家在金字塔旁的神庙中发现王者们庄严的雕像，上面镌刻着他们的名字。早在 20 世纪的大探险时期，他们就已清理出金字塔侧翼边上的埋葬着高级官员的家族墓地，还发现了朝臣的雕像和庙堂墙壁上的装饰浮雕，雕绘着古埃及时代人们所憧憬的理想生活。其上雕刻的姓名和头衔为我们了解当时的王室和政府官员提供了重要信息。胡夫太阳船、他的母亲海特菲莉斯

（Hetepheres）的鎏金家具、狮身人面像、大量的墓葬以及神庙石雕，都表现出金字塔时代统治者先进的工程技术。

　　然而，王室墓地的发掘并无助于我们了解建造金字塔的广大民众。他们如何被招募、动员与组织？又是如何在工地现场解决吃住的问题？古埃及研究协会的董事会成员埃德·孚尔斯（Ed Fries，微软 Excel 软件的共创者）提出："古埃及人所面对的难题，正如过去四十年以来计算机工程师一直在奋斗解决的难题一样——当计划规模愈来愈大时，如何处理相应增加的复杂性。"

　　公元前三千纪，文明的复杂性以最早的城市形式出现在近东地区。为此，古埃及学家一度争辩古埃及文明是否是"一个没有城市的文明"。与此同时，学者们估计建造胡夫大金字塔所需的人数可达数万，这相当于印度河流域、美索不达米亚及北叙利亚最早城市的人口总和。古埃及研究协会考古队想要探索的问题是：这些人住

在吉萨的什么地方？我们应该在哪里寻找到他们的居住聚落？其中是否包含一个实质上的城市雏形？它会告诉我们关于金字塔建造者生活的哪些方面？他们是如何组织起来的？要真正了解金字塔，我们就必须关注这些问题，重新审视金字塔周边地区，把金字塔放在更大的建筑景观中来考察。

我们依据地表调查和地质考古分析结果，来到吉萨高原东南部寻找金字塔工人驻地。在那里，由玛卡田构造（Moqqatam Formation）之中始新世石灰岩所构成的金字塔高原丘陵下降到沙漠低部，直至沙漠与尼罗河泛滥平原的交汇处。1984 ～ 1987 年，我们透过吉萨高原测绘专案，发现地质层曾受到大规模人为扰动的痕迹，包括对高原形状的改造、采石场的通道、采石场的位置，以及对应金字塔"桩"的"洞"。采石场周边，一道宽广的干涸河床横亘于金字塔高原和上始新世马迪构造（Maadi Formation）之间，自南升起，这曾是从吉萨以外向金字塔高原输入物资和人员的通道。

我们推测其东南方位上，在采石场和沙砾河床通路的外围地区可能发现聚落和基础设施。河道南侧，大狮身人面像以南约 400 米处，庞大的乌鸦之墙（长 200、宽 10、高 10 米）半掩埋于地表之下，以类似建造金字塔的巨石块建造。它的发现意味着，南部地区厚厚的沙层和近代倾倒层之下可能埋藏着重要的聚落遗址。

古埃及考古队在 1988 ～ 1989 年开始对其进行发掘。1999 年，因基建工程（现代城市扩张、旅游设施以及一个足球场的兴建）迅速侵占遗址，我们在此进行了抢救性发掘。我们不得不用重机械开挖遗址，切割泥砖墙和聚落层。经过前后 25 年的清理、测绘和重点式发掘，发现和抢救了面积达 7 公顷的聚落遗址。为了建造哈夫拉金字塔和孟卡拉金字塔，许多埃及人在这里生活和工作，其下面的地层可能是更早的胡夫王时期的地表。

我们把遗址命名为"HeG"，是阿拉伯语"Heit el-Ghurab"（即

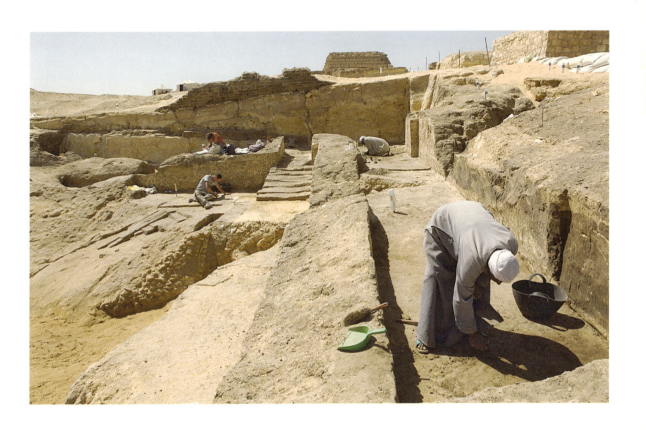

"乌鸦之墙")的缩写,该地标是遗址西北边界的界碑。遗址中央是一长廊结构建筑,规划者使用了大量预制建筑模块。该建筑的长宽比为7∶1,三道5.2米宽(10个皇家腕尺)东西向街道把"长廊"分隔为四大块。我们推测长廊就是营地,建造人员睡在这些长长的前柱廊里。监督建造队伍的人住在考古编号为二、三号的长廊组南端的小屋室区。在这里,大量灰烬和烧焦的墙壁证明了它是为建造队员们准备食物的烹饪、烧烤和烘焙的后室。

在长廊遗迹的东部、西部和南部还发现了其他与食品加工和储藏有关的遗迹,例如一些模块化的露天面包房,其产量远远超过单一家庭的需求。在聚落东南角有一个大型的围墙建筑遗迹,为了方便起见,我们称它为"皇家行政楼"(RAB),该建筑内发现带有圆形筒仓的低洼院落,其中的圆形筒仓直径2.5米,大概是储藏谷物所用。在发掘区的最东部有一处由小型院落和房间组成的东城区建筑群,这些遗迹反映了村落的自组织性或其"有机"秩序的特点。而在西城区,贵族居住的大房子里面发现了成千上万的图章,其中一些刻有哈夫拉和孟卡拉王统治时期的高阶文官的头衔职称。这些官邸住宅其实是行政管理中心和文官办公室。2011年还在遗址西南部发现了一处牛畜栏以及疑似屠宰场的遗迹。

古埃及研究协会的研究团队是跨学科的国际化研究团队。在从1988年到2012年的25年间,考古队员在HeG开展了目标明确的科学层位发掘,系统地收集了所有类别的物质文化遗存:动物骨骼、炭化植物遗存、打制石器(岩屑)和陶质印章,积累起最大的埃及考古发掘物质文化数据库。在此基础上,我们在田野实验室中开展了微观的考古学分析。目前的研究发现,HeG的粮食供给由国家负担;蛋白质类和碳水化合物类食物的消耗量很大,前者以牛肉、绵羊肉、山羊肉和鱼类为主,后者主要是面包。

如果HeG遗址的长廊建筑遗迹确为普通工人的营区,那么从我们的分析数据来看,这些轮流工作的劳动者们的营养状况比我们以往料想的要好。利用地理信息系统分析各类物质遗存的分布情况,我们得知那些最优质的肉、骨，伴随着刻有高级行政官员头衔的印章，集中分布于西城区以及警卫室内。

木炭和陶器分析使该遗址呈现出国际化的面貌。当时很可能从黎巴嫩和地中海东部进口大批杉木、松木和橡木，以至于这些木材都被用来充作柴禾。我们还发现了橄榄木，这是橄榄到达埃及的最早证据。这一发现还涉及篦纹陶，这种陶器很可能就是盛装从黎凡特（Levant）地区进口的橄榄油的容器。利用显微镜分析这些贵重进口产品遗存，我们意识到吉萨曾经是尼罗河上重要的贸易口岸，向北接收来自地中海东部拜布洛斯（Byblos）的货物，向南接收阿斯旺和努比亚地区的产品。我们将 HeG 视为一个贸易集散地，长廊建筑即为储藏室，兼作探险远征军的精锐部队或是王室护卫队的营房。

自 2005 年起，古埃及研究协会扩大了工作范围，跨越干涸河道重新研究孟卡拉河谷神庙和肯特高斯（Khentkawes）镇（连接于女王的纪念墓碑，在第四王朝末期直接受女王的统治）。乔治·赖斯纳（George Reisner）和塞利姆·哈桑（Selim Hassan）于 1908 ~ 1932 年发掘了 HeG 与这些聚落之间的区域，我们现在要研究包括工人营地和祭司与官员所在的正式金字塔城镇在内的整个聚落。该聚落的性质由辖区内墓楔礼拜堂中发现的蚀刻有古代象形文字的皇家法令与头衔确定。2007 ~ 2012 年，古埃及研究协会在肯特高斯镇东部发现一处港池，很可能是乌鸦之墙北部、狮身人面像东侧的港口和水利系统的组成部分，大部分被叠压于现代城市之下。

通过研究吉萨地区古代聚落，我们掌握了古埃及城市化关键时期的脉搏，这是古王国时期埃及文明的第一次繁荣。这项研究也对现今全球化时期，迈入公元三千纪的我们具有重大意义。

（本文图片版权：马克·莱纳）

项目负责人简介

马克·莱纳，美国古埃及研究协会（AERA）会长兼主任。1990～1995年，莱纳担任芝加哥大学埃及考古助理教授，现任芝加哥大学东方研究所研究员。莱纳生于北达科它州，并在当地完成大学学业。1973年，莱纳赴开罗留学，在开罗美国大学获得人类学学士学位。1990年，莱纳获得耶鲁大学古埃及学博士学位。他在埃及生活了13年，为美国、埃及、英国、法国和德国的考古项目工作。1979～1983年，莱纳先后担任美国埃及研究中心（ARCE）狮身人面像项目的野外发掘领队和总领队。1984年，他开始吉萨高原测绘项目（GPMP）。莱纳的代表作有《完整的金字塔》（1997年），在《国家地理》、《史密森尼》、《发现》、《考古学》等刊物上发表多篇论文。

寻找消失的文明：良渚古城考古新发现

刘斌
中国浙江省文物考古研究所

良渚文化主要分布于中国长江下游太湖流域，其存在年代为公元前 3300～前 2300 年。1936 年施昕更先生在浙江余杭良渚镇一带率先发现，1950 年以后，浙江、江苏和上海等地陆续发掘了一系列相关遗址，逐渐对这一文化的内涵有了比较清楚的认识，1959 年夏鼐先生正式提出了良渚文化的命名。20 世纪 80 年代前后江苏草鞋山、寺墩，上海福泉山，浙江反山、瑶山等一系列随葬大量玉器的良渚大墓的发现，将良渚文化的研究引向深入。

良渚文化有着相当发达的农业和手工业，农业以种植水稻为主，手工业主要有陶器、石器、玉器和漆木器等，渔猎也是食物来源的一部分。良渚文化的陶器以鼎、豆、双鼻壶、圈足罐等为主要组合。石器则主要有有段石锛、穿孔石钺、石箭头、石犁、斜把石刀、耘田器等。玉器的主要种类有琮、璧、钺、冠状器、三叉形器、锥形器、玉璜等，其中玉琮是祭神中的主要法器，而玉钺则主要是象征权力的权杖，玉礼器的造型主要来源于对神徽主题的表现，说明在信仰方面，良渚文化已经有了一个共同的崇拜神徽。良渚文化的社会分层现象十分明显，根据墓葬的材料，起码可以将良渚文化的社会分

成四个等级。

　　20 世纪 80 年代以后到本世纪初，浙江省文物考古研究所在余杭良渚、瓶窑一带经过多年的考古调查和发掘，在约 50 平方公里范围内发现了 100 多处良渚文化遗址，其中有 30 多万平方米的莫角山宫殿基址以及遗址群北部沿山东西 5 公里多长的水坝遗址，从而确立了良渚遗址在良渚文化中的重要地位。

　　2006 ～ 2007 年浙江省文物考古研究所经过两年多的勘探发掘，发现了以莫角山遗址为中心的良渚古城。古城总面积约 300 多万平方米，略呈长方形，东西约 1700 米，南北约 1900 米，城墙基础部分一般宽 40 ～ 60 米，最宽处约 100 多米。城墙的堆筑方式是先在底部铺垫石头地基，墙体则用取自山上的黄色黏土夯筑，墙体现存最高地段约 4 米。良渚古城发现以来经过不间断的考古工作，目前已在北、东、南三面城墙各发现了 2 个城门，均为水城门，西城墙因被村庄占压,尚未能进行详细勘探。我们对火溪塘即北城墙靠东的一个城门做过发掘,该城门宽 30 多米,底部为河相堆积,对应城墙中部位置有成排木桩。根据四面城墙解剖情况,叠压着城墙坡脚的为良渚文化晚期堆积,说明城墙使用和废弃年代下限不晚于良渚文化晚期,始筑年代还有待进一步的考古工作。良渚古城的发现使我们对良渚文化的社会发展进程有了全新的认识,充分证明良渚文化已进入了成熟的文明阶段。

2009～2011 年我们重点对良渚古城外围进行了调查、勘探和发掘,初步探明了古城外约 8 平方公里范围内的古代地貌和遗址分布情况。分布在古城周围的卞家山、郑村、里山、扁担山、和尚地等长条形高地,基本构成了外郭城的形态。2010 年和 2011 年通过对古城东面美人地和里山的发掘,证实其为经过多次人工堆筑加高形成的居住遗址,它建于沼泽湿地上,形成临水而居的居住方式。2012～2013 年对扁担山进行了解剖,显示该遗址也是良渚文化晚

期人工堆筑的居住址。古城外侧长条形高地的存在显示当时在古城
外围一定范围内是经过规划的居住区，是良渚古城的整体组成部分，
年代为良渚文化晚期。

2009～2011年，我们在距古城北部约8公里的彭公乡一带进
行过多次调查，发现了岗公岭、秋坞、石坞、老虎岭等水坝遗址，
它们与良渚古城北部沿山分布的塘山遗址构成一个完整的治水体
系。其中塘山遗址总长度约为6公里，宽约50、高4～5米。岗
公岭水坝修筑于两山之间，其堆筑方式与莫角山较为接近，下部为
青灰土，上部为纯净的黄色黏土，在岗公岭青灰土层断面可见清晰
的草裹泥现象，根据草裹泥内3个草样本的测定，岗公岭水坝的树
轮校正年代为距今5000～4900年。

2012～2013年我们重点对良渚古城城内进行了勘探发掘，探
明了古城城内有完整的内环河水系，水道蜿蜒交错，水路是当时重

要的交通方式，同时还证实古城南部的良渚港和北部的湖池头水域
历经五千余年至今仍在使用。

　　人工高台组成的宫殿区占据了城内的大部分地区。其中中心土
台莫角山遗址呈长方形，东西长约 670、南北宽约 450 米，总面积
达 30 多万平方米，人工堆筑高度约 14 米。其堆筑方法是下部用取
自沼泽地的青灰土堆筑，上部用取自山上的黄土堆筑。遗址中心区
域有沙土广场，还发现过大型柱洞。在莫角山大土台的上面，还有
三个小型台基，分别称为大莫角山、小莫角山和乌龟山。在莫角山
遗址的西北角是反山贵族墓地，在墓地西端发现了 11 座墓葬，出
土了大量精美玉器。莫角山的东坡、西坡和大莫角山的南坡、北坡
等区域的解剖，使我们对莫角山和大莫角山的边界、堆筑方式、时
代等情况有了更深入的了解。莫角山东坡的发掘显示出莫角山边缘
的堆筑方式是先在地势较低的河岸位置用草包泥堆筑，其上再采用

分块版筑的方式夯实；此外东坡还发现炭化稻米集中分布的遗迹，出土大量的炭化稻米，总量达到 2 万～3 万斤，可能为莫角山上宫殿区粮仓失火后的废弃堆积。2012 年上半年莫角山西坡的发掘显示莫角山与姜家山之间有一条古河道相隔，下半年的发掘则揭示出良渚文化晚期的河道及河岸堆积，河岸地势较低处用草包泥堆筑，在河岸发现有榫卯结构的木质建筑遗迹。大莫角山南坡的发掘显示出大莫角山在营建过程中曾预留一条沟渠，沟底铺垫长条形枕木。

在良渚古城的考古实践中，我们采取调查、大规模钻探和重点遗址解剖发掘相结合的方法，把工作重点放在探索古城结构、布局和重要遗址的年代、性状等问题上，同时采取多种科技手段进行辅助分析和研究。如建立了涵盖整个良渚遗址范围的考古测量控制网；通过第三次全国文物普查、无人机航拍等多种途径，获取遗址区不同比例的地图、正射影像、数字线划图等；配合考古钻探，我们对古城外围、莫角山、岗公岭等遗址进行了物理探测，主要采用高精度磁法测量，辅之以高密度电法和放射性测量；通过 GIS 软件制作数字等高模型，对古城内外的结构布局进行探索；对古城墙铺地石的鉴定和来源进行了研究；在勘探和发掘过程中，采集了大量标本，对古树种、古水稻、古孢粉进行鉴定分析。对良渚古城古环境的研究也取得重要成果，大量遗址的发掘和钻探剖面充分证明在良渚文化晚期之后该区域普遍存在以黄色粉沙质土为特征的洪水泛滥沉积，近年来临平茅山、玉架山等遗址的发掘证实这类洪泛层遍布于整个 C 形盆地，这为探索良渚古城衰落和废弃的原因提供了重要线索。

良渚古城是长江下游地区首次发现的良渚文化时期城址，是目前国内发现的同时期最大的古城，城内外功能布局基本清晰，城墙与城内宫殿区以及外围治水体系的营建工程浩大，是社会文明化进程和国家起源的重要标志，是中华五千年文明的重要实证地。良渚文化在中华文明的形成过程中，起过十分重要的作用。良渚文化的晚期以后，其影响力主要向北方扩展，在山东龙山文化、山西陶寺文化、甘青的齐家文化以及陕北等地的许多遗址中，都发现了从良渚文化演变而来的玉琮、玉璧等玉礼器。

（本文图片版权：刘斌）

项目负责人简介

刘斌，1985年毕业于吉林大学历史系考古专业。1985年至今一直在浙江省文物考古研究所从事考古工作，现任浙江省文物考古研究所副所长、良渚遗址考古与保护中心主任。曾参加过浙江余杭反山、瑶山遗址，湖北宜昌中堡岛等著名遗址的考古发掘工作，主持发掘过浙江海宁荷叶地、海宁余墩庙、余杭汇观山、嘉兴南河浜等许多重要的新石器时代遗址。2006～2007年主持良渚遗址的钻探调查，发现了良渚古城。2008年至今一直主持良渚古城的考古发掘工作。主要著述有：《南河浜——崧泽文化遗址发掘报告》，文物出版社，2005年；《中国出土玉器全集·浙江卷》，科学出版社，2005年；《神巫的世界——良渚文化综论》，浙江摄影出版社，2007年。

秘鲁亚马孙河上游古代神庙的考古研究

基里诺·奥利维拉
秘鲁考古协会

十分荣幸可以参与此次盛会，在此，我希望向世界考古论坛表达我真诚的谢意，感谢论坛给我这次机会，将我的团队对秘鲁境内亚马孙河上游所做的研究进行阐述。总的来说，我们工作的地点位于亚马孙低地和安第斯高地相接之处，这里是亚马孙河的起源地带。我们项目所研究的地区位于亚马孙省（Amazonas）和卡哈马卡省（Cajamarca），接近秘鲁与厄瓜多尔的边境。

亚马孙河上游地区历来都被认为是安第斯文明的边缘地带，是一个几乎被遗忘的地区，人们认为这里没有任何迹象可以表明沿海地区和秘鲁高原曾出现过社会复杂化过程。此前在这块区域内开展的考古研究很少，最有名的要数佩德·庞塞（Pedro Rojas Ponce）1961 年在哈恩（Jaen）主持的工作，以及七八十年代露丝·索利斯博士（Ruth Shady Solis）在巴瓜（Bagua）的一些工作。

我们的考古调查工作始于 2009 年，通过对上文提及的地区进行系统调查，我们发现了许多古代聚落遗址以及一些土丘和金字塔（在秘鲁语中称为 Huacas）。哈恩市的现代化建设已经摧毁了一些重要的纪念性建筑，对蒙特格兰德（Montegrande）和圣伊西德

罗（San Isidro）土丘的保护已经迫在眉睫。

　　在哈恩发现了具有纪念意义的建筑物遗迹，对覆盖在金字塔上的植物及现代堆积进行清理之后，我们发掘了 900 平方米的面积，发掘过程中参照附近的自然地层对遗迹遗物进行辨别。遗迹的碳十四年代显示为距今 4000 年左右，当时社会的工艺技术已经发展到了较高的水平，这从蒙特格兰德的金字塔的建造技术就能看出来。其同心螺旋状的形制同位于厄瓜多尔东部钦奇佩盆地（Chinchipe basin）的帕兰德（Palanda）的建筑十分相似。这种盘旋上升的寺庙是蒙特格兰德地区公共建筑的一种代表，反映出一个组织良好的社会下稳固的宗教特征，正是人们的宗教信仰和宇宙观决定了建筑的主体形制。圣伊西德罗发现的随葬品中有装饰象征图案的祭品，这些图案描绘的是亚马孙河上游的自然环境，有时候还会发现一些海洋动物的图像。这种丧葬行为，表现的是一种礼仪制度以及将死亡看做是新生的途径的宗教观念。

钦奇佩河与马拉尼翁河汇流处（图片版权：马丁·琼贝）

▲ 哈恩，蒙特格兰德

　　我们在巴瓜的克罗拉（Causal）及拉斯洪塔（Las Juntas）附近发掘的两处建筑高台所包含的文化要素在亚马孙河上游地区都是前所未见的。金字塔内建筑物的泥墙上保留有彩色的壁画，相对干燥的气候条件成为保存这些壁画的关键因素，历经时间的洗涤，这些装饰着五彩缤纷壁画的抹灰篱笆墙竟然奇迹般地留存下来。壁画设计复杂，充满着几何图案和自然象征图形，有一幅壁画竟然描绘出一只大张着嘴巴在平地上慢慢爬行的宽吻鳄。有一类用红白黑三色绘成的具有特殊图案的壁画同哥伦比亚铁拉登特罗（Tierradentro）的壁画很相像。其中三幅的年代为距今 3500 年，是秘鲁亚马孙河上游地区发现的最早的壁画，有可能也是南美洲亚马孙河西部发现的最早的壁画。

　　根据从前在沿海地区以及秘鲁高原开展田野工作的经验，我们意识到必须同当地人民紧密合作，才能让他们对这些文化遗产产生归属感，并认识到其珍贵价值。我们对当地人进行培训，以让其更好地参与到现代化的考古研究中来。此外，我们还参考了以前对居住在这些考古遗址附近的土著居民的民族学研究成果，这样，我们的工作就能成为对该地区民族志记录的一种继续。

完成秘鲁东北部第一阶段的考古调查之后，我们意识到我们的研究对于科学实践、学术研究和公众教育等社会文化的推动正是祖国所需要的。我们的主要成就之一，是将地方政府和当地社区纳入了考古研究的过程之中。秘鲁总统奥良塔·乌马拉（Ollanta Humala）和厄瓜多尔总统拉斐尔·科雷亚（Rafael Correa）都肯定了秘鲁东北部这块边际地带的历史成就。他们在近期发布的《两国共同发展协议》（2012年11月23日）中称："我们非常欣喜地看到厄瓜多尔和秘鲁考古学家在萨莫拉—钦奇佩、圣伊格纳西奥、哈恩和巴瓜地区所取得的研究成果，他们证实了我们两国在前哥伦布时期的文明是同根的，当然也包括可可豆的起源。这些发现必将为亚马孙河上游地区带来文化事业和旅游事业的发展。"

（本文图片版权：基里诺·奥利维拉）

▼ 哈恩，圣伊西德罗

▲ 巴瓜，拉斯洪塔

▲ 巴瓜，克罗拉

项目负责人简介

基里诺·奥利维拉于 2008 年在西班牙塞维利亚的帕布罗·德奥拉韦德大学（Universidad Pablo de Olavide）获得拉丁美洲艺术与文化管理博士学位。在此之前，他于 2006 年从秘鲁天主教大学（Pontifical Catholic University）获得工程质量管理资质；2002 年从圣马丁大学（San Martin de Porres University）获得文化遗产与旅游管理硕士学位；1994 年从特鲁希略国立大学（National University of Trujillo）获得考古学学士学位。现任秘鲁亚马孙考古与社会发展协会主席（2012～2015）、西潘博物馆联合会执行会长（2013～2016）和秘鲁亚马孙高地考古项目负责人（2009～2016）。

土耳其东南哥贝克力石阵：
巨石神庙和新石器革命

克劳斯·施密特
德国考古研究院

哥贝克力石阵（Göbekli Tepe）位于土耳其东南部桑尼乌法镇（Şanlıurfa）附近的山脊上，由此处可以俯瞰周围的平原地带，而从远处亦可清晰看见石阵。石阵地处所谓的"上美索不达米亚"（美索不达米亚高原北部）地区，该地区还包括今叙利亚北部和伊拉克北部等地。正是在这个地区，约公元前十千纪至公元前九千纪（即哥贝克力石阵所属的年代）前后，发生了从狩猎采集社会到从事食物生产的早期农业社会的转变。

这场生业形态的转变发生于最后一次冰期结束后不久，远早于世界上任何其他地区。全球各地的过渡期发生在晚冰期到全新世早期之间，标志性特点是环境的根本变化。整体而言，第一阶段的气候比较温暖（公元前12,700～前10,700年），之后是一个干冷期，也就是新仙女木期（公元前10,700～前9,600年），而全新世早期则是比较稳定的间冰期环境。

以下是几代考古学家所面对的一些根本性问题：为什么人类放弃狩猎采集的生活方式，转而种植植物和饲养家畜？已知的气候变化和早期农村社群的崛起之间是否有关联？换句话说，新石

器革命为什么发生？我们必须要追问的是：为什么偏偏在这里，
即幼发拉底河和底格里斯河的两河流域，产生了这样的变化？而
不是在其他地方，例如欧洲的多瑙河地区或北非的尼罗河流域？
最后，为什么这个转变不是发生于更早的全新世之前，例如冰河
时代的狩猎时期？

　　哥贝克力石阵令人瞩目的发现，让我们从一个完全不同的新视
角来审视上述问题，可以说在相当大的程度上改变了以往的认识。
哥贝克力石阵的独特性是其突出的建筑物和多样组合的艺术题材，

从小件的石俑，例如人和动物的雕塑和雕像，到大型装饰的巨石。哥贝克力石阵不是一个普通住居型遗址，它由数个巨石祭坛组合而成，各祭坛由每根重达数吨的T形直立石柱环绕起来，石柱之间有墙体，以围墙分隔出祭坛内部和外部的空间。祭坛的中心一般有两个巨大的独立的支柱。T形的含义可以认为是拟人化的表现，一些石柱上刻有手臂和手掌的浅浮雕，无疑代表着人类形貌。T形交叉支柱的轴是人体的头部，且刻意回避性别差异。这种简约化的表现形式也显然是有意为之，因为自然主义的动物和人类的雕塑和浮雕在遗址中也多少有所出现，这类作品位于墙壁或柱子上，可能有辟邪防御的意图，同时也充分证明了艺术家们的创造力。

虽然人形柱的身份尚无法确认，我们仍希望对这个全新的石器时代的图像世界开展持续研究并取得成果。也许他们代表神话中的祖先或恶魔，甚至是人类历史上首次以纪念碑形式描绘的神祇。在发现哥贝克力石阵之前，一般相信，在新石器时代开始的早期，社

会人群组织成小群体从事狩猎采集。掌握农耕技术的人群才有能力发展复杂的宗教习俗。当我们检视在哥贝克力石阵发现的新信息时，毫无疑问可以想见，当时建设和维护这样一个遗址所需的大量时间、精力、工艺和人力，所反映出来的是一个复杂的、分层的社会组织和涉及大量人口的劳动分工。人群集会欢宴大概是数百人聚集起来的直接原因。从这个角度来看，公元前十千纪和公元前九千纪出现的粮食生产可能代表了一系列生存模式创新和调整的成果，以满足和确保这些大型定居社群的能量需求。植物和动物驯化过程中的一个主要推动力，可能是来自于这些人民的精神理念，而精神理念则要通过物质世界来体现，其中建造巨型建筑是非常重要的方式。

哥贝克力石阵的发掘是德国考古研究院主持的科研项目，由德国研究基金会（German Research Foundation）支持。本课题中的生物考古学部分是与慕尼黑大学的约里斯·彼得斯（Joris Peters）和他的团队合作开展的。此外，我们还参与了由约翰·邓普顿基金会（John F. Templeton Foundation）赞助的、与特雷弗·沃特金斯（Trevor Watkins）合作的项目"我们的土地——我们在世界的位置"。非常感谢土耳其国家文物署（安卡拉）允许我们在哥贝克力石阵这样一个重要的遗址开展发掘研究。感谢欧洲共同体（European Community）、全球文化遗产基金会（Global Heritage Fund）、卡普兰基金（Kaplan Fund）、Koç 基金会（Koç Foundation）和 FREDDY S. p. A.，他慷慨资助罩棚，保护发掘出土的建筑物。

（本文图片版权：克劳斯·施密特）

项目负责人简介

克劳斯·施密特，德国考古学家，德国考古研究院东方部近东史前考古资深科学顾问，从1995年开始领导发掘土耳其史前遗址哥贝克力石阵。1974～1983年，克劳斯·施密特在埃尔兰根—纽伦堡（Erlangen-Nürnberg）和海德堡（Heidelberg）大学学习史前考古，辅修地质学、古生物学及古典考古学，并于1983年在海德堡大学以论文《诺孙铁佩发现的石器》获得博士学位。1983～1995年，施密特博士与德国考

古研究院和海德堡大学合作，在埃及和土耳其境内开展多项考古研究。1999 年，他开始在埃尔兰根—纽伦堡大学任教。2001 年以后，他在柏林德国考古研究院东方部任史前考古高级顾问。自 2002 年以来，他参与领导发掘约旦亚喀巴附近的 Tall Hujayrat al-Ghuzlan 遗址。（案：克劳斯·施密特博士于 2014 年 7 月 20 日在德国逝世，世界考古研究中心全体人员在此谨致以深切的哀悼与怀念，对他在史前考古学领域做出的卓越贡献表示由衷的敬仰与钦佩。）

墨西哥特奥蒂瓦坎庙宇建筑
所体现的世界观和社会史

杉山三郎
日本爱知县立大学

特奥蒂瓦坎（Teotihuacan）位于今墨西哥城东北部 40 公里处海拔约 2300 米的墨西哥高地中部。这座古老的城市因其巨大建筑而闻名遐迩，例如太阳金字塔、月亮金字塔以及其主要神庙"羽蛇神金字塔"上的堡垒。所有这些大型建筑都附属于一座规划得宜的城市，其中的公共建筑、居住区、地形地貌和主轴线"亡灵大道"都极其震撼人心。在过去的一个世纪里，在中央区域发掘了大量公共建筑和住宅建筑，并进行了加固和部分重建工作。这项工作主要是由墨西哥政府组织开展的。我们现在知道，鼎盛时期的特奥蒂瓦坎是 2～6 世纪美洲前哥伦布时代最大的城市中心之一，占地面积约 20 平方公里，人口 10 万～15 万。尽管已经发掘出数量相当可观的建筑遗迹，我们还不确定其主要民族的属性和当地使用的语言、文字书写体系，尤其不清楚的是创造并掌控着这座古老的规划得宜的城市的统治者身份。

在过去的 30 年间，我参与过特奥蒂瓦坎三座主要建筑的发掘。尤其幸运的是，我参与了羽蛇神金字塔的发掘工作。这项工作始于 1980～1982 年，由墨西哥国立人类学与历史学研究所（INAH）

主持，而后由墨西哥国立人类学与历史学研究所和亚利桑那州立大学在1988～1989年继续进行。我们在金字塔内和周围发现了至少137具带有丰厚祭品的人牲。20世纪90年代我们的集中发掘和材料研究证明，公元200年左右这里存在过强大的军政一体的统治。不过，我们尚无法弄清这个古代国家的政治机构，尤其是统治者的情况。

　　1998～2004年我们又开始在特奥蒂瓦坎第二大建筑月亮金字塔进行探索。围绕金字塔展开集中发掘，对金字塔中心隧道进行系统探测，我们发现了一个复杂的建筑群，其中包括7座相互叠压的大型建筑和5座带有人牲的贵族墓葬，以及大量神圣动物的牺牲，其中包括美洲虎、美洲狮、狼、鹰和响尾蛇，还有丰富得令人叹为观止的祭品。根据隧道的发掘结果，我们能够确认月亮金字塔是在以前大型建筑基础上大规模扩建而成的，形式和规格都发生了巨大的改变。扩建的同时还伴随出现大量墓葬群和祭品，这象征着政治

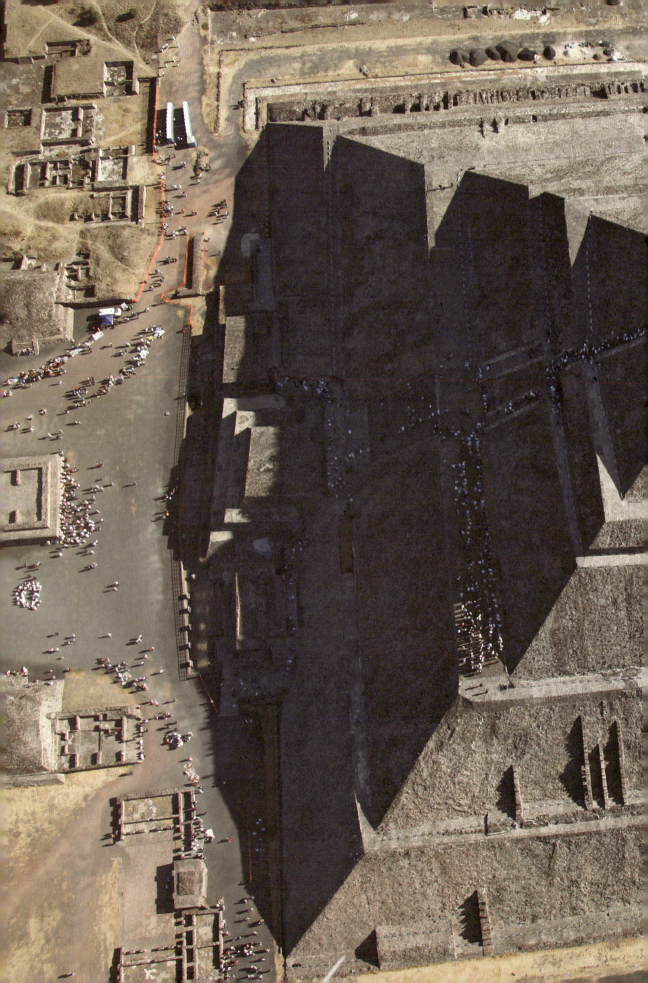

力量的膨胀。除了丰富的编年材料之外，墓葬中还出土了有关国家宗教和政治组织的极其重要的新材料。不过，我们仍然无法确认特奥蒂瓦坎最高统治者的身份。

最新发掘的是特奥蒂瓦坎最大的太阳金字塔，墨西哥国立人类学与历史学研究所在这里开展的项目已持续了约 10 年。我们揭露了三个主要的建筑阶段：前太阳金字塔期、太阳金字塔 1 期（一个边长大约 215 米的正方形平台）、太阳金字塔 2 期（扩张阶段，完全覆盖早期建筑）。这个过程也反映了国家政治的变迁，最近发掘的陪墓葬和祭品更准确地传达出国家意识及政府性质。最大的金字塔也非常独特，例如，我们偶然发现金字塔下方 6 米处有人工开凿的隧道。尽管历经数个世纪的沧桑，墓葬的内容早已荡然无存，但我仍认为在古代这个隧道曾是皇室墓葬。我们对隧道出土物和最近在金字塔顶发现的象征物进行了持续的研究和分析，对羽蛇神金字塔下方 15 米的区域也开展了新的探索。这些材料在特奥蒂瓦坎研究史上首次提供了有关他们的世界观和最高统治者的重要线索。

（本文图片版权：杉山三郎）

项目负责人简介

杉山三郎，1952 年生于日本，现为日本爱知县立大学大学院国际文化研究科教授，美国亚利桑那州立大学人类进化与社会变革学院研究教授。他于 1995年在亚利桑那州立大学获得博士学位。他的研究专长是中美洲考古、古代城市化和象征主义，以及认知考古学理论。他参加了大量墨西哥、危地马拉和日本的考古学研究，尤其专注于墨西哥特奥蒂瓦坎考古。作为联合发掘主持人，他对月亮金字塔和羽蛇神金字塔开展过深入发掘，最近也负责了特奥蒂瓦坎的太阳金字塔的联合发掘。由于在墨西哥考古和相关国际活动中获得的成就，他于 2012 年荣获日本外交部奖。他的学术成果包括：《人牲、军政和统治：特奥蒂瓦坎羽蛇神金字塔体现的国家意识》，剑桥大学出版社，2005 年；《月亮金字塔工程和特奥蒂瓦坎国家政策》，发表于《古代中美洲》18 期，2007 年；《特奥蒂瓦坎的城市规划与宇宙结构》，发表于《度量考古学的角度：古代社会的天、地、时》，剑桥大学出版社，2010 年。

石峁：公元前两千纪中国北方石城

孙周勇
中国陕西省考古研究院

石峁遗址地处中国黄土高原北部，毛乌素沙漠南缘，位于黄河一级支流秃尾河及其支流洞川沟交汇的台塬梁峁之上。2011～2012年，陕西省考古工作者对遗址展开区域系统考古调查，发现了保存完整的由"皇城台"、内城和外城三部分构成的石砌城垣。城内密集分布着大量宫殿建筑、房址、墓葬、祭坛、手工业作坊等龙山文化晚期至夏代早期遗迹。石峁城址城内面积逾400万平方米。

"皇城台"是当地百姓对一处由底部向台顶四面包砌层阶状护坡石墙台地的称呼，下大上小，呈"金字塔"结构，护墙保存较好处多达十余层阶。台顶面积8万余平米，为大型宫殿建筑区域，发现了大型墓葬及石雕人像等重要遗迹及遗物。内、外城呈半包围状，以"皇城台"为中心，依山势而建，形状大致呈东北—西南走向。城墙大部分处于山脊之上，为高出地面的石砌城墙，墙宽均约2.5米，保存最好处高出现今地表1米有余。内、外城石墙长度分别为5700米及4200米，墙体上发现了城门、角楼、马面、墩台等防御性建筑遗迹，内城之内密集分布着居住区、墓葬区及手工业作坊区，外城内同类遗迹较为稀少。

▲ 皇城台俯视正射影像与等值线叠加图

　　2012 年重点发掘了外城东门址及马面、角楼等附属设施，揭示出一座体量巨大、结构复杂、筑造技术先进的城门遗址，出土了玉器、壁画、石雕人像、陶器、石质生产工具等龙山时代晚期至夏时期的重要遗物。外城东门址位于外城东北部，由外瓮城、砌石夯土墩台、内瓮城、门塾、马面、角楼等部分组成，这些设施以宽约

9米的"『"形门道连接，总面积4000余平方米。从地势上来看，东门址位于遗址区域内最高处，可视域开阔，位置险要。考古发掘揭露出了明确的地层关系并出土了大量文物遗存。依据地层关系及出土遗物的类型学特征，石峁城址的年代确定在公元前两千纪前后，即龙山时代中期至夏代早期之间，对"纴木"及房址F6"白灰面"的碳十四年代分别为公元前2200～前2040年及公元前1940～前1780年，与考古学证据一致。石峁城址当修建于龙山中期或略晚（皇城台），夏代早期毁弃。

石峁城址以皇城台为中心、内外城半包围环绕的环套结构，开启了中国古代都城建筑格局的先河。石砌墙体内极为特殊的大量葬

石峁城址外城东门发掘鸟瞰图

玉现象，凸显了东亚地区古人崇尚"玉石"辟邪御敌观念，东门址或许与中国古代文献中记载的"玉门"、"瑶台"等相关。内瓮城墙体上彩绘的几何纹壁画，颜色鲜艳，图案精美，系中国古代美术考古及艺术史的重大发现。城墙修建过程中用于防止意外塌毁而横向插入墙体的"纴木"是中国古代城建技术的重要创举。瓮城、马面、角台等城防设施的出现不仅表明在中国早期国家形成的前夜，中国北方地区政治格局的复杂化及武力战争的频繁，也成为东亚地区土石结构城防设施的最早实物资料。大量集中埋葬于城门早期地面之下头骨的出现，清晰地表明了城建过程中奠基活动或祭祀仪式的存在，以及这一区域社会复杂化倾向的加强。

目前，我们已对石峁遗址开展了无人机航测，采集了地表三维信息、高分辨率影像信息，并生成了该遗址的 DOM 正射影像、DEM 数字地面模型等，建立了遗址 Arcgis 系统。来自国内外多个科研机构的包括体质人类学家、植物学家、动物学家、地质学家、测年专家等研究人员正在展开对石峁遗址的全面解读及研究。

考古工作表明，石峁遗址系公元前两千纪前后中国所见规模最

大的城址，形制完备、结构清晰、保存良好，被誉为 21 世纪中国最为重要的史前考古发现之一。公元前 2000 年左右正是中国文明起源的前夜，石峁城址正处于中国早期文明形成的关键阶段，她的发现为探讨中国文明起源的多元性和发展过程提供了全新的研究资料，改变了人们对中国早期文明格局的传统认识，对进一步理解东亚及东北亚地区早期国家的起源与发展过程具有重要意义。

（本文图片版权：孙周勇）

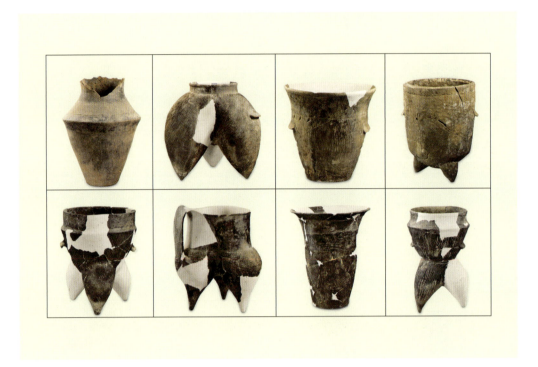

项目负责人简介

孙周勇，博士、研究员，供职于陕西省考古研究院。先后毕业于厦门大学人类学系考古学专业（1995，历史学学士）、西北大学（2002，历史学硕士）和墨尔本拉筹布大学（2007，哲学博士学位）。2009年美国加州大学洛杉矶分校访问学者。主要从事田野考古发掘与研究，多个考古项目荣获"全国十大考古新发现"，研究兴趣为中国新石器时代考古及商周考古，关注于早期国家形成及中国北方地区新石器时代晚期的聚落形态与社会结构。发表学术论文40余篇、出版学术专著5部，其中包括《西周手工业形态研究》（英国牛津考古出版公司，2008年）。主持国家级科研项目3项。目前主要从事石峁遗址的考古发掘与研究工作。石峁考古项目的发掘及研究团队包括了考古学家、体质人类学家、植物考古学家、动物考古学家、地质学家、测年工作者等多个学科人员。多数学者在国内具有丰富的从事各自学科研究的经验，并取得了令人瞩目的研究成果。

追踪迈锡尼拉科尼亚的统治者：
迈锡尼王国宫殿聚落的发掘

阿丹曼提霞·瓦斯罗格木罗
希腊雅典考古学会

荷马史诗《伊利亚特》和《奥德赛》叙述了特洛伊战争，也提供了有关迈锡尼时代希腊的地理、青铜时代晚期迈锡尼政体的蓬勃发展，以及人们的生活和习俗等宝贵信息。

始于 19 世纪最后几十年的希腊考古研究，揭露了大部分青铜时代晚期（古希腊青铜器时代文化晚期或迈锡尼时代）的宫殿（迈锡尼、皮洛斯、底比斯），从而证明了荷马史诗记录的准确性。虽然拉科尼亚被认为是梅涅劳斯和他美丽的妻子海伦的王国，但是没有任何一个迈锡尼时代遗址具备中央行政或宫殿的性质。直到最近，迈锡尼时代拉科尼亚的中心在哪里甚至是否存在，仍然是没有答案的问题。

2008 年，这种情况有所改变，一个重要的发现是在圣瓦西里奥发现了迈锡尼线性文字 B 泥板文书。迈锡尼文书说明了线形文字 B 的存在，毫无疑问地表明了这一聚落的宫殿性质。泥板文书内容涉及许多行政法规，暗示了高度的中央集权。拉科尼亚的第一篇文书记录了武器（大量的匕首鞘或剑鞘）、纺织品、香水原料、花瓶（带两个把手的三足花瓶，在其他的记录中被认为是金质）以及疑似人名。

　　为了挖掘宫殿，我们在雅典考古协会的帮助下建立了"圣瓦西里奥考古项目"（AVAP），一个大型的研究团队也参与其中。该项目旨在挖掘、研究圣瓦西里奥的宫殿中心区并发表成果。研究致力于建立该聚落的地层序列以及相关年代序列，建筑遗迹的空间结构和功能分析，探索其与厄洛塔斯山谷及拉科尼亚地区其他迈锡尼时代遗址的关系，重新认识青铜时代晚期人类的总体居住情况，研究它与伯罗奔尼撒半岛和爱琴海地区其他迈锡尼文化中心的交流。

　　该遗址位于斯巴达平原厄洛塔斯河东岸，在今斯巴达市以南约11.5公里。宫殿区占据了一列山丘，现在已被橄榄树覆盖。根据地表调查数据，聚落范围估计约21万平方米。在一座坐落有东罗马帝国灭亡后建立的教堂的山丘上，地表上可见大量证据。从这里可以鸟瞰斯巴达平原和环绕它的其他迈锡尼（时代）聚落。系统考古研究始于2010年的挖掘和物探调查，得出了一些有关聚落的地形、使用年限和功能的结论。通过筛土样和浮选，还发现了许多微小遗物。此外还开展了人类学、植物考古学、动物考古学研究。我们还采用多种技术手段来分析壁画，如X射线衍射、红外光谱、微区拉曼光谱分析、气相色谱质谱分析等。其他分析，如人骨和炭化木的放射性碳分析、保存最完整的木质遗存的树木年轮学研究、土壤微形态分析等也在实施中。

石棺墓墓地，即北墓地，位于平坦的山顶。在离遗址南部的公元前17世纪居住区不远处，发现了居住层。在对面积约为3.5万平方米范围的物探调查中，发现了密集的人类居住区，其间包含大型建筑群，目前其中三座正在发掘。这些建筑主要修建于公元前14世纪，即迈锡尼王朝的第一个世纪。大规模装饰精美的建筑，表明这里曾是一个强大的中央机关所在地。

大部分早期建筑在那时被拆除，新的雄伟建筑拔地而起，呈现出之前未见于希腊大陆的建筑特征。该建筑围绕着巨大的露天大庭

（Great Court）分布，大庭的边界是首尾相接的狭长柱廊，由方柱和圆柱交替排列构成。

这些特征以及其他各种重大发现，表明了它与克里特岛米诺斯文明的碰撞和交流。

建筑 A 已被发掘，其中有礼仪活动遗迹。这是一层很厚的宴饮活动堆积，出土许多小型石质、黄金和象牙工艺品，陶俑，陶器，青铜器等。另有一窖穴，其中出土一批青铜长剑。

发掘区域的不同地点出土了许多壁画碎片。这些建筑的装饰和壁画沿用了与希腊大陆及爱琴海其他宫殿中心一样的技术、风格和图像。

公元前 13 世纪初或公元前 14 世纪末，该遗址毁于一场意外的火灾。

这些发现清楚地表明，早在第一个宫殿世纪，拉科尼亚已拥有

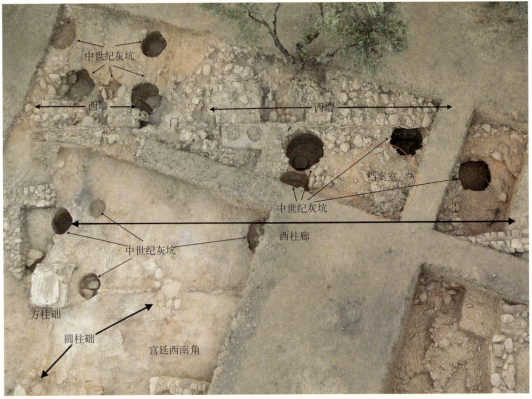

中世纪灰坑

集中的政治、行政和经济组织。它们不仅证明了荷马史诗是根据历史事实来描述该地区存在迈锡尼王国，还提出了许多新的问题，如第二宫殿世纪（公元前13世纪）主要建筑单元的形式、遗址的功能、宫殿的管理范围和政治控制范围。

作为公元前14世纪的宫殿聚落，圣瓦西里奥的发现对于迈锡尼时代拉科尼亚以致整个迈锡尼大陆历史的研究无疑具有重大意义。

（本文图片版权：阿丹曼提霞·瓦斯罗格木罗）

项目负责人简介

阿丹曼提霞·瓦斯罗格木罗是希腊文化部古物署前主任。目前，她主持的"圣瓦西里奥考古项目"旨在调查最近发现的斯巴达圣瓦西里奥迈锡尼宫殿中心。她先后求学于希腊雅典大学和法国巴黎第一大学，在希腊文化部考古署任职35年，还曾供职于雅典国家考古博物馆，并出任罗德岛和斯巴达等地史前考古和古典研究负责人。她在希腊不同地区进行了多次抢救性发掘，包括各种不同类型的聚落和古迹，年代可追溯至希腊的史前和历史时期的不同阶段（从新石器时代晚期至罗马时代晚期）。作为希腊代表团成员，她参加了意大利锡巴里斯遗址的发掘，并在阿哈伊亚州和拉科尼亚负责多项研究项目。她的研究兴趣主要是爱琴海青铜时代（公元前三千纪至公元前两千纪）、青铜时代葬俗、线性文字B文本和希腊青铜器时代文化晚期壁画。

中国西南晚更新世—全新世过渡时期古老型人类的发现

戴·科乐
澳大利亚新南威尔士大学

吉学平
中国云南省文物考古研究所

50多年以来，亚洲在人类进化研究领域被国际上认为处于封闭状态，被欧洲和非洲古人类学研究的主战场边缘化。然而，绝大多数中国研究者认为东亚不仅是人类进化的主要中心，也是现代人起源地之一。过去十年来，一系列重要发现在国际上引起了很大的反响，并极大地挑战了已有的亚洲在晚期人类进化中的作用的观点，这一地区很显然是不同类型的古老型智人的故乡。晚更新世时期，亚洲的人类比非洲和欧洲有更大的多样性：类似南方古猿的小矮人、丹尼索瓦人、疑似尼安德特人以及新发现的与现代人有密切关系的人类进化支系。

本文简要介绍了以研究晚更新世人类起源多样性和中国西南人群扩散史为目的的中澳合作研究项目的新发现。我们的主要发现为中国西南地区直到晚更新世—全新世过渡时期仍然有多种古老型人群幸存下来，云南马鹿洞（距今 14,500～13,500 年）和广西壮族自治区隆林县老么槽洞（距今 11,500 年）遗址发现的人类化石在

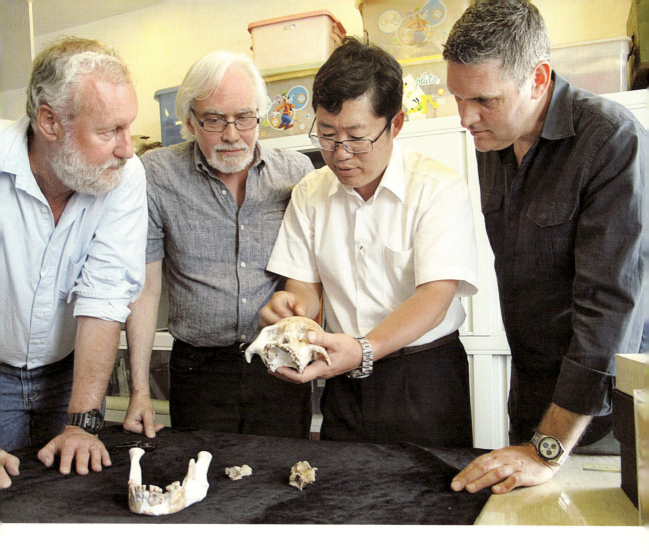

解剖学特征上与现代人明显不同。事实上，两类化石上显示的罕见的镶嵌特征在全球范围内是独有的，可能代表世界范围内从未出现过的至少一种（可能更多）新的古老型人群。

马鹿洞遗址的考古记录似乎保存有中国南方旧石器晚期的典型特点，包含简单的石器制作技术与赭石颜料的使用，以及复杂的人类遗存修饰行为。马鹿洞遗址的古人类行为包括屠宰、烹调以及对许多动物（特别是鹿）和人类遗存以食用或象征意义为目的而进行的加工，所有古老型人类化石均显示被烧灼、修饰（切割）或赭石染色，这表明旧石器时代末期的人类与幸存的古老型智人以一种复杂的方式相互作用或杂交，并可能用他们的遗存做某种仪式。在全

0   2cm

球范围内，马鹿洞遗址可能是晚期人类进化中多种人群共存的唯一例子，并且有证据表明，在720年的时间内幸存的古老型智人与现代人之间相互作用。

马鹿洞和隆林人类化石的研究对解释包括中国在内的东亚地区的人类化石和晚更新世人类进化的模式有重要意义。系统分类学分析表明，部分马鹿洞人可能远在现代人出现之前的早更新世就已分出，东亚似乎被起源于一百多万年前的代表一个独特进化分支的幸存下来的古老型人群居住过，这对解释东亚地区更新世居民的多样性和演化，检验全球或区域性人类进化的假设具有十分重要的意义。

（本文图片版权：戴·科乐、吉学平）

项目负责人简介

戴·科乐是对人类进化研究怀有深厚感情的科学家和科学评论家,他是澳大利亚研究委员会考古学专业研究员,澳大利亚新南威尔士大学生物、地球和环境科学学院古生物学和考古学副教授,云南省文物考古研究所与东南亚考古研究中心客座研究员。他于 1996 年以优等成绩获得澳大利亚国立大学艺术学学士学位,2000 年获得哲学博士学位,2002 年在南非约翰内斯堡师从菲利普·托拜厄斯教授完成博士后研究。戴·科乐在非洲和澳大利亚从事人类化石研究近 20 年,与中国交流合作近 10 年。他的主要贡献包括:与吉学平研究员一道在中国西南地区新发现一种或多种更新世—早全新世过渡时期古代人群;命名了非洲南部早—中更新世最早的人属化石(*Homo gautengensis*)。他发表包括经过同行评审的科学论文和科普作品 100 余篇,并定期为澳大利亚网络报纸以及纸质、无线媒体撰写专栏文章,还参与制作关于人类进化的纪录影片,如已经播出的 Youtube 系列《我们如何来到这里?》。

吉学平是云南省文物考古研究所与东南亚考古研究中心古人类研究部主任、研究馆员。他对云南史前考古作出过突出贡献，领队发掘了富源大河、保山塘子沟、昭通水塘坝等重要遗址或地点，并开展了中新世—早更新世地层的研究。他的最主要发现包括：与戴·科乐副教授合作发现中国西南地区更新世—早全新世过渡时期一种或多种新的古代人群；在富源大河遗址发现距今4.3万～3.6万年的类似莫斯特的石器组合及具有古老型智人特征的人类牙齿化石，此发现被列为"2006年度全国十大考古新发现"。他对中新世古猿的进化有着长期的兴趣，作为昭通水塘坝化石地点的发掘队长，他与美国同行一道新发现最晚中新世的古猿头骨，这一发现对研究中新世古猿的进化、灭绝和多样性具有十分重要的意义。吉学平独立或与人合作在 *Journal of Human Evolution*、*Anthropological Sciences* 和 *Encyclopedia of Global Archaeology* 等刊物或专著中发表论文60余篇。他曾应邀担任几部电视纪录片的科学顾问，影片在美国发现频道（Discovery），中国中央电视台（CCTV）、澳大利亚电视一台（ABC1）等媒体播出。

复杂社会初始阶段规律性的差异

周南
美国匹兹堡大学

世界上大部分早期文明的比较研究，主要集中在这些文明相对较晚的阶段，并且主要依靠历史文献资料和类比民族志材料来提供关于社会、政治和经济组织方面的信息。文化发展传统的对比，可以追溯到 19 世纪中期的泰勒、摩根和斯宾塞等学者，主要集中在人口增长和大规模的社会与政治融合的普遍发展规律上。组织形式的差异和发展轨迹性质的差异，或被认为是理所当然的特质的变化，或被用于支撑理解不同区域社会动态需要的不同模式的争论。

直到 20 世纪末和 21 世纪初，这些思想的发展几乎没有参考有关社会、政治和经济组织的考古学信息，因为考古学还没有发展出提供大量关于这些方面的史前人类社会直接信息的方法。文明发展的最初阶段，通常被称为"酋邦"（大概出现于 20 世纪中叶文化进化研究的词汇中），经常时代很早，还没有进入历史时期。只有考古学才能够真正告诉我们，人类社会是怎样从之前已经存在的小规模的地方社会发展起来，如何出现新式的组织并发展成不断壮大的区域级的社会。

　　过去的 20 ～ 30 年间，考古学已经开始做到这一点。关于早期酋邦，仍旧有很多我们不了解的方面，但是基于直接相应的考古学证据，我们现在确实已经拥有了大量关于其组织形式的信息。当前的挑战是理解越来越多的信息，同时避免迷失在细节中，将这些新知识用以增进我们对最早建立的支撑几乎整个人类现代生活的大型复杂社会的基础的了解。

　　文化进化论学者认识到早期文明间存在的广泛相似性，这点并不难理解。例如，人口增长的推动力已反复表现出来。人口增长既不稳定也不持续，但经常一个地区接一个地区的经历着急剧的增长时期。这对于一个从一万年前才开始向世界主要地区传播的获得生物学成功的种族来说，一点也不奇怪。区域人口密度越高，便有越多的人进入一种比以前更加紧密的互动交流中，新的社会关系以一种日益复杂的方法重新组织，尤其在分等级的组织形式中更加频繁。

等级制度毕竟是一种高效率的社会组织原则，显然，如同许多其他物种一样，不同规模社会群体的等级分层组织的生物学基础在人类早期业已出现。

这些大体趋势在世界不同地区表现出来的差异，也是我们了解社会变化的基本原理的一个机会。21世纪早期，我们开始掌握了足够的关于这种变化的性质的直接考古证据，并从中探索一些模式，以助于进一步了解社会动态机制。毫不奇怪，相较于19世纪文化进化论学者及其20世纪中期的继承者来说，我们现在面临的问题更为复杂。早期复杂社会的比较研究已经进入了一个新时代，现在，

我们正站在这个时代的入口。为了了解人类社会动态的新领域，至少有五个重要概念上的挑战必须首先面对。

首先，我们的比较研究必须牢牢立足于不同地区的考古资料，以确保我们是在对比古老社会的轨迹，而不仅是各领域考古学家习以为常的各种解释方法。不仅是我们专业领域所得出的结论，而且也包括这些结论所依据的详细的原始考古资料，都需要充分利用 21世纪的信息技术来进行保护和发布。

第二个挑战是由第一个挑战直接引出的。我们必须找到可以用于分析从不同渠道收集到的高度分化的原始数据库的方法。这些分

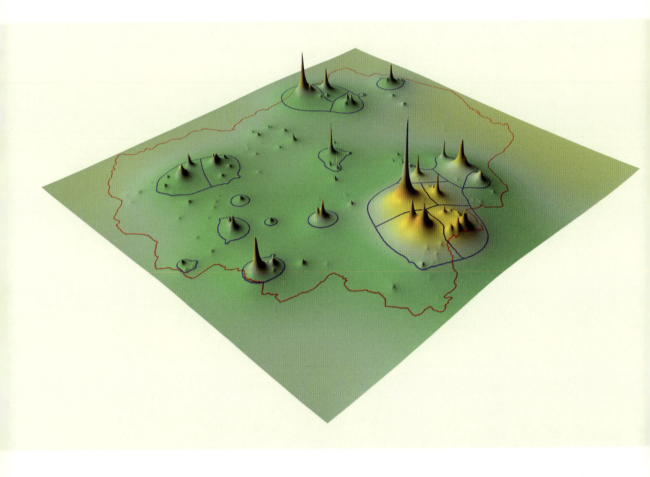

析方法必须足够健全，以克服数据不兼容问题，从而产生早期复杂社会成长、发展和组织结构图。

第三，我们需要新的概念工具来解释所发现的多样性。与过去使用的简单的二分法和类型学相比，新工具需要以更复杂的方式来处理沿多个走向持续产生的变异。

第四，我们需要的是对比长期变化的轨迹，而不是在其发展过程中某几个特定的点上共时的社会概况。

最后，我们将需要了解大量关于早期酋邦社会的资料，以期在差异中寻找一些规律，它们最终可以使我们更加深入地理解怎样解决人类社会变化的难题。

（本文图片版权：周南）

项目负责人简介

周南教授，普林斯顿大学学士，密歇根大学人类学硕士和博士，2004 年
当选为美国科学院院士。目前为匹兹堡大学人类学杰出教授、比较考古学
研究中心主任。他的研究关注世界范围内早期酋邦社会的比较分析，已在
墨西哥、哥伦比亚、中国开展关于早期酋邦社会的考古研究。

缔造社会不平等：
君主制、奴隶制和帝制的根基

肯特·弗兰纳瑞　乔伊斯·马尔克斯
美国密歇根大学

约15,000 年前，我们的祖先还生活在彼此平等的社会中。随着时间推移，有些社会规模增大，出现了更多的社会不平等现象，这一过程虽然缓慢，却是不容置疑的。至公元前 2500 年，人类社会的所有不平等形式都已经出现了。

我们的祖先是如何将原本公平的社会转变为等级社会的？在本书中，这一问题将通过考察史前社会考古学资料以及比较现代人类学资料来予以解答。

答案：既不是基因、也不是人口压力或环境影响等因素，而是一切人类群体所特有的社会逻辑导致了这一转变。这种逻辑左右着当今社会的变化，而这种变化的影响在史前社会中也清晰可辨。

传统的狩猎者和采集者相信他们是由超自然的神灵创造的，这些神灵是宇宙的统治者，人们的生活也被神灵赐予的规则所左右。祖先的地位次于神灵，他们作为世间后裔的代表，介乎神灵与现世之间。

典型的采集—狩猎社会逻辑包括：我们之中有一种看不见的生命力。某些神灵、地点和物件是神圣的。个体的区别体现在德行方

面：慷慨是美德，积存、制造剩余品都是自私行为。礼物建立社交网络，而馈赠应得回报。年轻人尊重老年人，后到者尊重先来者。自己的生活方式优于邻居。

尽管这类准则传播甚广，多数人类学家都承认："分享"和"慷慨"并不是人类的本性。只有通过不断施加社会压力，"分享"才得以在采集狩猎社会中普遍存在。如果人类有一种叫做"慷慨"的"基因"，那么就不需要压力来维持平等的社会秩序，而不平等就难以出现于人类社会之中了。

约1万年前的冰河时代末期，近东、墨西哥和秘鲁的居民已经开始栽培植物、驯化动物。随着社会规模增大、定居性增强，人类的社会逻辑也逐渐变化，开始允许不平等的存在。随着农业的产生，基于以上两种不同的社会逻辑，出现了两种相对的社会形态。

有的社会保存了慷慨的观念，但同时放开了对剩余的限制，允

许有实力的人向他人赠与其难以回赠的礼物，达到羞辱对方并获得威望的目的。如新几内亚的许多社会划分出"大人物"、"普通人"和"贱民"。有些美洲土著创造出"德行等级"，通过攀登仪式职位的阶梯，有能力、有进取心的人能够提高自己的声望。一些普韦布洛（Pueblo）群体（美国西南部或墨西哥印第安人村落）之中，男性获得7～8个仪式性职位，便能成为受人敬重的长者；而在有些平原地区的群体中，女性若获得4～5个仪式性职位便可以成为"圣者"。

在基于个人成就建立威望的社会里，领导权力不能世袭。某人可以成为其子女的模范，但却不能把权力或威望传给他们。这种社会的仪式重在安抚祖先，且有为从事礼仪活动的人建造的房屋或地穴。根据目前的考古发现，最早的这类建筑物出现在1万年前的近东。通过这些遗迹，考古学家便能了解这类史前社会的情况。

最终，一些群体中，社会逻辑开始允许一部分社会成员垄断领导权，他们的后代能够继承权力。例如，英属哥伦比亚的一些印第安人社会中，社会成员若无法偿还礼物，便会背负债务，而这些债务只有通过被奴役才能得以偿还。英属哥伦比亚的考古学家发现，有时候经济承受力差的小家族便会沦为成功的大型家族的债务奴隶，进而被后者吸收。为了使这种不平等合法化，崛起中的贵族将其优越性归因为他们的祖先——宣称他们的祖先是得到天神眷顾的人。他们创造了自己专有的奢侈物品，从出生起就被冠上贵族标识，在极尽奢华的典礼中将其传给后代。

考古材料说明，世袭贵族在 7500 年前出现于近东，4000 年前出现于秘鲁，3000 年前出现于墨西哥。其证据包括：儿童的墓葬中出现了奢侈物品、祭司的房屋被神庙所替代。寺庙的出现是由于对神灵的安抚变得更为重要，因为精英阶层的权威源于神灵，而安抚身为平民的祖先则屈居其次。

不过人类学中也有过这样的例子：未来的权贵在试图将自己置身于更高的地位之时，遭到社会其他成员的抵制。抵制失败时，世界观便被修正，将不平等的出现归因于造物主的意愿。

在夏威夷和埃及，社会逻辑使首领家庭得以摆脱人类社会中普遍存在的乱伦禁忌。为维持其血统的纯正性，首领可以与其姐妹结婚；通过宣称天神的婚姻也是这种形式，兄妹婚姻获得了合理存在的理由。很快，本来只是一种复仇方式的氏族仇杀，演变为首领扩张以及奴役对手；早前社会里单纯的民族优越感也演变成民族歧视。阻止个人卖弄自己的社会压力不复存在，社会开始鼓励对权贵的崇拜。

古代有些毗邻的酋邦社会之间的战争可持续数百年之久，彼此都渴望获得对方的土地和劳力。当其中一方偶尔出其不意地占据上风时，僵局便被打破，征服者将对手纳入自己的版图之中，使其成为从属行政区。夏威夷、阿散蒂（Asante）和祖鲁（Zulu）的第一个王国都是以这样的方式出现的。考古学研究表明，伊朗西南部、美索不达米亚、埃及、玛雅、墨西哥高地以及秘鲁的第一批王国也

都是以同样的方式诞生的。事实上，权贵间的竞争一旦开启，便会引发一系列连锁反应，导致带有多重防御的王国崛起。社会逻辑的改变允许社会被划分为皇室、贵族、地主、无地农奴和奴隶等阶层。

早期王国也各有特点。例如，埃及和秘鲁的统治者被神化，等同于社会的最高统治者天神。墨西哥的玛雅和萨巴特克（Zapotec）王国的统治者是宗教领袖，但本人并不是神。在阿兹特克（Aztec）和早期苏美尔社会中，统治者是凡人执政者。在今后的研究中，还有一些值得探索的问题：不同王国及其出现之前的社会之间的连续性如何？神圣王权是否是由宗教权力至高无上的早期社会发展而来的？世俗王权是否是军事力量至高无上的早期社会的后续？

最后，我们来回答 250 年前卢梭提出的问题：自然法则对社会不平等的发展起到了多大的作用？答案是：非常之小。如若我们的祖先坚持一万五千年前的社会逻辑，就没有人生而为贵族，也没有巨额的财富积累，更没有儿童世袭特权；德行是划分社会阶层的唯一标准；社会的领导者仍是那些慷慨施予、只求尊重的人。而由这种平等社会迈向不平等社会的关键的第一步，便是我们祖先所创造的社会逻辑。

（本文图片版权：肯特·弗兰纳瑞、乔伊斯·马尔克斯）

项目负责人简介

肯特·弗兰纳瑞是研究农业与不平等起源的世界权威学者。他在芝加哥大学获得了从学士到博士阶段的所有学位。他的研究主要集中于三大地理区域：近东、南美洲和中美洲，而其在墨西哥瓦哈卡州的工作成果最为突出。他在该地发掘了许多洞穴和早期村庄，包括奎瓦·布兰卡（早期洞穴遗址）、吉尔拉·纳奎兹（早期农耕者栖居的洞穴）、圣何塞·莫格特（该地区最早的定居村庄）和巴里奥德罗萨里奥（墨西哥瓦哈卡山谷北部另一个重要村庄）等。

弗兰纳瑞也发表过关于近东农业起源的文章。借由对理论与阐释模式的兴趣，他将系统理论应用于新考古学，以其早期论文《考古学系统理论和早期中美洲》，和后来出版的关于吉尔拉·纳奎兹的著作为代表。他对方法和理论的兴趣还可见于其对田野考古方法与研究规划的温和批评上，如《早期中美洲村庄》（编辑及部分章节的撰写者）和《黄金马绍尔镇》。弗兰纳瑞现为密歇根大学詹姆斯·B·格里芬考古人类学教授。他曾荣获 A. V. 基德尔奖，并入选为美国哲学学会、美国国家科学院和美国艺术与科学学院院士。

乔伊斯·马尔克斯在拉丁美洲从事酋邦与国家研究。她的主要成就集中于
发掘玛雅、萨巴特克和安第斯山诸遗址、研究复杂社会的产生与变化，以
及对书写体系的解读。马尔克斯教授在文字解读方面的成就尤为突出，不
仅玛雅象形文字，还包括人们知之甚少的米斯特克、萨巴特克和阿兹特克
文。她将象形文本、民族史和考古资料结合起来，开创了诸多新的研究领域，
诸如政治制度的演进、王朝更替和古代仪式、宗教与宇宙观的性质等。从
19世纪70年代开始，马尔克斯就将玛雅象形文字研究（统治者头衔、官
僚机构名称和地名等）与其地理分布结合起来，以构建公元4～10世纪
古代玛雅的地缘政治世界。通过文字以及跨遗址出现的统治者信息，她确
认了地区内政治阶层的存在，并记录了跨区域的交流与互动。

在其1992年的著作《中美洲书写体系：四个古文明的宣传、神话与历史》
中，马尔克斯建立起自己关于文字起源的理论。她认为文字的出现早于国
家的产生，而中美洲最早出现的文字是用于记录部落首领及其征服者的名
字，以及获取战绩的日期，以使首领的统治权合法化。迄今为止马尔克斯
已撰著或编辑学术书籍20种，并于1997年入选美国国家科学院。

柬埔寨吴哥：
巨型低密度城市化进程

罗兰·弗莱彻
澳大利亚悉尼大学

大吴哥地区项目（The Greater Angkor Project）是由澳大利亚悉尼大学、柬埔寨吴哥地区管理局和法国远东学院共同开展的国际合作项目。随着分散型低密度城市化概念引入农业社会研究，东南亚的城市化进程以及 7～16 世纪吴哥城的兴衰史已被重新定义。该项目运用机载合成孔径雷达和激光雷达等高空遥感技术，结合地面调查、考古发掘、树轮年代学、孢粉学和沉积学等多种方法，研究吴哥城在自身生态语境下的范围、空间组织、经济运行、发展和消亡。其重要贡献在于：证明著名的吴哥庙宇群周围环绕着广阔的路网和水网体系，是一个低密度城市综合体。大吴哥地区占地约 1000 平方公里，在 12 世纪人口巅峰期达到 75 万人。最近的激光雷达调查显示，中心城区拥有道路网络和众多小型家用蓄水池，其范围远远超出了吴哥城（Angkor Thom），南至吴哥窟（Angkor Wat），北至圣剑寺（Preah Khan）、东至东湖（East Baray），说明过去的城市范围远不止于城墙围起来的中心区域。

法国远东学院的克里斯托夫·鲍狄埃博士（Christophe Pottier）和悉尼大学的达米安·埃文斯（Damian Evans）绘制了完整的大吴

哥地区及其水系地图。吴哥拥有一个庞大复杂的水利管理系统，用以分流和将水资源分配到田野，这一证据直接终结了长达20余年的反对观点。大型砖石结构水利设施和极为复杂的渠道体系重塑了数千平方公里的稻作农业景观，自然森林被环绕在无数木屋周围的人工经济林和灌木丛所取代，遍布山丘、堤岸和围城之中。

　　大吴哥项目还表明，14～16世纪时，吴哥深受不稳定气候的影响。美国哥伦比亚大学的布伦丹·巴克利（Brendan Buckley）通过对越南树木年轮的研究，证实这一时期发生过间歇性的大型季风和特大干旱。气候对吴哥的影响可从填满泥沙的14世纪南部水渠

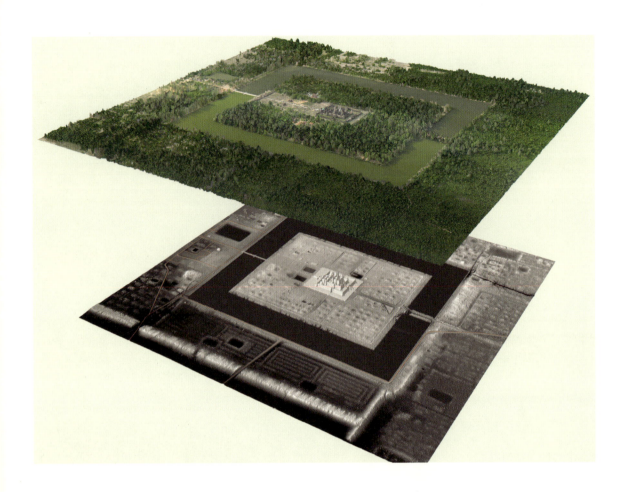

略见一斑。从激光雷达图像中可以看到吴哥中心地区存在严重的侵蚀现象，今天的暹粒河已蚀入吴哥时期的地表之下 5 ~ 8 米。因此我们重新认识了吴哥的消亡史，对这个大型低密度城市的研究也变得极为重要。这一结果可能在全球范围内改变人们对大型低密度城市的认识，汇集来自中美洲的玛雅城市和东南亚高棉城市的信息，并重新定义它们对当前时代的意义。大吴哥是一个分散型低密度城市，它改变了原生的自然植被，极大地依赖于大规模基础设施，在 14 ~ 16 世纪的百余年间深受剧烈气候变化之苦。这些现象在当今社会应该也能激起些许共鸣。

（本文图片版权：罗兰·弗莱彻）

项目负责人简介

罗兰·弗莱彻是澳大利亚悉尼大学考古学理论和世界考古学教授。他成长于英国伦敦，就读于剑桥大学圣约翰学院，先后于 1970 年和 1975 年获得本科学位和博士学位。他自 1976 年起任教于悉尼大学，将科研、教学与社会服务相结合，展开全球性、多尺度和跨学科的考古研究。他的全球研究，尤其是对柬埔寨吴哥的研究促成了大学内部以及全球性的跨学科合作。大吴哥地区项目由澳大利亚研究基金会和联合国教科文组织共同资助，是与法国远东学院和柬埔寨吴哥地区管理局共同实施的国际合作项目。该项目是他领导的悉尼大学吴哥研究计划的一部分，管理多个在吴哥开展的研究项目，还资助了一个遥粒的研究中心。由于在国际合作研究方面的成功经验，弗莱彻应邀到许多国家讲学和开展学术访问，他还是杜伦大学高等研究所 2007 年杰出研究员。

南高加索库拉河流域
新石器时代人地关系研究

芭芭拉·海尔文
德国考古研究院

"古代库拉"项目旨在调查大约公元前六千纪到公元前三千纪南高加索地区从定居生活向青铜时代过渡时期人与环境间的互动。在这个时期，南高加索地区经历了始于公元前六千纪的繁荣的新石器时代，以及公元前四千纪到公元前三千纪的带封土的贵族墓葬。不过，新石器时期的考古学发现仍然有限，带封土的贵族墓葬出现的原因也未探明。"古代库拉"项目由来自德国、法国、格鲁吉亚和阿塞拜疆的相关成员联合执行，从历史序列和比较研究入手，将近年来的田野发掘数据和通过多学科考古技术手段获得的景观考古材料相结合，以了解人类和环境相关因素对这一地区的影响。该项目基于库拉河中游沿线的三个遗址而展开——格鲁吉亚东部的阿瑞克洛遗址、阿塞拜疆共和国西部的蒙特斯遗址和南部的卡米尔遗址。这三个遗址都有公元前六千纪的聚落，蒙特斯遗址发现有稍晚时期的遗存，阿瑞克洛和卡米尔周边的一些遗址也调查发现晚期材料。本报告将聚焦于古代库拉项目中公元前六千纪的比较研究证据，接下来通过简要介绍卡米尔遗址的近期发现，进一步了解古代库拉。该遗址位于整个研究项目区域的东南部，由报告人主持

▲ 图一 库拉河谷地：阿瑞克洛遗址周边环境

发掘和研究。

　　沿着库拉河从西到东，遗址周围的古环境逐渐从茂密的落叶混交林变成开放的灌木草原景观。野生动物群也反映了这种转变，西部以马鹿为主，东部以瞪羚为主。此外，东端的卡米尔遗址证实了水生资源的广泛使用，包括可能在库拉河中捕到的里海鲟鱼。三个遗址的种植经济主要依靠谷物，其中最主要的是大麦，还有少量的裸麦和小扁豆。亚麻可能被用于榨油或纺织。动物经济建立在驯化的基础上，主要是绵羊和山羊，牛和猪较少，而狩猎对于经济的影响似乎并不重要。在卡米尔遗址，还证实存在专门针对候鸟的季节性捕猎。三个遗址充分利用了它们邻近地区的天然矿产资源。陶器

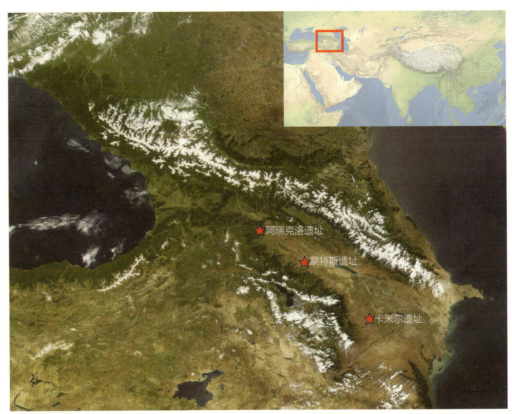

▲ 图二　南高加索地图及"古代库拉"项目三个主要遗址的地理位置示意图

生产需要的黏土和磨制石器使用的各种原料均是从当地获取的。小
高加索山脉获得黑曜石资源的距离优势和便捷程度则体现在：西部
遗址中 99% 的打制石器为黑曜石制成，而在东部遗址中，这一比
例只有 50%。

　　尽管享有同一个大环境，作为生业基础的驯化动植物类型也接
近，三个遗址在比较中仍表现出巨大差异。西部的遗址由成组的复
合圆形房屋组成，这些房屋不断翻新，说明这个遗址的形成经历了
一个较长的过程；东部遗址多为长方形或特殊形状的建筑，似乎会
定期改变选址。从三个重点遗址密集调查的资料对比，获得了一幅
围绕卡米尔遗址密集分布的新石器时代遗址图，与此相对，阿瑞克
洛作为一个大型的长期居住区只有少量居住点，而且周围几乎没有

短期的居住点。西部的陶器生产，使用羼合矿物的黏土制作陶器，陶色单一，仅用塑形手法装饰；而东部的遗址生产用有机物做羼合料的彩陶。打制石器工业和磨制石器工具之间、骨器工业和首饰生产上均存在很大的差异，反映了不同领域之间的互动：西部的遗址，位于邻近黑曜石资源的小高加索山脉地带，似乎一直和西南部更远地区（安纳托利亚高原东部）保持交流，而东部遗址则与伊朗高原和里海南部沿岸存在联系。

米尔平原东部以卡米尔为中心的遗址群中，有两个突出的遗址正在进行深入调查：在卡米尔遗址，揭露出一个土坯建造的圆形建

▼ 图三　米尔草原周边考古遗址分布图

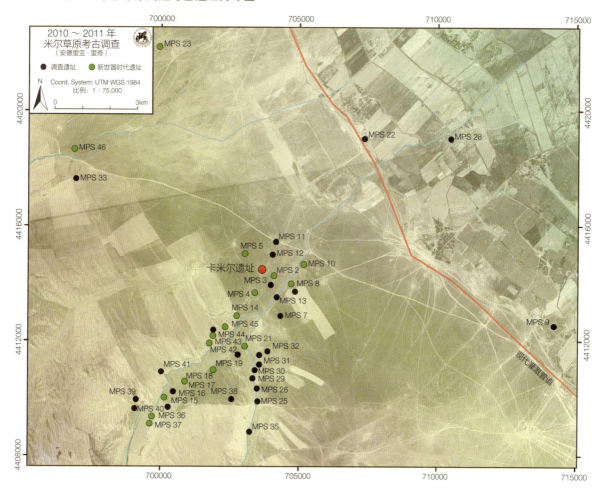

▲ 图四　卡米尔遗址新石器时期土坯
　　平台，约公元前 5500 年

▲ 图五　卡米尔遗址及
　　小高加索山脉风景

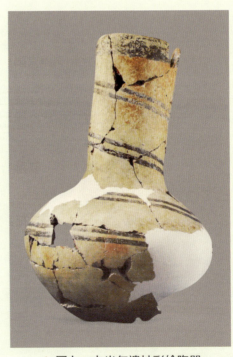

▲ 图七　卡米尔遗址彩绘陶器

▲ 图六 米尔草原，考古学家在卡米尔遗址
周边进行集中的田野调查

▲ 图八 米尔草原 4 号遗址，新石器时期贝饰工坊：材料和工具

筑及相邻的建筑。这个"平台"所代表的建筑可能有特殊功能，与非日常的社会活动有关，如礼仪聚会。在邻近的米尔草原4号遗址，发现了由三条同心水沟组成的圆形石结构建筑群。这两个遗迹在南高加索地区都是独一无二的，它们都表明在南高加索地区的新石器化进程中，群体活动是改变可见景观的重要因素。

"古代库拉"项目从宏观角度出发，通过整合三个区域性的微观历史来考察南部高加索史前聚落的历史，开启了研究文化选择和环境变化推动本地区新石器化过程的全新视角。我们希望在不久的将来，能够通过集中探讨这三个区域之间流动和交流方面的问题，来进一步深化这些研究。

（本文图片版权：芭芭拉·海尔文）

▲ 图九　"古代库拉"项目组成员 2012 年合影

项目负责人简介

芭芭拉·海尔文从海德堡大学获得史前考古学博士学位，在担任德国考古研究院德黑兰分部的负责人之前，她曾在土耳其比尔肯大学任教数年。此外，她还是图宾根大学古代近东研究所的讲师。她的研究兴趣主要是西亚早期社会从定居生活到国家的兴起，其次是古代技术，尤其是冶金技术及其对早期社会的影响。她先后在7个国家进行过考古发掘，开展过多学科研究的课题，其中最重要的是土耳其的涅瓦利克利和欧卢姆胡右克遗址、伊朗的布拉哈谷地遗址和阿瑞山姆冶铜遗址，以及阿塞拜疆的卡米尔遗址（目前这里正在进行一个多学科参与的古代库拉研究项目）等。海尔文近期编纂的著作包括阿瑞山姆的发掘报告和德国考古学研究史伊朗篇。

吴哥文明的起源

查尔斯·海曼
新西兰奥塔哥大学

瑞琪尼·托斯瑞特
泰国国家美术署

16世纪晚期，葡萄牙传教士偶然在柬埔寨西北部发现一座荒废已久的城市。他们向里斯本当局报告了这一发现，并对其起源作出一些推测。之后，位于法属印度支那地区的法国远东学院（École Française d'Extrême-Orient）基金会组织了对吴哥遗迹的调查。由于对这一地区的史前社会知之甚少，他们认为这一文明是由印度文化植入当地原始的新石器时代文化而产生的。

因为当时无法在柬埔寨当地进行田野考察，1992年，我们开始了对泰国东北部蒙河（Mun Valley）上游地区的研究。蒙河流域曾经是吴哥王国的一部分，是第三王朝的开国君王阇耶跋摩六世（Jayavarman VI）的出身之地。在蒙河流域和邻近的柬埔寨地区密集分布有大量史前聚落，一般很容易通过环绕遗址的堤坝和壕沟辨认出来。我们迄今已经发掘了5个遗址，其中延续时间最长者为班农瓦（Ban Non Wat）。早至公元前17世纪，新石器时代种植水稻的农民即开始在此定居，其后此地共经历了一期新石器时代、六

期青铜时代（公元前1050年～前420年）和四期铁器时代，并结束于公元7世纪。诺乌卢（Noen U-Loke）遗址经历了整个四期铁器时代，而农勐考（Non Muang Kao）和农班扎（Non Ban Jak）遗址直到铁器时代后半期才开始有人定居。

稻作农业是建立一个国家的基石。正如田螺山遗址所显示出的，长江下游的水稻种植在公元前四千纪达到一个峰值，促使人口压力向外扩张。公元前两千纪后半期，第一批长江流域的水稻种植者抵达泰国东北部，带来了他们独特的丧葬活动、制陶和纺织技术、栽培稻、家猪、家犬和牛等。班农瓦遗址有这一时期的墓葬。

至公元前11世纪，冶铜技术经由东南亚和岭南文化圈传播到蒙河流域，泰国中部的铜矿在同一时期也已开始开采。冶金术带来

0   10cm

的社会影响已经在贵族阶层中显现出来，在早期青铜时代班农瓦王室墓葬中，不论男女还是未成年人均随葬有空前的财富，其中包括一系列新型陶器、铜制手斧和装饰品、多种海贝首饰，以及大理石手镯和耳环。由此可看出权势阶层的迅速崛起，他们掌控着贵重物品的所有权和分配权，并举行包括宴飨在内的盛大丧葬仪式。

这一突然崛起的文明在繁荣了约八代之后便迅速衰落，同一礼仪传统下的青铜时代晚期墓葬，随葬品要少得多。在向铁器时代过渡的班农瓦遗址中，同样的丧葬传统依然存在，只是随葬品换成了铁制的长矛、装饰品、锄头和其他工具，以及玻璃、红玉髓和玛瑙饰品，反映出东南亚与印度、中国之间新兴的海洋贸易网络的发展。

诺乌卢遗址中可见同样的趋势。在当地的第二墓葬期（公元前100～公元200年），死者随葬新型青铜饰品、玛瑙珠和整猪，墓穴中填满稻米。第三期（公元200～400年）出现了一系列新的文化特征。除稻米之外，墓穴中还出土各种青铜器、金器、银器、玻璃器、红玉髓和玛瑙饰品、蛋壳陶和铁刀。其中一座墓葬出土一件很重的嵌铁犁铧，其外形和农班扎遗址出土的犁铧非常相似。而在

0   5cm

▲ 诺乌卢和农班扎遗址出土的犁铧证实了铁器时代晚期的农业革命

▲ 班农瓦 197 号青铜时代贵族墓，随葬品
丰富，包括数把铜斧

◀ 农班扎 82 号墓，一位佩戴两条青铜腰
带的铁器时代晚期墓主人

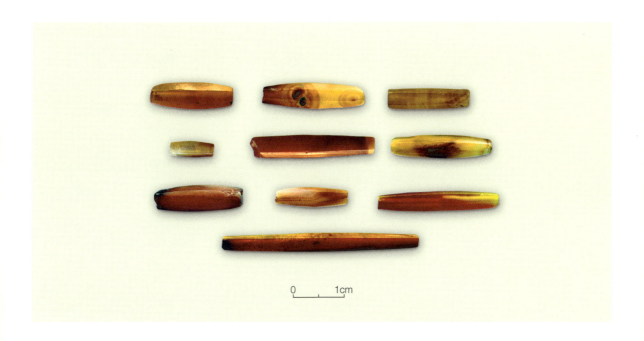

0   1cm

农班扎，一位男性随葬有大量财富，包括与诺乌卢遗址出土者相类的青铜腰带。

在这一转折时期，由于储存和管理水源的需要，人们开始建造环绕聚落的堤坝，同时有越来越多的证据显示出固定的、有围堤的稻田的存在。此时铁制武器激增，我们在一位年轻男性遗骸的脊椎中发现了一个铁镞。而盐作为一种本土的宝贵资源，正被大规模采制加工。湖相沉积显示这也是一个季风强度减弱和干旱加剧的时期。

这些变化趋势结合起来，又促成了社会的重大变革。例如，与人工耕作相比，犁耕的使用使得生产力提高了十倍。权贵阶层控制了增产的田地，需要组织大量劳动力去建造水利工程设施。频繁的冲突催生了强大领导者的出现。围绕遗址的壕沟和水池不仅提供了充足的水生食物，还能在雨水不足的时候用来灌溉农田。

铁器时代的最后阶段为公元 6 ～ 7 世纪。对于此阶段的研究可借助于三种新的资料来源：当地碑铭、中国古代文献和系列遗址的考古新发现。当地碑铭描述并证实了我们对铁器时代晚期的认识：水资源、包括制陶和纺织在内的地方手工业，都由首领控制；社会的劳动分工则是以田间劳作者为最底层、以带有神性光环的国王为最顶层。铁器时代的环壕遗址被废弃后，新的以祭献当地和印度众神的砖构神庙为中心的聚落建立起来，世代国王均冠以显赫的梵文名字。许多城邦国家被卷入地方战争。公元 8 世纪末，国王阇耶跋摩二世（Jayavarman II）击溃劲敌，在吴哥北部库伦山（Kulen）举行的一次庆典仪式上，他被奉为转轮王（cakravartin），即"宇宙之王"。如今，通过雷达勘测穿透丛林，我们终于再次发现了阇耶跋摩二世所建立的壮观新城，并将其标记在地图上。

（本文图片版权：查尔斯·海曼、瑞琪尼·托斯瑞特）

项目负责人简介

查尔斯·海曼是奥塔哥大学人类学和考古学学院研究教授。他在英格兰出生并接受教育，在剑桥大学学习考古学及人类学，并于 1966 年获得博士学位，随后任教于奥塔哥大学，1968 年成为该校人类学系的首任教授。1969 年，海曼开始在泰国黎逸省（Roi Et）和孔敬省（Khon Kaen）开展田野考古工作。此后，他在东南亚开展了一系列考古工作，发掘了班纳迪（Ban Na Di）、农诺尔（Nong Nor）、班农瓦和农班扎等公元前 3000 年至公元 600 年的遗址。

海曼现在是"从帕迪到普拉：吴哥起源"（From Paddy to Pura: The Origins of Angkor）研究项目成员，指导泰国东北部农班扎遗址的发掘。他还与牛津大学的 T·海曼（T. Higham）教授、杜卡（K. Douka）博士以及怀卡托大学佩奇（F. Petchey）博士合作，通过数个史前遗址出土的人骨和牙齿的测年分析结果，建立了东南亚新石器时代晚期的年代框架。海曼现为伦敦古物协会理事、英国科学院通讯院士、剑桥圣凯瑟琳学院荣誉理事、新西兰皇家学会院士。因其杰出的史前考古研究，2012年英国科学院授予他格雷厄姆·克拉克奖（Grahame Clark medal）；另因其在社会科学领域的研究贡献，他于 2014 年被新西兰皇家学会授予梅森·杜里奖（Mason Durie medal）。

瑞琪尼·托斯瑞特曾就读于曼谷撒森学校，后在泰国艺术大学学习考古。1975年，她作为学生参与了班清（Ban Chiang）遗址的发掘。大学毕业后，她获福特基金会奖学金资助，前往宾夕法尼亚大学攻读硕士学位。毕业归国后，她供职于泰国国家美术署，并与查尔斯·海曼教授合作发掘了科潘农迪（Khok Phanom Di）遗址，她也因此第二次获得福特基金会奖学金资助，前往奥塔哥大学攻读博士学位。与海曼教授田野合作的成功促成他们进一步合作发掘农诺尔遗址。1992年，托斯瑞特被派往泰国东北部碧迈地区担任碧迈历史公园的主任。此后，她参与了"吴哥起源项目"的进一步发掘工作，包括班卢高（Ban Lum Khao）、诺乌卢和班农瓦等遗址，现在主要负责农班扎遗址的发掘。

美国西南古代村庄聚落的
历史生态动力机制

蒂姆·科勒
美国华盛顿州立大学

村落生态动力计划（又称 VEP）主要研究美国科罗拉多州西南部和新墨西哥州北部的古代普韦布洛（Pueblo）社会。公元 600～1600 年，这里分布着美国西南部最为密集的普韦布洛村落群。在这个地区开展考古项目拥有许多的优势，比如说：丰富的树木年轮年代材料、易被发现且保存良好的遗址、长期的调查和发掘历史，以及普韦布洛人的后代，这些人正逐渐成为我们研究团队的重要合作伙伴。

在公元 600～1600 年的一千年之中，有很多值得研究的问题。在这一时期，该地区的社会从仅有几户人的小规模聚落发展成为可容纳几千人的城镇。到 13 世纪后期，北部大部分地区，包括我们研究的科罗拉多州西南部，都经历了人口锐减。同时，伴随着剧烈的气候变迁，该地区的政治组织和社会仪式活动也发生了根本性的变化。气候的变动不仅给玉米产量和当地的主要社会生活带来了影响，同时也对聚落的人口数量、人口增长率和社会冲突程度造成了巨大影响。

本研究的目标是利用实证研究以及基于 Agent 的计算机建模尽

可能解释这些变化。目前，我们已经开发出识别各特定时间段内家庭数量的方法，通过该方法就可以重建不同时期的"史前人口的统计资料"。这些资料将为评估我们所建模型的性能提供数据。

我们通过模拟的方式，先假设一些过程，然后观测这些过程在时间和空间上的变化。其基本模型是：各家户会将其住地设在玉米产量最高，水、木材、野生动物等其他资源最为丰富的地区，这一地点会随着温度和降水量的改变有所变化。随后再根据我们想要研究的具体方面在基本模型上增加变量。迄今为止我们已经在此框架内开始探索以下几个方面的问题：

• 经历了普韦布洛社会上百年的开发利用，木材燃料和鹿等一系列缓慢再生性资源已经紧缺到了什么程度？资源短缺是否导致了火鸡养殖数量增加（火鸡是北美土著人唯一驯化的食用动物）？

• 不同的交换行为怎样影响聚落形制和人口数量？

• 导致此区出现更为复杂社会（指更大、社会分化和政治分层

更突出的社会）的因素是什么？

　　• 导致普韦布洛人在 13 世纪时离开美国西南部北区的主要原因是什么？

　　到目前为止，我们的主要成果具体体现在文后所附的出版材料中。我们最重要的贡献之一，在于探索出在可高度识别的时空范围中评估潜在的玉米产量，以及在一个相当短的时间段内评估人口规模的严谨的、可复验的方法。在这些社会中，村落的最初形成与人口密度和战争的增加有密切联系。在我们两个研究对象的北部地区，人骨上出现的战争—冲突创伤与长时间以来潜在的玉米产量、特别是产量变化直接相关。在聚落形成的前三百年间，人们主要依据资源的多少来选择住地。之后，群体取代家庭来评估住址最优性程度（但这方面的研究还没有完成）。在研究中，我们引进"公共物资博弈"的概念作为理解群体规模和政治复杂化同步发展的一种视角，以及围绕此概念建立的模型。

本项目以世界上研究得最清楚的新石器时代序列之一为对象，让我们得以将可能的目光转向其他地区发生过的、十分重要但并不显现的发展历程。我们还将计算机模拟建模技术作为一项重要工具引入考古学研究，因此具有十分重要的意义。我们希望自己的工作成果能系统检视其他地区新石器时代社会的共性，或专门针对这一特定时空轨迹的研究深度。

"村落生态动力计划"最近发表的部分成果：

博森斯凯、科勒：《美国西南部靠雨水供养的玉米农业：2000年的生态重建》，《自然交流》（5：5618. DOI: 10.1038/ncomms6618），2014年。

科勒、克拉布特里、博森斯凯、胡珀：《中档社会中的社会政治演变：前西班牙普韦布洛的案例》，杰瑞米·塞布洛夫等编辑：《复杂性和社会：关于复杂适应体系和人类社会的介绍》，普林斯顿大学出版社。

科勒、欧特曼、格伦德蒂施、菲茨帕特里克、科尔：《性本善：随时间消减的普韦布洛西南部前西班牙农民之间的暴力冲突》，《美国古物》第79卷第3期，2014年，第444～464页。

欧特曼：《里奥格兰德河北部统一几率密度分析和人口历史》，《考古学方法与理论杂志》（DOI 10.1007/s10816-014-9227-6），2014年。

施温德、博森斯凯、欧特曼、格洛瓦基、瓦瑞恩、科勒：《梅萨维德中央地区气候变迁带来的社会影响》，《美国古物》，2016年，待刊。

（本文图片版权：蒂姆·科勒）

项目负责人简介

蒂姆·科勒任教于华盛顿州立大学人类学系，其研究工作主要在美国西南部开展。科勒获得弗罗里达大学人类学硕士和博士学位，主要研究兴趣包括农业生产建模、重建古代社会的人口构成和聚落形成过程等，旨在理解新石器时代政治等级分化的出现。近期专著与合著主要有：《离开梅萨维德：13 世纪西南地区的危机和变化》（亚利桑那大学出版社，2010 年），《早期城镇的兴起和衰落：梅萨维德中部考古模型》（加利福尼亚大学出版社，2012 年）。科勒还是新墨西哥州圣达菲研究所的特聘研究员和科学委员会会员、克劳峡谷考古中心研究员。近十年来，科勒还主持了多学科多机构共同合作的村落生态动力计划，旨在研究美国西南部史前普韦布洛社会聚落的形成动力。

秘鲁特鲁希略
太阳神庙和月亮神庙的考古调查

圣地亚哥·乌塞达
秘鲁特鲁希略国立大学

"太阳神庙和月亮神庙考古项目（HSLAP）是自 1991 年以来秘鲁乃至美洲最大的考古研究项目之一，具体包括考古调查、保护以及社区外联活动等，其研究的客观对象和主观创见均首屈一指。该项目的核心为秘鲁北部沿海沙漠地带的莫切文化（公元 2～9 世纪）考古遗址群。莫切文化位于太平洋与安第斯山之间大片沙漠地带，是安第斯山脉中部率先出现国家级社会形态的文化。

该考古遗址群包括两座巨大的纪念性公共建筑：太阳神庙和月亮神庙，以及两者间广阔的城市——包括房屋、作坊、街道和开放的公共活动区。Huacas（即神庙）是古代秘鲁文明礼仪生活的中心，该遗址的两座神庙规模居整个南美大陆之最。

莫切神庙（Huacas de Moche）在殖民时期遭受严重的掠夺，直到 1899 年，才由德国考古学家马克斯·乌勒（Max Uhle）首次开展科学考古发掘。乌勒将遗址内涵进行大致分期，其中包括早于印加文化的莫切文化，并首次建立了各期文化发展序列，至今仍是安第斯地区年代序列的基础。20 世纪二三十年代，拉斐尔·拉尔科·

霍里（Rafael Larco Hoyle）在该遗址发掘了一系列墓葬，并在陶器序列的基础上建立了遗址的文化序列。20 世纪 70 年代，几所美国大学组织了一个大型考古项目，再次对遗址展开研究。研究者们对大型建筑进行了分期，并研究了城区居址的性质以及当地的丧葬习俗。自 1991 年开始，特鲁希略国立大学的圣地亚哥·乌塞达（Santiago Uceda）和里卡多·莫拉莱斯（Ricardo Morales）带领一组秘鲁研究人员，在遗址开展了长期的研究、保护和社区外联项目，至今已持续了 22 年。目前，在私人与公立组织的持续赞助下，与国内外教育机构的联合协作已经形成，秘鲁已探索出一种新的文化遗产管理模式。

在过去的 22 年中，为有效适应资源和机会，"太阳神庙和月亮神庙考古项目"不断调整自身的目标与方法。不过，项目核心的三个目标一直未变：①多学科联合的考古学研究；②历史遗迹和考

古发现的保护；③当地社区的开发和外联方案。

　　"太阳神庙和月亮神庙考古项目"的主要目标是：通过对莫切神庙宗教中心（其重要性与墨西哥的特奥蒂瓦坎或柬埔寨的吴哥窟不相上下）的研究，了解礼仪与宗教行为在南美洲最早国家社会的起源和发展中扮演的角色及性质。由于太阳神庙和月亮神庙遗址是由礼仪空间和城市／手工业遗存综合组成的整体，我们的另一个重要研究目标就是观察宗教和世俗生活以何种方式进行整合。这些目标启发了大量的研究问题，每个问题都找到了相应的解决方法和理论依据。其中一些关键问题包括：①研究遗址区礼仪中心的宗教活动，尤其是遗址中的彩色装饰带、仪式行为、葬仪及人牲；②为该地区（尤其是古老的月亮神庙区域）建立一个详尽、规范的遗址序

列；③了解城市中心区域社会、政治和经济的组织结构；④研究地域国家发展过程中礼仪性建筑群的转变过程。

月亮神庙中彩色装饰带的发现、发掘和保护是"太阳神庙和月亮神庙考古项目"最引人注目的部分。发掘已揭露了 12,000 平方米的彩色装饰带（公元 300～850 年），是南美洲迄今为止发掘的最大规模的图像学材料。这些图案的题材围绕莫切文化的神话及礼仪仪式展开。随着高浮雕装饰带的发掘，它们的保护开始成为最重要的议题。这些土坯建筑的保护需要技术创新。秘鲁国内外上百名考古学家、文物保护工作者、化学家、建筑工程师、图像学家，以及研究颜料、金属、陶瓷甚至木炭的专家，都投入了研究工作。发掘期间，遗址的庭院和广场上揭露出人骨遗骸，据生物考古学家、遗传学家和病理学家的研究，这些骸骨就是人牲，在这之前，我们只是在莫切文化的陶器上见过这类图像表现。生物考古学在整个项目中的重要性急剧提升。神庙周围也进行了发掘，据推测这里应是大多数城市人口居住的地方。在两个神庙之间，揭露出 50 ～ 100 公顷居住区域，文化叠压层厚达 8 米，包括大型居住区、手工作坊、水渠、街道和小巷。太阳神庙和月亮神庙遗址的城市区域无疑是新大陆发掘的最早的城市之一。城市化，这个在新大陆相对较晚到来的社会现象，似乎早已在秘鲁北部海岸蓬勃发展。

除了致力于研究和保护，"太阳神庙和月亮神庙考古项目"还开展了一系列社区发展项目，旨在通过转变文化遗产为文化服务，改善当地居民的生活质量。为做到这一点，我们聘请当地社区成员制作旅游产品，促进考古遗址的旅游发展。

（本文图片版权：圣地亚哥·乌塞达）

项目负责人简介

圣地亚哥·乌塞达是秘鲁特鲁希略国立大学社会科学学院考古学教授，1986年获波多尔第一大学史前史学博士。自1991年起，乌塞达博士担任太阳神庙和月亮神庙考古项目负责人之一。乌塞达的研究兴趣主要是安第斯地区早期复杂社会，特别是秘鲁北部莫切文化，以及石器技术。他著述丰富，撰写或合著了关于莫切文化及月亮神庙发掘的学术论文100余篇及10本著作，其中包括《莫切：观点和建议》(1994年)、《莫切：千年接近尾声》(2003年)和《莫切：过去、现在和将来》（2010年）。乌塞达曾任特鲁希略国立大学社会科学学院系主任和院长、秘鲁国家文化署全国考古委员会理事。此外，他还是美国考古学会会员、秘鲁历史研究院成员、德国考古研究院成员，并曾获得法国政府学术棕榈奖。他还参与过许多有关前哥伦比亚艺术的国际展览。

中华文明探源工程研究

王巍
中国社会科学院考古研究所

赵辉
中国北京大学

中华文明是世界上几个最重要的历史悠久的原生文明之一。中华文明作为东方文明的核心对人类社会的发展产生过巨大影响。自 2001 年至今，中华文明探源研究获得国家专项经费支持、研究工作由多家单位联合进行。研究结合了多个学科，工作已进行了12 年。

一、研究的思路与技术路线

这一研究的技术路线核心是加强人文社会科学和自然科学各相关学科之间的协作，以考古学为基础，联合古环境、年代学、动植物、冶金、遥感与 GIS 等自然科学研究，对中国文明起源与早期发展进行多角度、多层次、全方位的综合研究，回答中华文明形成的时间、地域、过程、原因和机制等基本问题。在此基础上，扩展视野，探讨中华文明与周边地区文明化进程的互动，进而通过与世界其他古

代文明的比较研究，总结早期中华文明的特点及其在人类文明发展史上的地位。

（一）从文化和社会两个方面开展研究

在文化方面，利用包括多种自然科学技术手段在内的各种研究方法，对各地区公元前 3500～前 1500 年物质文化的进步和精神文化的发展状况进行研究，以了解作为文明形成的经济基础和中华文明重要内涵的物质文化和精神文化的发展轨迹。

在社会方面，运用聚落考古的方法，以最能够反映社会发展状况和权力强化程度的各地都邑性遗址作为工作重点，注重对其布局进行研究，特别是对处于都邑核心地位的大型建筑基址、高等级墓葬和祭祀等特殊功能的遗迹进行有计划、有目的的考古发掘，探讨当时的社会组织结构，结合各地表明社会上层集团等级身份的特殊物品——礼器的出现，来分析当时社会的分化，特别

是权力的出现、构成、性质和强化程度，进而判断当时是否已经出现了王权和国家。

（二）对当时的社会进行立体的复原

（1）以对社会上层的研究为重点的同时，兼顾对社会中下层的生活、社会组织、社会地位与作用的考察。

（2）在以都邑性遗址为工作重点的同时，选择各地区的中心性聚落为研究重点，并点面结合，通过对各地这些中心性遗址周围聚落群分布状况的系统调查，研究这些中心性城邑与周围中小型乡镇村落的关系，从一个侧面探讨当时的社会组织与结构。

（三）利用各种自然科学的技术手段，研究中华文明的物质内涵和文明社会得以建立的物质基础，分析文明形成和发展过程的环境背景、经济和生产技术的发展状况、人群内部及各人群之间的互动关系、王权对贵重资源的控制与利用等。

（四）研究的重点并不是局限于对铜器、文字和城市这些"文明要素"的追溯，而是将这些"要素"视为文明社会的物化表现形式，重点研究各种"文明要素"在文明形成和发展过程中发挥的作用。

（五）研究各个地区迈向文明社会的进程。探讨各地区文明化进程的特点及原因，注意各地区文化及其不同势力集团力量的强弱消长变化。

二、研究的主要内容

（一）中华文明起源、形成和早期发展过程研究

（1）各地区的文明化进程研究

探讨各地史前时期文化的发展脉络，以及从平等的、简单的氏族社会演变成为以强化的等级制度和具有强制力的公共权力为特征（以国家的出现为标志）的文明社会的过程。各地区的文明化进程各有什么特点？为什么会形成这些特点？

（2）中华文明多元一体格局的形成和发展变化研究

研究在中华文明形成和发展过程中，中原地区的核心地位是如何逐渐形成的？核心地区和周围地区之间文化的互动关系及文化相互影响的状况是怎样的？各地区的文化和区域文明是如何逐步接受了中原地区夏商周文明的影响？揭示中华文明多元起源、相互促进、碰撞融合、汇聚一体的演化历程。

（3）中华文明起源与早期发展的过程及阶段性研究

在研究各个地区文明化进程的基础上，研究作为一个整体的中华文明是如何起源、形成的？此后，又是如何发展的？经历了怎样的过程？可以划分成几个阶段？各个阶段之间的关系如何？

（二）中华文明起源、形成与早期发展的背景、原因、机制、特点研究

（1）中华文明起源、形成与早期发展的背景、原因、机制研究。

（2）中华文明形成和发展道路及其特点研究。

（三）中华文明内涵及其发展过程研究

构成中华文明的三个组成部分：物质文明、精神文明和制度文明的内容及其发展变化过程研究。

物质文明：农业、畜牧业、手工业的发展和科学技术的进步过程研究。

精神文明：宇宙观、生死观、价值观、宗教信仰、文化艺术等方面的发展过程研究。

制度文明：王权和国家政体、管理机构、官僚制度、等级制度等方面的发展变化过程研究。

三、研究的初步收获

经过长达 12 年的工作，多学科综合研究的参与学科都取得了不同程度的进展。概括起来，阶段性收获主要有以下几点：

（一）初步在精确测年基础上建立起各个地区公元前 3500～前 1500 年考古学文化的年代序列，以及各个都邑性遗址及其考古学文化兴衰的绝对年代的范围。

（二）对公元前 3500～前 1500 年各地的自然环境的变化有了较为系统的了解，对其余各地区文明兴衰演进的关系有了总体性的把握。

（三）对各地公元前 3500～前 1500 年农业和手工业的发展状况有了具体的了解，对文明形成和发展过程中经济和资源所发挥的作用有了较为清晰的认识。

（四）各地区中心性遗址的考古发现及其周围聚落分布调查的资料，揭示了公元前 3500～前 1500 年各地区文化的发展和阶层

分化、权力出现并逐渐强化，社会向文明社会演进的过程。

（五）根据中国自己的考古材料，提出了既具有自身特点，又具有一定的普遍意义的判断文明形成的标志：农业的发展和手工业的进步；某些先进手工业的专业化；珍贵物品的制作和稀缺资源被权贵阶层所控制；人口增加和人口的集中，出现了政治、经济和文化中心——都邑；社会分化加剧，出现了集军事指挥、宗教祭祀和社会管理与一身、凌驾于全社会之上的王权和区域性政体——早期国家，其在考古学上的具体物化表现是：反映农业发展和手工业进步的考古资料；需组织大量劳动力才能完成的巨型都邑和公共设施的兴建；表明王权显贵身份的宫殿或庙宇的营建；制作精美、表明等级身份的各类礼器的出现、规模大且随葬品丰富的权贵墓葬的出现等。

（六）对中华文明形成和早期发展的过程和阶段性有了总体性认识。

（1）距今 6000 年前，在中原、长江中下游等地区，在生产发展的基础上已经开始出现社会的分化，文明进程呈现出加速度的状态。

（2）辽宁牛河梁、安徽凌家滩、张家港东山村等年代在公元前 3000 年左右，随葬精美玉器的高等级贵族的大型墓葬和规模宏大的祭祀遗迹的发现，反映出早在距今 5000 多年前，一些地方的阶层分化已经相当严重，权贵阶层业已形成，他们通过对宗教祭祀权利的垄断，已经掌握了对整个社会的控制权。可以推测，当时已经出现了王权或其雏形，当时可能已经步入文明社会的门槛，中华文明五千年恐非虚言。

（3）良渚、陶寺等年代在公元前 2500 年前后的巨型都邑、大型宫殿基址、大型墓葬的发现表明，早在夏王朝建立之前，一些文化和社会发展较快的区域，已经出现了早期国家，进入了古国文明的阶段。

（4）在夏代后期，以二里头遗址的宫城和城内具有中轴线布局的宫殿为代表的宫室制度、以青铜礼器和影响远及华南等周边地

区的大型玉石仪仗器具为代表的礼器制度、由王权直接控制的青铜礼器和绿松石制作作坊的出现等为标志，中华文明进入了王国文明的新阶段。

（七）对各区域间的文化互动和以中原地区为中心的中华文明多元一体格局形成的过程及其原因和机制有了总体性的认识。中华文明经历了公元前 2000 年之前的多元并进，百花齐放，到进入夏王朝之后，特别是商周王朝时期，中原地区的华夏集团持续崛起，核心地位逐渐形成和巩固的一体化过程。

（本文图片版权：中华文明探源工程项目组）

项目负责人简介

王巍，1982 年毕业于吉林大学历史系考古专业，进入中国社会科学院考古研究所工作。
1995 年获得日本九州大学文学（人文）博士学位。1996 年获得中国社会科学院研究生
院历史学博士学位。现为中国社会科学院研究员，博士生导师。他还分别被授予德国考
古研究院通讯院士，美国考古学会外籍院士及中国社会科学院学部委员。现任中国社会
科学院考古所所长。主要社会职务有：国家学位委员会历史学科评议组第五届和第六届
成员、中国考古学会理事长、亚洲史学会评议员（常务理事）。王巍教授曾先后主持过
1996～1998 年河南偃师商城宫城内宫殿区的发掘，2000 年陕西周原西周宫殿基址的发
掘，以及 2003～2004 年河南安阳殷墟孝民屯的发掘。其主要研究方向包括夏商周考古、
东亚地区古代文明起源研究及东亚地区古代文化交流的考古学研究。近年承担的主要科
研项目："十二·五"科技支撑项目——"中华文明探源工程"项目负责人；中国社会
科学院重大课题"中国古代文明的起源与早期发展研究"主持人；国家社科基金重大委
托项目"蒙古族起源和元代帝陵"项目（2012～2021 年）首席专家。

赵辉，1986年毕业留校任教，北京大学教授，曾任考古文博学院院长，兼任北京大学赛克勒考古与艺术博物馆馆长，北大——伦敦文化遗产保护研究中心中方主任，国家考古实验实践教学示范中心主任，中国考古学会副理事长。主要从事新石器时代考古、田野考古、考古技术与方法的教学与研究。先后在十几处遗址进行考古发掘，积累了大量田野考古教学经验和科研成果，先后获"北京市普通高等学校教学成果一等奖"、"教育部教学成果奖二等奖"。主持教育部人文社会科学基地重大课题"聚落演变与早期文明"、国家科技支撑计划"中华文明探源工程"、中日合作"良渚文化植物考古学研究"等项目。发表研究论文50多篇，参与撰写《中华文明史》（袁行霈主编，赵辉教授为作者之一），获第三届国家图书馆文津图书奖。

世界考古学

主题论坛演讲

城市化机制：
中美洲山地、低地平原早期城市和
国家意识形态、环境基础的比较研究

小威廉·费什
美国哈佛大学

主讲人简介

小威廉·费什现任哈佛大学中美与墨西哥考古学民族学系查尔斯·鲍迪奇讲座教授。在伊利诺伊大学获得学士学位后，他于1983年获得哈佛大学博士学位。1995年，他又获得杜兰大学教育学荣誉博士学位。

他的主要研究兴趣有：复杂社会与文明的兴衰、意识形态与政治象征主义、景观考古学、文化遗产管理及中美洲考古学。

1976年在伊利诺伊大学获得学士学位后，他在亚利桑那和墨西哥中部开展了考古工作。1977年起，他参加了戈登·威利在洪都拉斯科潘遗址的考古项目，此后便一直在该地区从事发掘工作。其中最重要的项目有：由他本人于1988～1996年主持的科潘卫城考古项目，从1985年至今仍在进行的科潘多学科综合研究项目，研究与保护玛雅雕刻的桑坦德项目，以及墨西哥特奥蒂瓦坎立柱广场工程。

费什于1998～2004年任哈佛大学人类学系主任，2004～2011年任皮博迪考古与民族学博物馆馆长。他有多项著作，其中较为重要的包括：《书吏、战士与国王：科潘城与古代玛雅》（1991年初版，2001年修订）、

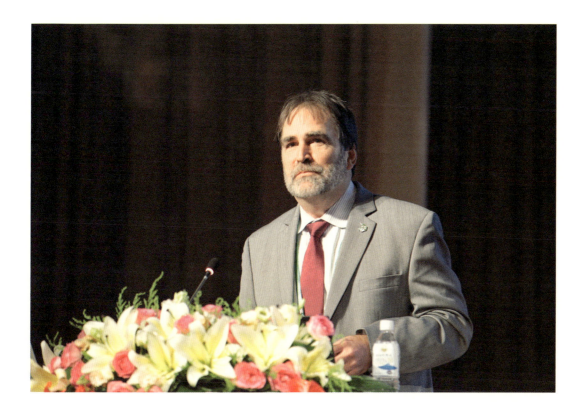

《古代美洲世界》（与 Mary Lyons 合著，2005 年）、《城市化的艺术：
中美洲国家在建筑和图像中的自我体现》（与 Leonardo López Luján 合著，
2009 年）。

费什曾获多项教学奖，并于 1998 年加入伦敦古物学会及美国艺术与
科学学院。1994 年，他获得洪都拉斯政府授予个人的最高荣誉奖章。
2008 年，为表彰其 30 多年对洪都拉斯文化遗产的保护和记录工作，洪
都拉斯文化艺术部长授予费什教授及其夫人芭芭拉金桂叶奖。2015 年，
他们还同获由危地马拉市弗朗西斯科马洛金大学和柏柏吴博物馆(Popol
Vuh Museum) 颁发的马特勋章 (Order of the Mat)。

【摘要】

　　古代中美洲城市化的比较研究一直注重自然环境如何影响山地和低地平原早期城市、国家和文明的具体形态。就农业土壤的厚度、质量，年降雨量，地表径流，微环境的多元性，在大区域范围内已有过总体的评估，在各个中心城市则有比较详尽的评估研究。古代城市聚落的规模和权利的发展受制于社会背景以及特定的经济、政治、宗教动力，而以上的环境因素则是对其进行大范围、多学科比较研究的基础。本文简略讨论了中美洲山地和低地平原的一些差别，以及与这些差别相关联的城市发展机制的解读，以飨参加世界考古论坛的在世界其他地区从事早期城市研究的学者。

　　中美洲山地属于亚热带，年降雨量变化大，一般小于 500 毫米。雨量不足而且降雨不可预测，山地依赖雨水浇灌的农业风险性就比较高。基于这种认识，威廉·桑德尔（William Sanders）等学者提出正是这种自然条件的制约，刺激了山地灌溉农业和围湖造田的发展。在山地，众多的火山岩脉不仅形成了一系列气候相对温和的小区域以及各种微环境，而且蕴藏丰富的原材料，从事农业的定居居民，以及后来发展起来的专业工匠有效地利用了这些原材料。这些因素引发的政治经济更多地表现为社会协作和集体性的权力结构。大规模农业系统的治理促成了高密度人口中心城市的发展，包括特奥蒂瓦坎、阿尔班山和特诺奇提特兰城。山地环境内的盆地、大型河谷有利于大的政治实体的形成，其中的城市有序分布，以便于贸易、通讯和控制。聚落形态、战争和俘虏的画像、特奥蒂瓦坎的羽蛇神金字塔内大规模供奉的杀戮战将，说明战争是疆域扩张和国家运作的一个核心要素。阿兹特克时代森严的战将等级和征兵制度实际上在山地早期中心城市已经出现。威廉·桑德尔和大卫·韦伯斯特（David Webster）认为像特奥蒂瓦坎和特诺奇提特兰城这样的城市是所谓的"组织型城市"，主要通过控制全职性的手工业专业化，以及手工业产品在城市内部的再分配，或者输入到其他城市进行再分配来维护运作。例如普埃布拉南部生产的橙色陶器是由特奥蒂瓦坎再分配出去的。

中美洲低地平原包括奥尔梅克文明起源地墨西哥湾海岸低地和广阔的玛雅低地，是湿润的热带丛林环境，这里的年降雨量超过800毫米，有季节分明的雨季。这样的自然环境有利于依赖雨水浇灌农业的发展，同时有利于常年饮水所需储水系统的建立。玛雅低地南部发展起来的最佳的园艺系统是热带雨林生物多样性的直接体现，它保障了各种生计动、植物的稳定增长，这些动、植物是食物、燃料、手工业产品的重要原料。尽管低地平原微环境的多样性比不上高地，居住在城市聚落的居民一样可以获得高地昂贵的原材料。低地平原的政治经济是一种网络化的等级结构，低密度的热带丛林城市是其特色。通常认为受自然环境的制约，低地平原上大型政治组织很难发展，城市的有序分布也不太可能。8世纪时，玛雅低地平原战争持续不断但不涉及疆域的扩张。奇琴伊察城址可能是个例外，它控制了比较大的疆域，不过时间很短暂，疆域也很有限。一般认为奥尔梅克和古典时期玛雅文化应该没有设置常备军队，但是随着奇琴伊察疆域的扩张，这种状况可能发生了变化。

山地和低地平原自然环境的差别以及由此导致的制度方面的差异，可能也波及两个不同地带王朝盛行的宗教和信仰系统。根据对阿兹特克的分析，还有（托尔特克）图拉，特奥蒂瓦坎和奎奎尔科这些更早城市聚落的深入研究，可以相信山地城市的宗教信仰是基于氏神或国家范围的守护神（护国神），因此山地的公共纪念性建筑上的铭文非常简短，很多学者认为山地城市的统治者是隐形无名的。这里意识形态强调的是氏神（或护国神）的权力和牺牲祭祀的必要性，旨在威吓社会众人同时教诲对统治秩序保持忠诚的价值观。大卫·卡拉斯科（David Carrasco）称这类城市为"牺牲祭祀型城市"。

近年来对古典时期（公元 250～900 年）早期城市的深入研究显示，山地和低地平原城市的发展和性质的差异没有以往认为的那么大。他们相互之间的文化、政治、经济的交往比我们所想象的要深远得多。研究发现特奥蒂瓦坎也有具名的统治者，而玛雅也有护国神（或氏神）。尽管环境因素的确影响两地文明的形态和体现方式，但不是决定性因素。两地的城市发展现都可以追溯到前古典时期以前。多学科的研究和应用更是拓宽和加深了我们对于两地人群迁徙来往的认识。艾伦·蔡斯（Arlen Chase）、迈克尔·史密斯（Michael Smith）和戴安·蔡斯（Diane Chase）最近指出"在检验历史学为基础的解读古代的过程中，考古学至关重要，同时利用考古材料讨论政治控制范围，亦存在局限性。中美洲古代文明总的发展特点包括：①国家的政治组织主要体现为霸权，而不是疆域的控制；②统治者作为集体政权（身体政治，body politic）象征的重要性（身体政权的统治者的重要性）；③融合宗教祭祀以加强政治行动。这些策略是通过自上而下的过程，还是自下而上的过程来实施的仍然不清楚。"

我们这个时代的考古学

费克里·哈桑
埃及法兰西大学

主讲人简介

费克里·哈桑，伦敦大学考古学院皮特里（Petrie）荣誉教授，现任埃及法兰西大学（French University in Egypt）文化遗产管理中心主任。哈桑先后获得埃及开罗埃因萨姆斯大学（Ain Shams University）地质学和化学学士学位（1963 年），以及地质学硕士学位（1966 年），并于 1973 年获得美国达拉斯南方卫理公会大学（Southern Methodist University, Dallas, USA）人类学博士学位。他于 1974 年在韦恩州立大学人类学系任教，1988 ～ 1990 年曾任埃及文化部顾问。1994 ～ 2008 年任伦敦大学考古研究所和古埃及学系主任。其研究着重于文化遗产管理、水与文明、考古学伦理、考古学与当代人类议题、认知考古学、气候变迁以及文明与国家社会的起源。

哈桑教授现任《非洲考古评论》编辑，《全新世与水资源政策》等期刊的编辑委员会成员。他曾任《古物》咨询委员会委员、《考古学评论》特约编辑，并曾当选为世界考古学大会副主席。此外，他还是埃及文化遗产组织（ECHO）荣誉主席、联合国教科文组织（UNESCO）顾问。

哈桑教授致力于文化遗产管理，现任埃及国家文化和自然遗产中心
（CULTNAT）高级顾问，目前他从事的遗产项目主要是开发一个关于
埃及文明传奇的尖端网站，该网站由美国国际商用电器公司（IBM）
支持开发。

哈桑教授撰写有多本著作，包括《人口考古学》（1981 年），《干旱、
食物与文化：非洲史前晚期的生态变化与食品安全》（2002 年），目
前他正在撰写一本题为《水与文明》的基准书（与洁瑞·黛拉·普瑞
斯克利合作）以及另一本题为《大坝和文化遗产》的书（与史蒂文·勃
兰特合作）。

本文是为世界考古论坛主题发言而准备的背景材料，只是对 1977 年以来考古发展的一些个人观点的阐述。由于字数限制，文章列举了一些关键性的讨论，如需更多信息，读者可参阅文后所列文献。

时代变化中的考古学

20 世纪 80 年代以来，世界经历了一个全球性的转型过程，这是人类文化史上一个新的转折点。这时期，一些受益于即时电子通讯和批量快速运输的跨国公司迅速崛起。虽然民族国家依然存在，但是他们的经济独立性和与国民交流的手段已经不可避免地受到这些变化的影响。然而，民族国家不会消失，因为他们是小企业和国际大订单之间的重要纽带。但是对于他们，尤其是对于那些既没有政治利益也没有现代欧洲国家经济特权的民族国家来讲，目前的形势不容乐观。年轻一代正在挑战政府当局及其权力政策。受益于社交媒体，他们一方面为自己国家的遗产感到骄傲，另一方也意识到自己与其他国家年轻人的联系。因此，我们生活在一个激荡的时代，这里有拒绝现代化的人，有为争取更多个人自由和社会公平而重新改造国家的人，还有满足于现状的人。曾经使 19 世纪欧洲新兴现代国家合法化的国家民族主义考古的理念已经不再站得住脚，加之弥漫全球的、崭新的政治风气和种种由全球化潮流带来的冲突，如果考古学家再不开始挑战和面对这种变化，思考如何、为何以及为谁观察和解释过去，他们就要落伍了。

18 世纪和 19 世纪出现的现代欧洲国家都曾努力建立与非传统欧洲人以及与其他新兴欧洲竞争者相对应的身份认同。实际上，现代欧洲国家的出现是国家形成的结果，而这种国家形成是商人和实业家利益最大化的过程。这个过程中，科学技术、机械化和新能源被用来生产新产品并以更低廉的成本和更高效的速度实现销售。运输的发展也促进了贸易发展和原材料进口。

欧洲社会的近邻依照现代化的方式（与之前的社会情况、地理位置、本地能源的获取、建造能力以及融资、生产、研发和社会控制能力有关）开始分化。分化的结果则是基于地缘上有效空间内的整合，以及新兴市场中心和原材料来源地之间的竞争。

就像我们现在了解的一样，考古在欧洲历史中依然是国家形成过程的产物。事实上，我们可能应该提及两个主要的考古学：古典考古和史前考古。

古典考古是 14 ～ 16 世纪欧洲文艺复兴的产物。商人为摆脱中世纪基督教束缚，向文献和古物中寻找古希腊和古罗马辉煌的文明，从而为新的非天主教和反天主教的行为合法化提供了强大动力。这一点解释了古典考古与古典哲学之间的密切联系。对"世俗"物品和财富的强调，具体体现在华美的宫殿、花园、家具、珠宝和艺术品等方面，使得商人的权力和地位得到了合法化，这也解释了古典考古和艺术史之间的联系（Sondgrass 1987）。

史前考古和进化论（达尔文，1859）以及 17 ～ 18 世纪的启蒙运动思想有不同的缘起。就某一方面来说，查尔斯·莱尔（Charles Lyell 1863）在《远古人类的地质证据》（*Geological Evidence of the Antiquity of Man*）一文中提到，远古人类遗物的发现是科学对宗教神话的胜利。手斧、石器和伴生的已经灭绝的动物的发现引起了公众极大的兴趣，并为科学代替宗教提供了理由。

现代欧洲国家在过去 450 年里持续演化，并在 19 世纪和 20 世纪进入工业化和殖民统治时期。他们曾忙于以国家为中心建立一个新形象，颂扬彼此之间的"兄弟情谊"，这种情谊将具有共同历史、共同血缘，更为重要的是共同未来的国家联系在一起，形成一个结合了不同人群的群体。另外，他们往往自认为优于其他国家，比之前形成的国家要进步（Kohl 1998）。

在这一思维模式下，由原始到野蛮再到文明的进化过程出现了。在进化论视角下，不同地域 的"文化"通过模仿德意志民族构建自己"文化"的方式将过去搭建起来。我们很容易看出这个概念是如何陷入到"种族"和"文化区"的定义里，如何从多个中心看世界，革新又是如何从这些中心蔓延开来的。

很长一段时间里，史前考古作为一个学科都只是一个收集石制品、陶器和其他材质遗物，然后根据遗物的相似性命名所谓史前"文化"的活动。随后，根据"进化"或"传播"的方式再将这些认定和命名的"文化"放到一个时空序列中。我第一次接触考古是在1968年，那时我在美国攻读博士学位。我和其他人后来发现，仅仅强调石制品和类型学是远远不够的，这对人类过去的研究而言太过简单和不可信。

主要问题似乎是，我们缺少将考古遗址上的人工制品和其他遗存与制造他们的社会联系起来的可靠理论。直到20世纪70年代，当考古学家将"遗址形成过程"和遗址上遗物的堆积过程联系起来时，这一问题才受到关注（Schiffer 1983, Hassan 1987），这时，"中程理论"（Raab and Goodyear 1984）也将考古遗址上的遗物和人类行为联系起来。

20世纪60年代和70年代的理性氛围令人们坚信科学是寻找真理的手段，而技术是不断进步的引擎。这一点显著体现在人们倾向于接受科学方法论的不同定义，并敢于探讨科学哲学的谜题。

同时，以石制品（和陶器）为主的考古研究逐渐将重点转移到聚落、生计和经济等方面。

若要对现代欧洲民族国家形成过程进行严谨研究，经济在早期形成过程中所起的作用不可忽视。正如亚当·斯密（Adam Smith 1776）在《国富论》（*An Inquiry into the Nature and Causes of the Wealth of Nations*）中论述的，18世纪欧洲社会的形成已经清楚地表明了这一点，后来影响力巨大的卡尔·马克思（Karl Marx 1867）的论著《资本论》（*Capital: Critique of Political Economy*）也说明了这一点。

经济视角为考古学家提供了一个将史前社会和土地以及生产联系起来的研究框架。与北美和澳大利亚的前农业社会的比较，使得对于文化进化的讨论从新旧石器生产技术研究提升到采集、狩猎和农业社会研究，并且开始从经济、人口和社会变化的角度研究旧石器时代到新石器时代的转变。另外，聚落研究开始出现，而且研究范围不仅仅限于克拉克（Grahame Clark）在 1938 年提及的北欧中石器时代聚落和 1989 年出版的《史前经济》（*Economic Prehistory*）中所提及的那些遗址。这些变化在柴尔德（V. Gordon Childe）1930 年的《青铜时代》（*The Bronze Age*）和 1938 年的《人类创造自我》（*Man Makes Himself*）中也有所体现。

柴尔德在 20 世纪 30 年代的贡献激励了五六十年代成长起来的考古学家。他在全球范围内进行比较研究，逻辑上也令人信服。他对史前环境、技术、经济和社会变化进行研究，并提出了"新石器革命"以及其后的"城市革命"的解释模型，为打破史前研究和历史时期研究的壁垒提供了基础。他的远见令人钦佩，史前考古也自此主要讨论这两大问题。我也同样被他的思想所激励，致力于研究尼罗河谷食物生产的起源。尼罗河谷新石器聚落的出现比其毗邻的黎凡特（Levant）地区晚了将近一千年。之后，我也对埃及国家的起源产生兴趣，开始发掘遗址，分析国家社会出现之前两千年内的考古资料，试图以精心设计的系统模型来解释转变出现的动力机制（Hassan 1988a）。

我意识到对石制品的研究遇到了瓶颈，而且它带来的信息是有限的。我的重要工作是将研究重点从对石制品的研究转移到对认知过程的研究上（Hassan 1988b）。我关心根据人群之间的互动机制建立起来的解释模型来分析人类的过去。这里所说的人群是由特定地区、特定时间内相互联系的个体组成。人群间的互动以与生物和认知构造有关的行为和交流模式为基础进行。

进化的序曲

依我看来，这是为当代和今后的人类社会构建的更复杂、更精確的模式的簡化版。從進化的角度來看，人類的行為、認知和交流的生物能力的同步進化是晚期智人出現的原因。盡管化石記錄展示出已消失物種的生物多樣性，但在過去 4 萬多年的時間裏，晚期智人幾乎擴散到從北極到赤道的所有小生物環境中，這些人群之間卻沒有明顯的生物特征上的區別。說明這不是一個基於生物適應外部環境變化的選擇過程，而是基於一個積極的社會和智力性的人類學演化過程。黏附到其他個體的能力、成為整個多樣環境的一部分的能力、平衡人口和自然資源的能力、通過管理社會中的個體創造力來轉換自然環境和已經存在的組織和系統的能力，這些都是人類的特點。

通過發明火和製造工具來改變周圍環境，確立了我們祖先在改造自然環境的道路上的地位。這和其他人類行為一起，對社會和環境產生了不同程度的影響，一些影響我們可能已經預見到了，另外一些還無法預料。

人類生活在一個不斷變化的環境和生態系統中。我們的能力和技術水平都是有限的。受自然條件的制約，食物的獲取被控制在步行幾小時的範圍內。為了滿足群體對食物的需求，保證在不同季節和大的時空範圍內不可預知的環境變化下依然能夠生存，人類維持了小的、靈活的（能夠分開和重組）和不定居的社會組織方式。在此條件下，除了強有力的社會關係和義務，沒有其他因素能夠讓人群凝聚起來。20 世紀 70 年代，我試圖了解新石器時代世界人口猛增的原因時，意識到人口因素對史前社會的重要性。這最終使我寫成《人口考古學》（*Demographic Archaeology*）（Hassan 1981）一書，以提醒考古學家注意史前人口的規模。這個問題現在受到了廣泛關注（例如 Shennan 2009, Riede 2009）。

考古學家和史前史學家終將發覺，以綜合途徑獲取考古信息是值得的。綜合途徑即智力和社會性之間的關係，這是在變化的條件下成功獲取食物和使小群體人類免受傷害並生存下來的手段。對社會性和智力水平（洞察、解決問題、認知、創造力、預見和反思）

的研究，以及他们对于人类行为（动作）、学习和交流的影响的研究，对于解释考古材料都非常关键。

史前考古研究方法已经改变了许多，考古学家从关注单个器物转移到关注遗址和某个地区的一群遗址，但还必须具有全球性视野。现在我们正在从种族、文化区等限制性概念转移到一个全球性的国家的概念上来，因此我们能够通过整体解释局部，通过对个体的两方面解释来创建整体印象。

例如，我们如何对阿舍利手斧传统的同质性进行解释？在距今160万～10万年的时间里，尤其是和旧石器时代末期中石器时代初期多样的、存在时间相对较短的石器传统相比，广泛分布于非洲、中东、大部分的欧洲和亚洲的阿舍利手斧保持了高度的一致性的特征。

回答这样的问题可能需要综合以上提到的主要因素。首先，要考虑到固有的认知能力（智力），例如创造力、想象力、洞察力、存储和检索信息能力、分析技能（分解信息）、综合技巧（以新形式重组各种元素的能力）、符号表现力（把有意义的资料变成可存储的思想密码）、隐喻转移、推理风格（描述、分类、因果关系、功能、结构、动力、章法、目的，等等）、学习能力（例如模仿和理解能力）以及包括解决问题在内的以目标为导向的思考能力。科林·伦福儒（Colin Renfrew）在《古代思想》（*The Ancient Mind*）（1994）一书中讨论了其中一些认知因素。在谈到制作工具的时候，我们不能忽视不同层级行为组织的能力和感官神经的协调能力（参见 Stout et al. 2008）。

有关交流模式和效果的另一关键因素是符号或口头表达。斯托特（Stout）等人的研究结果表明，工具制作和语言可能是同时进化的。旧石器时代晚期更为复杂但有辨识度的工具清楚地表明，晚期智人与直立人相比，在认识水平上有一个质的变化。相比于直立人和制作奥杜威（Oldowan）文化工具的祖先，晚期智人有着更复杂的认知水平（Hassan 1993b）。另外，在现代人出现并且分散到世界不同地区后的一千年里，他们的认知水平和积累的知识经验对于食物生产的最终形成非常关键。

另外，此处必须提出，使得某种工具制作方式持久不变并最终成为一种"工业"或"复杂技术"的一个因素是人口构成。创新导致了工具样式的改变，这在考古记录中可以看到，创新不仅与个体的认知能力有关（可能在人群中以高斯模式变化），而且和错误重复发生的频率、误差的最大限度，以及"错误"重复发生的可能性（只要他们不和预想的功能妥协，或者与预期的或其他功能相比，他们更优越）有关。

尽管我们必须非常谨慎地将生物进化观点应用到文化进化中（Shennan 2004），但我们依然不能忽视创新作用（与突变相比，不包括将创新看做有意识、有目的的行为结果）、流动（尤其是当人群被障碍物隔开，或是相互之间距离太远，又或是小的群体从大的父辈群体中分离出来）、群体间的传播（通过各种机制，例如器物交换、族群通婚或人口流动以及长时间接受或拒绝创新的可能性、通过倍增效应坚持创新的可能性）的讨论。我个人比较倾向于文化消失而不是文化选择模式，意即，如果他们与之前存在的标准不兼容的话，就会拒绝创新，因此往往并不是最佳的创新方案成为最后的选择，潜在的创新方案也只有等以后条件变化了，变得有用了，才会被激活和采用。

由此可以得出结论，由于人类认知能力提高，语言出现，以及采集狩猎人口的构成变化，史前社会发生了巨大转变。

在《人口考古》（Hassan 1981，第11章）一书中，有一段阐述了人口和史前技术文化传统的关系，这一话题已经成为我当下的研究兴趣点。由于不定居的原因，15～50人的一个个小部落聚集在一起，形成一个一千到几千人的灵活的、多样化构成的族群，当然那时全球的人口也不超过一千万。与新石器时代相比，文化变迁相当缓慢。到了新石器时代，人们大都开始定居生活，部落人口数量增多，人群相互距离较近，以便从事食物生产。

最重要的是，通过这些方法，我们探索出了一条跨历史学科的解释模式，这种模式以证明人类在不同时空范围内的一般原则为基础，将过去和现在联系起来。但是由于各地在居住条件、流动方式，以及固有的社会文化系统对内部和外部创新因素的影响不同，这些原则在不同的地区和时间会产生不同的结果。史前考古以研究人类社会为主要目标，因此当代考古学需要调整研究方法。史前研究让我们将人类社会作为一个整体来看待，加之我们来自共同的祖先，我们有着相同的现代人特征，相同的生命周期和生命规律，面临着相同的挑战。我们不应被历史轨迹和群体身份诱导，从而低估人群之间的共性，而应该根据史前史、古代史和现代史，整体看待人类历史。单纯根据"技术"看待过去是很危险的，这容易忽视技术的社会背景和认知背景，以及对于技术本身而言非常重要的社会因素。

因此，我们必须转移在史前技术和器物上的注意力，而关注隐蔽的、更加难以捉摸的智力（认知）和社会因素，这些因素强调管理和引导劳动力分配的社会组织构成、自然资源的鉴别与开发、能量的生产、食物共享和分配方式、交配、人口控制和繁殖，以及消费水平。更重要的是，社会中的不同个体有着共同的世界性眼光、生活计划和认知方式。

这样，我们便能够不以外人的眼光看待过去，不是将史前人类看做异类，而是根据相同的准则看待过去，这些准则允许我们适度地运用积累起来的历史、社会和智力方面的经验。

史前史并不仅仅是没有文字记载的人群的历史。旧石器时代和新石器时代之间有明显的区别，这个区别使不同的社会文化系统根据由国家和国际组织掌控和管理的现代社会的社会组织来重新创造他们的历史。在过去的五千年中，人类社会形式从松散的、小规模的狩猎采集形式转变为目前的国家组织形式，而意识形态仅仅在过去几个世纪才发生变化。

人类维度下的考古学

曾经被称为文化进化万应灵药的现代民族国家遇到了许多严峻的考验，其中一些可能会对整个人类造成空前的威胁。1972 年罗马俱乐部的报告《成长的束缚》（*Limits to Growth*）将这个问题带到公众面前。相似的问题在 1981 年史密森研究所召开的一次以"人类如何适应"为主题的会议上也被提出来（Ortner 1983, Hassan 1983）。在这次会议上，人类学家、社会学家和考古学家讨论人性的"生物文化奥德赛"。我有幸参加了这次会议，并且做了题为"地球资源和人口：一个历史的角度"的演讲。我同样有幸参加了在柏林举行的达勒姆（Dahlem）研讨会（Costanza et al. 2006），并提交了题为《历史的谎言——民族国家和复杂社会的矛盾》的论文（Hassan 2006a）。另外一个以"可持续还是崩溃？地球上完整的人类历史和未来"为主题的研讨会，为研究者提供了一个从不同学科角度讨论如何整合过去千年、百年和十年的不同时间维度的自然和文化史平台，以便于预测地球上人类和文明的未来。

这些研讨会很重要，这使我们能够把从具体领域获取的有限知识用来解决人类今天面临的各种问题，包括不公平、污染和环境破坏、许多地方失去控制的人口增长、食品安全和饥饿、贫穷、城市拥挤和贫民窟范围的扩大、失业、亚健康、干净饮用水的短缺和食物浪费，等等。

今天，人类可能面临的主要危险是缺少切实可行的全球秩序。联合国对代表全球化丑陋嘴脸的少数富有的工业化国家、跨国公司以及国际金融组织妥协，世界人口因此被捆绑在监视各个国家政策和计划的网络中，当需要进行生产活动时，他们必须确保道德透明和管理清晰的系统运行，促进保证社会公正的立法，保护环境的活力，平衡生产与消费，分配资金，转移知识和技术（Cruttwell 1995, cited in Hassan 2007b）。

当代考古：主题和问题

当代考古的主题应该以不同于传统主题的考古研究的总体目标为指导。传统主题自 20 世纪 30 年代以来就影响着考古调查，包括类型、分期、断代、生计、适应、考古知识的普及和基于寻宝、冒险和新奇事物的活动（Hassan 1998a）。

当代考古学的主题包括：

1. 知识

这是人类历史中重要的领域之一，但并不是最重要的，也许是因为它不一定要和某一特定的考古学文化联系在一起（Hassan 1993b）。相反，它是贯穿于时间和族群的主要线索，任何组织可以在任何时候使用它，它都不会崩溃。这里我们必须强调史前保存观察和口头记录手段的意义。交流的发展突显了文字的作用，然后是图书馆、教育机构和专门的知识分子，以及最近在亚历山大希腊世界和巴格达伊斯兰世界出现的全世界的知识中心，那里有来自世界各地的知识。这些积累的知识被欧洲人在动荡、商人新兴的中世纪储存起来。

2. 社会组织

这个主题包括社会和传统如何形成和改变，规模如何扩大与缩小、区分和扩散，如何组织、如何深入地管理社会事务和经济以实现人口管理、交流、社会化、文化适应以及人群间的联系和关系。这里提出的主要问题是强调本地、地区和国际社会间的不平等，以及现代民族国家较短的历史。这些国家不是永远，也不是必然地被用来解释古代国家如何发展为帝国的范例。对古代文明的比较研究应该扩展到现代社会。这必须包括重新审视文明类型的发展模式（尤其是那些由 Arnold Toynbee 在 1934～1954 年和 Will Durant 在 1935～1975 年提出的至今仍在人们思想中占主导地位的模式），如何面对"文明冲突"，以及某些国家政治化地使用"文明"来征服"野蛮"国家并使之合法化的霸权主义（例如最近在美国某一总统任期内发生的事情）。此处我们必须指出，宗教是使事物合法化的一种手段；另一方面，它也被用在抵抗奉基督教为正统的宗教运动中。考古学家必须关注民族国家崛起为军事帝国的过程中，军事在国家事务中的作用，关注当今世界弱势国家的军事力量和装备，以及在这个混乱的国际秩序中的新的准军事武装集团。这些弱势国家经济不独立，国家垄断的信息系统也惨遭崩溃。考古学家也不能忽视古代的殖民征服和帝国主义现象，需要考虑如何将这种现象与现代欧洲的殖民帝国相对比，现代欧洲殖民帝国仍旧是目前国际不平等、经济悬殊和力量差异形成的原因。这些尝试不仅仅是为了勾勒平等和不同，而是为了更好地理解当代政治结构如何深入到根植于社会内部的霸权战略中去，这种霸权主义使他们通过消费自己和其他社会的资源富裕起来。考古学家应该探究类型学和描述性比较之外的东西，结构性地分析农业社会如何分化出统治家庭和共同利益群体，这些群体让其他人去创收并维护与他们的现有优势相符的地位。

这样的分析不应该忽视作为文明可持续发展的关键变量——劳动力。早期国家形成后，经济发展大多不是依靠可得到的可耕种土地面积，而是依靠劳动力的数量。由此，劳动力成为一个至关重要的因素。历史上，劳动力规模及其与经济生产力的关系是不断变化的，这和技术、能源、非食物性生产、生产者的比例以及贸易有关。我认为，了解劳动力以及劳动力开发和回报的方式是理解国家向帝国转变和可持续发展的关键。这在现代欧洲国家中尤其明显，但它显然并不局限于现代欧洲国家。例如，不论罗马社会属于何种模式，奴隶的角色都不容忽视。

尽管男性和女性从一开始就都被卷入到人类社会的管理和可持续发展之中，但直到最近女性在历史和考古中的作用才成为当代考古关心的主要对象之一（Sørensen 2013）。这个问题有多种相关理论方法，被称作"性别考古"。在考古学研究中考虑性别的角色是女权运动（20世纪60～80年代）第二次浪潮的结果。意识到这一点很重要，因为这是公民权利抗议霸权运动的一部分，这些运动在 20 世纪 60 年代达到高潮。在此之前，第三世界国家为挣脱欧洲殖民统治进行了各种解放运动（在 20 世纪五六十年代达到高潮）。当代社会面临诸多问题，如年龄、职业和种族，考古研究中的性别仅仅是其中具有特殊意义的一项，认识到这一点尤为重要。社会的年龄差异在组织劳动力和社会再生产中具有重要作用。今天，儿童权力、童工合法性，以及童婚依然是社会所关注的问题。年轻人和成年人是社会再生产和塑造社会的积极因素，也是劳动力和人类繁衍的主力。今天，老龄化正在成为一个社会问题，因为老人需要更多的照顾，而他们对于社会生产的贡献非常有限。现在许多国家都在呼吁让年轻人真正介入到国家治理和政策制定当中去。这需要我们对古代社会青少年的象征意义和成年人的角色进行考察。

除了年龄在社会结构中是一个关键因素外，种族在今天的许多社会中，包括非洲、亚洲和欧洲国家如前南斯拉夫，也是一个政治因素。这不仅是因为最近的后殖民过程削弱了第三世界民族国家的实力，同时也是 20 世纪 60 年代民族解放运动的结果。种族和国家的考古学视角在讨论当今现代"民族"国家的一些问题时非常有用，它支持"一个国家"的观点，拒绝边缘化、甚至排除或污蔑种族，假如有可能，这些种族将辨识自己的文化、语言、公正进行自治（Gellner 2006）。

和种族不同，性别不涉及独立自治的群体，它是人类作为生物的固有特征。然而，和年龄一样，男女差异是社会身份认知的基础，对于社会组织、分工、等级、象征、神话、意识形态和世界观有着深远意义。就像年龄对于社会劳动力和再生产能力的意义一样，性别对于社会结构的建设也有着重要意义。因此，考古学家能够对社会组织中的性别和年龄研究有所贡献，也有机会参与到现在和年龄与性别的作用有关的争论中（见下文）。

3. 生态和环境变化

自 20 世纪 70 年代以来，这个主题受到公众和政策制定者的关注。有意思的是，那时考古学家在环境对于文化变化的作用研究方面做出了巨大贡献（Hassan 2004a）。对于环境的研究开始于地质学、地理学、古生物学和考古学的综合运用，以 F. E. Zeuner 的著作《更新世》（*The Pleistocene Period*）（1945）为代表。今天，考古学家应该直接参与到目前由气候学家垄断的讨论中去，因为主要的问题不是我们是不是正在经历全球气候变暖，而是社会如何意识到气候变化以及如何应对气候变化（Hassan 2000, 2009a, 2009b）。

环境考古不必局限于古代环境特征的研究，还应该研究能够揭示气候与关键资源之间关系和规律的问题，以及环境变化在人群扩散和定居、适应新环境、或是取消某种活动中的作用。高分辨率环境资料中的复杂模式被用来去辨析一代或几代人生命周期内，短期而快速的气候事件是如何影响观念变化和决策的。在这点上，已有的社会组织、经济生产模式和社会态度显得尤为重要，他们决定社会如何以不同的方式对相同或相似的环境事件做出回应。

研究古代社会中的人类生态，"文化景观"是关键概念之一。"文化景观"被用来联系一些在特定时空范围内的社会生态系统的概念，这些概念承载了人类为适应气候和生态的变化而不断调整自身的活动以及所产生的后果（Hassan 2004a, Wilkinson 2004）。这意味着文化景观不仅指外部"环境"，还指动态变化的"居住环境"。在不确定或危机的情况下，社会生态系统规律的阐述和某种行为模式可能性的估计，对于解释我们如何处理目前的环境危机发挥着重要作用。

显示环境事件是当地的还是全球性的也很重要，因为对在世界不同地区发生的事件做出同时的或几乎同时的反应有着深远意义。尽管因为强度、特征、社会容忍度和承受力不同，这些事件不可能非常相似。

将文化景观机制和保护以及发展联合起来是明智的选择，这和人类社会的生存状况有很大关系，例如，沙漠化和全球气候变暖对于海岸和河流洪水易发地区的影响。全球普遍关注的主要问题之一是水资源的短缺和食物安全问题（Hassan 2002）。

考古和人类生存状态

尽管很少在考古中运用，这却是考古能够做出巨大贡献的一个最重要的领域。有关这方面的研究最早是由安德烈·马尔罗（Andre Malraux）于 1933 年开始的，他提出了一系列的问题，例如人类存在、意识、自我感知、焦虑、痛苦、对死亡的态度、道德、情绪性、亲密和情感、审美、艺术、恐惧、自由、希望、自我反省、合理性和不合理性。尽管这个比谈"生计"更令人难以捉摸，但我们还是避免不了谈论这个话题，因为他涉及考古学家关心的有关自我和存在，生命适应和方向等核心问题。当然，这是个动态的推论解释，不能受缜密论证的限制。考古学家已经开始关注这个问题，包括反思的主题，因为反思对我们分析和构建考古记录的方式和目的有很大影响。我个人致力于科学哲学以及文字和声音资料的价值评估。我意识到靠这些原则完全肯定或驳斥一个理论和假设是远远不够的，但是如果没有这些原则去解释观察到的东西，消除解释中的个人偏见和错误，我们的解释就不足以让我们与世界和其他人和睦共处。当然也可能是因为现有的知识、甚至获取知识的手段远远不够。因此，当解释受制于掌握的知识的时候，我们也不得不承认这些解释是某种特定历史条件和智力水平下的产物。所以，知识是建模和重建的过程，重建的过程是在没有完全破坏和代替现有知识的基础上的累积过程。然而，长期来看，信息的接受还需要我们调整自己了解世界的方式和所判断的信息，以合理性和一致性来解释某些问题（Hassan 2004a）。

这种认识论的反思可以作为考古研究的一个主题。积累的丰富知识使祖先存活下来，繁衍生子、照顾孩子、获取健康食物、免受动物和其他危险的伤害。这意味着如果我们祖先的思想或行为和自然界的变化规律不一致，他们就可能无法生存下来，这就是知识的自然过滤。在现实的行为和思想领域（指导行为）中，存在一系列的可能性。对我们的祖先来说，主要的生物学革新之一是超自然思想的出现。超自然思想处理那些脱离物质世界的虚拟信息（以Blainey 2010 为例）。这个虚拟精神世界和现实世界不断互动，能够制造怪物、鬼神、幻觉、噩梦和梦想等。卓越认知能力的好处就是，它通过想象提供了避免危险的方式，预知了将要出现的结果。然而，同时也需要惊人的能力来缓和由于超自然能力所引发的恐惧和担忧，否则，人类将成为那些现在被认为有精神疾病的人，并且可能很少有机会生存下来。但是，恐惧和担忧也能够通过虚幻的上帝、精神的守护者或是死后重生的信念来减轻。我曾参考我称之为"对虚无和肢解状态的恐惧"的东西并把这个和暴力冲突联系起来，试图去寻找古埃及女神的可能来源。暴力冲突从旧石器时代晚期到前干朝时代都有发生，这意味着杀戮和肢解（Hassan 2004b）行为的存在。在逻辑学框架内，我运用"认知纲要"的概念，解释这个社会个体与他人心理交流和经验的产物。

对于死亡和消失的担忧可能是人类最担心的事情之一，但它对于我来说就像孩子对于母亲或家族，一个人对于一个地方，或者对于一个想法或信仰一样。这对于将松散的超自然的精神思维与现实世界联系起来是很必要的。对于自身意识的表达也提供了一个了解现实的切入点，促进了现实世界的人和精神世界的人之间的交流。事实上，"文化"使得我们通过其他人和外部世界了解自我成为可能。然而，在世界内外，个体和团体中，问题依然存在。没有他人的认可，个性化的过程不可能发生，但是这同时也受制于对归属感的担心。

我认为存在主义的方法对于艺术的起源、形成和相关问题的讨论有着重要的社会意义，可以取代目前过于关注传统艺术史的研究方法。艺术独特地徘徊于凭经验感觉的物质（包括声音、颜色、视野、结构）和精神创造的美的感觉与来自感官的信息混合起来的物质之间。艺术的力量在于它能够将"现实"和"超现实"结合起来，通过象征由感官直接进行交流。旧石器时代手斧的演化揭示了美和功能是如何结合在一起的，而岩画艺术则表明一个想象的超自然世界是如何创造和设计出来的，它缓解了焦虑，建立了祖先和宇宙之间的联系,使社会秩序合法化,揭示出归属感,肯定存在并且拒绝死亡。在从酋邦到国家的转变过程中,弗兰纳瑞(Flannery 1999)提出了艺术是如何承载符号,维护国家暴力,重新搭建意识形态和重塑忠诚的。

艺术是人类存在于世界上、组织中和文化形成过程中的核心元素。埃及前王朝和早期王朝的调色板来自于那时流行的鸟、龟或鱼,还有超大的抽象的东西,这些抽象的东西或是比人还要大的形象,或是暴力场景、战争、凶恶的生物、线型的文字和圆形的设计。这些元素代替无序和暴力来重建埃及的有序世界。国家社会的重建也体现了性别的转化。这种转化可以追溯到女性雕塑的制作和岩画艺术的象征手法上来,他们强调这些艺术品和生育、抚养以及保护的紧密关系(Hassan 1992a, 1993a, 2002a; Hassan and Smith 2002)。

与物理和数学相比,有关存在的问题可能在解释考古受欢迎的问题上更有用。这一问题还解释了为什么圣物或是祖先的骨头被用来使一个种族或宗教团体的事物属于他们自己,为什么旧时的英雄事迹、祖先的荣耀和智力成果被用来支撑起民族身份和点燃民族自豪感(Hassan 1998b, p. 213)。

存在主义的方法确实能够使考古学家对目前有关考古价值的争论和利用过去搭建身份的问题有所贡献。

人类的生物进化、生物文化进化和文化进化

人类进化轨迹和特征的阐述和建设与上面提到的其他主题有着紧密联系。作为人类历史,它必须在一个清晰的模式中将不同的文化元素整合起来,强调变化是如何从一个阶段向另一个阶段发生的,什么是连续进化过程中的主要动力机制。这个机制明确勾勒了和进化过程有关的因素,主要是知识结构、交流系统、社会组织(政治、管理、冲突解决、社会分化、秩序、合法化)、食物获取策略、技

术水平、可获得的资源和人力、运输模式（范围、速度、承载量）、流行的宗教思想、伦理道德、世界观、消费率、经济和贸易活动的种类和范围。

重新思考有关农业起源和城市化的问题也很重要，我们因此能够开始用人类学广谱政治的观点关注一系列从农业出现之前到现代欧洲国家的社会政治转型，包括简单平等部族、部落酋邦、酋长国、小国家和公国、城市国家、征服国家、共和国、帝国和现代议会国家。过去 40 年的研究显示，单个原因或动机不足以发挥地质学家、动物学家、植物学家在考古研究中的作用，必须进行真正的多学科对话，整合能够详述社会内部动力和结构的模型。关注为什么个体附着于群体，为什么由不同群体的个体组成的社会为了彼此共存能够形成一种准则十分重要。坚持、复杂化、调整或者群体解散，最终都由一代或几代人尽量维护或修正他们的信仰和实践。因此，这不仅取决于他们居住条件的维持或改变，与邻居之间的关系，还取决于对革新的摈弃或采纳。同样还受制于获得的利益和变化的成本，对待冒险的态度，潜在的需求以及符和社会标准和精神认同的需要。

在形成今天可见的农业考古遗迹之前，诸如农业起源之类的重要转型已经经历了一个千纪的变化过程（Hassan 1977）。很明显，食物生产的出现仅仅是成群的晚期智人在末次盛冰期及冰后期气候波动时对气候变化做出的反应（Hassan 2002b, Balter, 2010）。我认为，单纯研究一个原因是没有用的，因为是一系列的行为和社会过程最终导致了考古资料中农作物的大量存在和农业生产的形成。

至于国家社会，承认导致国家出现、变化和国家衰亡道路的多样性是很重要的，尤其是承认统治者的治理手段和将这些手段合法化的方式尤为重要（Hassan 1988a）。对于人们用来屈从或对抗统治者的战略、普通人生活的方式、社会流动以及经济和社会不平等状况的理解，需要结合统治者的成就进行分析。

如果不研究从史前时期以来战争在人类社会中的作用，任何对文化进化的讨论都将无法进行（Keely 1996, Arkush and Allen

2008）。显然，战争是现代民族国家面临的主要问题之一。两次世界大战之后，以促进世界和平为目标的国际组织——联合国在1945 年得以成立。然而战争仍在继续。长期耗费大量预算的军备武装是现代国家的一个主要特征。而且，我们见证了军事政治、种族和宗派运动的发生，这些引起了大量国际关注并扰乱了国际经济和社会发展秩序。考古学家如果不提战争，就会犯下大错，战争不是人类生物学的一个特有元素，而是社会内部和社会之间解决冲突的手段。考古学家如果能通过阐明过去人们如何解决冲突，并找出维持和平与合作的方法，那将是对人类社会的巨大贡献（DelliPriscoli and Hassan 1997, Hassan 2002c）。

同样，不要忽视古代社会起义、叛乱和革命的作用，沃尔夫（Eric R. Wolf 1969）研究了他们在 20 世纪农民战争中的作用，那时这些运动高涨，并改变了世界的政治版图。

战争获得了全世界的广泛关注，二次世界大战后，尤其是在20 世纪 40 年代成长起来的那代人备受影响，就像 20 世纪 90 年代以来全球化对于今天年轻人的影响一样。尽管对于这种现象存在不同的观点，我们也不知道过去是否存在相似的情况，但是考古学家可以在地区、洲或洲际交换中研究“全球化”，这导致了全球性观点、行动和交易的出现和扩散，研究焦点从“群体”（包括族群、部落、国家或帝国，或地理范围内的“文明”）转移到世界考古。很明显，现代社会全球化的产生是基于通讯和运输上前所未有的进步，但是这些都只是进行融资和贸易以获取利润、财富和权力的手段。财富在群体间的扩大，见证了在早期国家社会及之后运输和文字的出现所带来的社会进步。现代全球化的另外一个结果是知识的传播，这也不是最近才发生的现象。全球知识库的知识远胜于某个古代和历史文明，依我看来，这是人类社会的特征和世界文明的核心元素。

同样，依我看来一味地谴责全球化是眼光短浅的。我们需要的是考察全球化的问题以及对如何运用考古学案例为当下的一些问题提出建议，比如全球不平等、工程外包的冲击、对妇女儿童的剥削、过度消费、对文化多样性、本地文化传统的负面影响等。全球合作和沟通一定要被看做是文化进化的另一个阶段，它有缺点，但是如果加以正确的引导，全球化合作将在建立社会公平，联合各方力量反对环境恶化、食物匮乏、贫穷、亚健康和暴力等问题上起到积极作用。

关于这一点，考古学家需要阐明现代世界和古代社会性质上的不同。尽管有些原则相同，但是今天的情况具有如下特点：① 变化速度加快，以至于人们很少有时间去思考采取何种挽救措施；② 经济上严重相互依赖，因此问题可以通过全球蔓延；③ 在世界上许多地方，环境恶化，资源消耗严重；④ 世界人口快速增长，宜居地区人口密度过高、拥挤，城市生活条件恶化，至少有 10 亿人还没过上像样的生活；⑤ 非生计和非日常使用物品的消费过高；⑥ 社会不公受到空前关注。这种形势似乎并不持久，应该降低政策制定的成本，控制国家和国际间的无序和敌对，减少不公平和不公正的意识，缩小困难的规模和减少消费。所以，如果考古学家能够从考古学研究中找出如何处理社会危机和无视危机所带来的严重后果的方法，将会是一个重大的贡献。考古学家也能为社会复苏做出积极贡献。尽管我相信技术成就可能会使情况有所缓和，但我并不认为单纯靠技术进步是长久之计，多样的视角、新的社会组织和全球种族的参与对于停止人类生活环境的恶化、维持人类社会的文明成果很有必要（Hassan 1992）。

没有全球共享和和睦友好的精神，暴力、恐怖主义和仇恨的增长将使工业国家成为被围困的城堡。这样的城堡将不会长久，不仅仅是因为惊人的军事开支，而且因为生活必需的资源终将被切断或破坏。

考古、遗产和未来

考古不仅仅是学术问题，考古学还是一个非常受欢迎的爱好，它之所以受欢迎是由于"过去"的吸引力，它为人们提供了逃避现实的场所，而从属于一种信条、一个社区、部落或民族。当然也有对往事的怀恋。现代考古学仍然迷恋象征合法地位和等级的艺术品和古物。19 世纪对于古物和收藏品的研究导致了非法挖掘和盗掘的肆虐，这些现象至今仍在持续。

考古学也和流行思想结合在一起，"浪漫主义运动"支持冒险、自由、异国情调，反对国家和民族暴力。在西方媒体中，考古发现已经成为娱乐产业报道的内容之一。博物馆、展览、观光和旅游目的地都出售"珍宝"和优秀藏品。

考古学的魅力与物质性是分不开的，物质性是它的特征，并且将考古与历史区别开来。遗物、纪念碑、遗迹、值得纪念的事、纪念品、古董和古迹为我们提供了感官经验，因此它们更像是一个个迷人的器物，以特有的气质吸引着神秘、魔力和权力。

过去的一些器物成为政治和社会组织的标志。因为宗教、政治、历史甚至自然概念都是通过过去的一些器物来传递的，考古关注这些器物的符号、交流和实用意义，这些器物对于理解和参与当代社会事务也是必不可少的。

意识到古物在社会建构中的意义，才能开启考古学家为当代社会问题出谋划策之路（Hassan 2006b）。然而，这需要将考古和文化遗产管理结合起来，将焦点从"古物"和艺术品转移到"遗产资源"上来，将以前考古把过去当作别人的事来对待的旁观态度转变为当作对我们自己状况的反思，反思塑造我们的力量。因此，考古的终极目标是将我们从当下的枷锁中解放出来，进而能够将当下看做转型和变化的动态过程中的一个阶段。我们憧憬新的生活方式，利用过去使用的不同的观察方式审视结果，以克服目前的问题，规划更好的未来。

管理遗产的目标不是为了寻找某个身份或返回到辉煌的过去，而是发现文明如何持续，并且让下一代意识到一些价值观和实践，正因如此，文明才能更为伟大。这些价值观包括学习、知识、容忍、文化交流、理智、同情、社会关心、团结、工作和平等。

纪念碑性遗迹应该与日常生活联系起来，以创造一个更有效的社区生活。遗产地内和遗产地间的当代和传统表演及文化事件使得文化更有连续性，强调了遗产鲜活和动态的方面。手工艺的复活，不是仅仅复制遗产元素，更是当代技术、材料和设计的体现，它和遗产保持动态联系，在社会中发挥着创造作用（Hassan et al. 2008）。

考古遗产展示的方式和观察遗产的方式是一体的，也是遗产展示其价值和能量的方式。展示和解释应该使过去和现在的关系更加清晰，以说明其连续性。博物馆展览应该展示器物是如何融入到政治、经济和意识形态中去的。鼓励参观者参与到解释过去的过程中，这样参观者就会获得"拥有"的感觉，或者有一种"参与感"。

在对过去有着多样解释的社会中，学术、知识分子和一般公众能够利用展览和媒体建立信息对话，互相倾听，对不同的观点进行展示和争论。

我认为，考古和遗产管理中的社区参与有助于将考古从对过去的关注转变为一股积极的社会力量。凭借新的经济机遇，例如遗产旅游，它有助于社区脱离贫困，加强社会资本和社会凝聚力，完善人类发展战略，建立动态的知识型社会。这些都可以与遗产保护所做的努力结合起来（Cernea 2001）。

不幸的是，许多国家和当地政府机构过于依赖旅游业，为了短期经济效益，而采用不恰当的方案来平衡旅游收益和当地社区的利益、监督环境和保护考古遗址。

考古正朝向参与当代世界事务（Hassan 2007a）和承担社会义务的方向发展，这需要：① 开拓和加深与思想家、哲学家、作家和艺术家的对话，目的是为了将考古观点更多地融入到周围的环境中去；② 和政策制定者建立更紧密的合作，不仅要承担抢救性项目，而且要设计和承担能够将考古资源更多地为社会服务的项目；③ 在城市社会组织内部建立紧密联系；④ 支持和促进诸如世界考古学大会和世界考古论坛之类的组织，并将此作为一个平台，提出倡议：（i）均衡来自世界各地的考古学家代表，弱化单个学术中心的色彩，（ii）建立面向社会的视野和考古研究纲要，（iii）与国际组织、政府、私人机构和当地社区合作，促进考古在人类和经济发展中的作用；⑤ 修订大学和职业教育课程。

必须要强调的是，如果没有清晰的能力来打造计划（Hassan 2001, pp. 166-184），就不会有任何显著的变化。这需要：

（1）发展教育项目，重点强调考古研究的社会目标和社会政治环境，考古学在解释和处理当代社会问题时所起到的作用，促使考古遗址和藏品成为对当地社区、国家和整个人类社会有意义的文化遗产元素。

（2）现代大学课程中，从文化遗产管理的角度来看待传统考古和历史，在大学和遗产机构内部建立文化遗产管理网络，为文化遗产管理和发展建立教育设施（研究所、学术机构）和项目。

（3）在考古学家、建筑学家、地质学家、人类学家和社会学家之间建立联系，整合考古遗产管理战略，考虑遗址、遗物、地点、景观和非物质遗产等元素。这些能够通过研讨会、讲座、网络和参与联合项目建立起来。

（4）引入管理技巧、伦理道德、职业技能和标准、语言、计算机语言等核心技能。

（5）为潜在的考古遗产产业和项目创新提供条件。

（6）在项目发展、能力打造和研究之间建立联系。

（7）为本地社区的年轻人建立培训中心。

（8）在所有层级的教育中将考古遗产和考古遗产发展概念当作课程、学习模块和活动（手工、参观、竞赛）来对待。

考虑到人类社会的资源是有限的，我们不仅应该立刻着手在文化遗产管理中建立项目，而且应该立刻创建地区和主题网络，整合优秀的、以研究为导向的社区活动中心。

最后说明

我想以一个长长的引文来结束这篇文章，引自我写的一篇非常受欢迎的文章，题目是"文明是可持续的吗？"（Hassan 1995）

"文明是一个绝妙的想法。它将人类提升到了一个享受艺术和知识的境界，它给了人类过上体面生活的机会。但是，如果她继续无节制地开发，滋养仇恨和嫉妒，那将会自取灭亡。今天，国家之间在经济上相互依赖。地球已经变成了一个'国家'，但是没有共同的意识形态，也没有一个联合的管理机构。世界银行和多国组织为特定的利益集团服务。联合国由于被富裕的工业国家操纵，因而国际地位下降。这是令人惭愧的，因为它曾经在塑造新的世界秩序中扮演了重要角色。"

"在任何一个文明中，社会公平和同情都是维持和平和社会凝聚力的唯一长期处方。古埃及的公平、基督教的博爱、伊斯兰教的同情在其他许多文明中都是最基本的概念。年轻的商业和工业文明不仅释放了技术基因，而且在亿万人心中树立了公平和平等的信念，在社会中掀起一股枪炮和毒药都不能阻挡的道德浪潮。民主的旗帜飞扬到哪里，哪里就站起来接住公平，不分肤色、信仰和性别。如果我们没有为自己的命运提出权利，就会成为自己不作为的受害者。"

另外，我想提一下波洛克（Pollock 1999, pp. 1-3）的观点：

"尽管文明出现后物质财富不断增长，但它所带来的结果并不全部都是积极的。令人惊叹的城墙、装饰有雕塑并镶嵌有珍贵宝石金属的庙宇和精美的艺术品，都来自对普通大众的剥削。是大多数的劳动者支撑了传统的探险和军事征服，是手工业者创造了今天依然令我们赞叹的伟大艺术品和建筑。那些高傲的君主所吹嘘的军事征服、伟大建筑和运河之所以能够实现，是因为他们能够调动众多的劳动力。

当代考古应该肩负起以下责任：

（1）重新关注对人类繁荣和生存产生严重影响的问题，比如资源消耗和污染、水资源匮乏、市民权利、社会治理方式、协调和解决冲突、精神和伦理。

（2）将研究策略从文化史叙述转移到理解社会、心理和意识形态方面的问题，这些是文化形成和发展的动力。

（3）强调形成和创造历史的个体的变通性、可塑性和创造力。这需要重新思考社会个体和社会准则，以及社会范例和社会价值之间的关系。

（4）重新审视传统物质（考古）遗产和现存传统及非物质遗产的分离。物质和非物质遗产的决裂导致人们和他们的遗产疏远，低估了考古学家研究民族史和跨历史学科研究的能力。

（5）整合文献学和考古学方法，重新评价文字证据和考古证据之间的关系。

（6）将当地社区和公众作为主要发展项目的主体受益者，制定经济发展战略时融入以人为本的考古学，不以牺牲考古遗址、遗物、景观和生态系统的完整性为代价。通过讲座、研讨会、展览和媒体，让公众、市民社会以及知识分子成为考古信息的传递者。

（7）通过发展西方、非西方学者和学术机构之间在考古各方面的合作，培训和支持本国考古学家。

（8）提供充足的研究、培训、修复、保护和遗产管理设施，恢复考古部门和大学课程，满足当代考古的需求。

（9）防止盗掘以及个人、社区、公司或国家对遗址的肆意破坏；在武装冲突发生时，守卫考古遗产。"

参考文献

Arkush, E. N. and Allen, M. W. (2008). *The Archaeology of Warfare: Prehistories of Raiding and Conquest*. Gainesville: University Press of Florida.

Balter, M. (2010). The Tangled Roots of Agriculture. *Science, 327*, 404-406.

Blainey Marc, G. (2010). Deciphering Ancient Maya Ethno-Metaphysics: Conventional Icons Signifying the "King-as-Conduit". *Complex Time and Mind, 3*(3), 267-289.

Cernea, M. (2001). *Cultural Heritage and Development: A Framework for Action in the Middle East and North Africa*. Washington, D.C.: World Bank.

Costanza, R., Graumlich, L. J. and Steffen, W. (Eds.). (2006). *Sustainability or Collapse? Integrated History and Future of People on Earth (IHOPE)*. Cambridge, MA, MIT Press.

DelliPriscoli, J. and Hassan, F. A. (1997). *Water and Civilization*. Paris: UNESCO IHP.

Flannery, K. (1999). Process and Agency in Early State Formation. *Cambridge Archaeological Journal, 9*(1), 3-21.

Gellner, E. (2006). *Nations and Nationalism*. Oxford: Blackwell.

Hassan, F. A. (1974). The Archaeology of the Dishna Plain: A Study of a Late Palaeolithic Settlement in Upper Egypt. *The Geological Survey of Egypt, 59*, 174.

Hassan, F. A. (1977). The Dynamics of Agricultural Origins in Palestine: A Theoretical Model. in C. R. Mouton (Ed.), *Agricultural Origins* (pp. 590-609). The Hague.

Hassan, F. A. (1981). *Demographic Archaeology*. New York: Academic Press.

Hassan, F. A. (1983). Earth Resources and Population: An Archaeological Perspective. in D. Ortner (Ed.), *How Humans Adapt: A Biological Odyssey* (pp. 191-226). Washington, D.C.: Smithsonian Institution Press.

Hassan, F. A. (1987). Re-Forming Archaeology: A Foreward to

Natural Formation Processes and the Archaeological Record. in D. T. Nash and M. D. Petraglia (Eds.), *Natural Formation Processes and the Archaeological Record* (pp. 1-9). Oxford: BAR.

Hassan, F. A. (1988a). The Predynastic of Egypt. *Journal of World Prehistory, 2*(2), 135-185.

Hassan, F. A. (1988b). Prolegomena to a Grammatical Theory of Lithic Artifacts. *World Archaeology, 19*(3), 281-296.

Hassan, F. A. (1992a). Primeval Goddess to Divine King: The Mythogenesis of Power in Early Egyptian State. in R. Friedman and B. Adams (Eds.), *The Followers of Horus. Egyptian Studies Association Publication No. 2, Oxbow Monograph 20* (pp. 307-321). Oxford.

Hassan, F. A. (1992b). The Ecological Consequences of Evolutionary Cultural Transformations. in *Nature and Humankind in the Age of Environmental Crisis* (pp. 29-44). Kyoto: International Center for Japanese Studies.

Hassan, F. A. (1993a). Rock Art: Cognitive Schemata and Symbolic Interpretation. in L'Arte d l'Ambiente del Sahara prehistorico: dati e interpretazioni, edited by G. Calegari, *Memorie della Societa Italiana di Scienze Naturali e del Museo Civico di Storia Naturale di Milano*, Milano, Italy. *26*(2), 269-282.

Hassan, F. A. (1993b). From Stone to Silicon: Transitions in Human Knowledge. *Universe, 6*(2), 6-9, 28.

Hassan, F. A. (1995). The World Archaeological Congress in India: Politicizing the Past. *Antiquity, 69*(8266), 874-877.

Hassan, F. A. (1998a). Toward an Archaeology of Gender in Africa. in S. Kent (Ed.), *Gender in African Prehistory*. Walnut Creek: Altmira Press.

Hassan, F. A. (1998b). Memorabilia: Archaeological Materiality and National Identity in Egypt. in L. Meskell (Ed.), *Archaeology Under Fire: Nationalism, Politics and Heritage in the Eastern Mediterranean and Middle East* (pp. 200-216). London: Routledge.

Hassan. F. A. (2000). Environmental Perception and Human Responses in History and Prehistory, in J. Tainter, R. McIntosh and S. McIntosh (Eds.), *The Way Wind Blows: Climate, History and Human Action* (pp. 121-140). New York: Columbia University Press.

Hassan, F. A. (Ed.). (2001). *Strategic Approach to Egypt's Cultural Heritage*. Cairo, Egypt: UNDP/UNESCO, National Center for Documentation of Cultural and Natural Heritage.

Hassan, F. A. and Smith, S. S. (2002a). Soul Birds and Heavenly Cows: Transforming Gender in Predynastic Egypt. in A. M. Nelson and M. R. Ayalon (Eds.), *Pursuit of Gender: Worldwide Archaeological Approaches* (pp. 43-65). New York: Altmira.

Hassan, F. A. (2002b). Ecological Changes and Food Security in the Later Prehistory of North Africa: Looking Forward. in F. A. Hassan (Ed.), *Droughts, Food and Culture* (pp. 321-334). New York: Kluwer/ Plenum.

Hassan, F. A. (2002c). *Water Management and Early Civilization: From Cooperation to Conflict* (p. 14). Paris: UNESCO PC→CP. UNESCO IHP.

Hassan, F. A. (2004a). Ecology in Archaeology: From Cognition to Action. in J. Bintliff (Ed.), *A Companion to Archaeology* (pp. 311-333). London: Blackwell.

Hassan, F. A. (2004b). Between Man and Goddess: The Fear of Nothingness and Dismemberment. in S. Hendrickx, R. F. Friedman, K. M. Clalowicz and M. C. Peeters (Eds.), *Egypt at Its Origins: Studies in Memory of Barbara Adams* (pp. 779-799). Leuven.

Hassan, F. A. (2006a). Lie of History: Nation-States and the Contradictions of Complex Societies. in R. Costanza, R. Graumlich, L. J. and Steffen, W. (Eds.), *Integrated History and Future of People on Earth (IHOPE)* (pp. 169-196). Cambridge, MA, MIT Press.

Hassan, F. A. (2006b). Objects of the Past: Refocusing Archaeology. in R. Layton, S. J. Shennan and P. Stone (Eds.), *A Future for Archaeology: The Past in the Present* (pp. 217-227). London: UCL Press.

Hassan, F. A. (2007a). Liberating Power of Archaeology: Changing

Aims and Directions in Archaeology. in B. Butler, F. Hassan, R. T. Sparks and P. Ucko (Eds.), *A Future for the Past: Petrie's Palestinian Collection*. London: UCL Press.

Hassan, F. A. (2007b). Conserving Egyptian Heritage: Seizing the Moment. in N. Brehony and A. El-Desouky (Eds.), *British-Egyptian Relations from Suez to the Present Day* (pp. 209-233). London: Saqi.

Hassan, F. A., Trafford, A. and Youssef, M. (Eds.). (2008). *Cultural Heritage and Development in the Arab World*. Alexandria, Egypt: Bibliotheca Alexandrina.

Hassan, F. A. (2009a). *Climate Change and Our Common Future: A Historical Perspective*. UN Chronicle.

Hassan, F. A. (2009b). Human Agency, Climate Change and Culture – An anthropological Perspective. in S. A. Crate and M. Nuttall (Eds.), *Anthropology and Climate Change: From Encounters to Actions* (pp. 39-69). Walnut Creek, California: Left Coast Press.

Hoffman, D., Mills, J. and Cochrane, A. (2005). *Elements of Being: Mentalities, Identities and Movements*. Oxford: Archaeopress.

Keely, L. (1996). *Warfare before Civilization: The Myth of the Peaceful Savage*. Oxford: Oxford University Press.

Khol, P. L. (1998). Nationalism and Archaeology: on the Construction of Nations and the Reconstructions of the Remote Past. *Annual Review of Anthropology, 27*, 223-246.

Ortner, D. (Ed.). (1983). *A Biological Odyssey*. Washington, D.C.: Smithsonian Institution Press.

Pollock, S. (1999). *Ancient Mesopotamia: The Eden that Never Was*. Cambridge: Cambridge University Press.

Raab, L. M. and Goodyear, A. C. (1984). Middle-Range Theory in Archaeology: A Critical Review of Origins and Applications. *American Antiquity, 49*(2), 255-268.

Renfrew, C. (1994). *The Ancient Mind*. Cambridge: Cambridge UP.

Riede, F. (2009). Climate and Demography in Early Prehistory: Using Calibrated 14C Dates as Population Proxies. *Human Biology, 81*(2), 309-337.

Russell, I. (2006). *Images, Representation and Heritage: Moving beyond Modern Approaches in Archaeology*. US: Springer.

Schiffer, M. B. (1983). Toward the Identification of Formation Processes. *American Antiquity, 48*(4), 675-706.

Shennan, S. (2004). Analytical Archaeology. in J. Bintliff (Ed.), *A Companion to Archaeology*. USA: Blackwell.

Shennan, S. (2009). Evolutionary Demography and the Population History of the European Early Neolithic. *Human Biology, 81*(2-3), 339-355.

Sondgrass, A. M. (1987). *An Archaeology of Greece: The Present State and the Future Scope of a Discipline*. Berkeley: University of California Press.

Sørensen, M. L. S. (2013). *Gender Archaeology*. New York: Wiley.

Stout, D., Toth, N., Schick, K. and Chamnade, T. (2008). Neural Correlates of Early Stone Age Toolmaking: Technology, Language and Cognition in Human Evolution. in *Philosophical Transactions of the Royal Society of London. Series B, Biological Sciences, 363*(1499), 1939-1949.

Wilkinson, T. J. (2004). The Archaeology of Landscape. in J. Bintliff (Ed.), *A Companion to Archaeology* (pp. 334-356). USA: Blackwell.

Wolf, E. (1969). *Peasant Wars of the Twentieth Century*. US: University of Oklahoma Press.

Zeuner, F. E. (1945). *The Pleistocene Period*. London: Royal Society.

古代文明的比较考古学研究

查尔斯·海曼
新西兰奥塔哥大学

主讲人简介

查尔斯·海曼是奥塔哥大学人类学和考古学学院研究教授。他在英格兰出生并接受教育，在剑桥大学学习考古学及人类学，并于 1966 年获得博士学位，随后任教于奥塔哥大学，1968 年成为该校人类学系的首任教授。1969 年，海曼开始在泰国黎逸省（Roi Et）和孔敬省（Khon Kaen）开展田野考古工作。此后，他在东南亚开展了一系列考古工作，发掘了班纳迪（Ban Na Di）、农诺尔（Nong Nor）、班农瓦和农班扎等公元前 3000 年至公元 600 年的遗址。

海曼现在是"从帕迪到普拉：吴哥起源"（From Paddy to Pura: The Origins of Angkor）研究项目成员，指导泰国东北部农班扎遗址的发掘。他还与牛津大学的 T·海曼（T. Higham）教授、杜卡（K. Douka）博士以及怀卡托大学佩奇（F. Petchey）博士合作，通过数个史前遗址出土的人骨和牙齿的测年分析结果，建立了东南亚新石器时代晚期的年代框架。

海曼现为伦敦古物协会理事、英国科学院通讯院士、剑桥圣凯瑟琳学院荣誉理事、新西兰皇家学会院士。因其杰出的史前考古研究，2012 年英国科学院授予他格雷厄姆·克拉克奖（Grahame Clark medal）；另因其在社会科学领域的研究贡献，他于 2014 年被新西兰皇家学会授予梅森·杜里奖（Mason Durie medal）。

在对五个早期国家进行的百科全书式对比分析中，特里格（Trigger 2003）认为它们有一个共同的特征，即社会不平等。没有任何一个早期国家缺少行使权力的社会上层。大多数民众如何又为何甘于处在自身社会的下层，并因此屈让出他们很大一部分的产品来供给少数人。长久以来，哲学家们都在探索这一问题。20 世纪，接力棒交到了有能力探索和解释现存早期国家遗迹的考古学家手中。

对早期国家性质与社会不平等之起源的反思古已有之。成书不晚于公元前 389 年的《左传》便有"国之大事，在祀与戎"的记载。印度孔雀王朝月护王时期的一位大臣考底利耶（Kautilya，约生活在公元前 325 ～前 297 年）曾撰写一部关于治国之道的梵文名著《政事论》（Arthasastra）。该书赞同国家有七个至关重要的哲理性和机构性基础，即国王、领土边界、高度防御的首都、税制、盈余的累积、对攻防力量的控制、对联盟和官僚机构的维护。这些准则在今天看来仍和两千年前一样重要。国王应该确保一个充满活力的经济环境，了解如何应对敌人、保护国家，并且为征战提供稳定的补给。

考底利耶之后的一两个世纪，司马迁也准确地指出了中国早期国家的一些重要方面。例如秦王朝的没落见证了陈涉从奴隶到最终称王的过程，虽然他称王不久便兵败被杀（Sima Qian 1961）。司马迁预言了行动者（agency）的重要性，他记录了陈涉早年在田间耕种时，因其野心而被同伴们嘲笑，于是他反驳道"燕雀安知鸿鹄之志哉？"

马基雅维利（Machiavelli, 1996）强调了许多类似的问题，例如，他指出了利用意识形态来维护国家的重要性，以及"在一位优秀的国君之后，一位弱势的国君可以维持其地位，但是在一位弱势的国君之后，另一位弱势的国君再也无法维系其国家"（Machiavelli 1996, p. 52）。

让·雅克·卢梭（Jean Jacques Rousseau）关于人类不平等的起源与基础的论著可能是被引用最多的与定义国家相关的早期专著。承认"燕雀"与"鸿鹄"差异的同时，卢梭认定了个体之间首先是"与生俱来的或生理上"的不平等，"包括年龄、健康状况、身体强度和思想或精神品质的差异"（Rousseau 1913, p. 174）。其次他认为是道德或政治上的不平等，"某些人享受优于他人的状态，比如更加富有、更加荣耀、更加有权势，或甚至能够得到他人的服从"。解释后者的起源时，他总结到"拥有一片封闭的土地，第一个自己想起说出'这是我的'而且发现人们天真地相信他的人，是文明社会的真正创始人"（Rousseau 1913, p. 207）。早于柴尔德（Childe）两个世纪的卢梭探索了不平等起源的原因，他得出结论：是"冶金和农业……创造了这巨大的变革……铁和谷物第一次教化了人类，并且毁灭了人性"（Rousseau 1913, p. 215）。

由于欧洲人的探险发现了遥远大陆的其他文化，卢梭因此开创了比较研究这一现在被广泛使用的方法，并记录了那里的人们满足于它们所居住的简陋棚屋、用兽皮制成的衣服，以及用羽毛和贝壳来装饰自己等现象。这已经成为人类社会进化论的基础。路易斯·亨利·摩尔根（Lewis Henry Morgan 1818～1881）在采用比较方法对人类社会进行分类方面取得了卓越的成绩，并尝试对不同阶段之间的转变做出了解释（Morgan 1877; Lull, V. and Mico, R. 2011）。他的研究非常倚重来自美洲印第安部落的对比数据。摩尔根从技术进步的角度解释了他所提出的蒙昧时代、野蛮时代和文明时代彼此之间转变的原因：农业的引入使人们从蒙昧时代进入了野蛮时代，而冶铁技术则使人类社会进入到国家状态。种族主义的论调伴随着后一转变："这应该被看作是一个非同寻常的事实，一部分人大约在五千年前已经进入了文明时代。严格地说只有闪米特人（Semitic）和雅利安人（Aryan）通过独立的自我发展实现了这一成就"（Morgan 1877）。这三个时代内部各阶段的进一步划分也是以技术的革新为标志的：野蛮时代的初级阶段始于陶器的发明，高级阶段见证了铁的第一次冶炼，而文明时代则始于文字的出现。

随着语义的变化，摩尔根所建立的体系已被继他之后的进化论者所采用和修正，并能够和田野考古的成果进行比对。塞维斯（Service 1962）将这些阶段依次命名为游群、部落、酋邦和国家。他指出印度河流域、美索不达米亚、中美洲、秘鲁和中国等地的早期国家都是从世袭制的酋邦发展而来，神圣的本质促使这些酋邦的首领地位得以代代相传。弗莱德（Fried 1967）则倾向于使用社会学标签，认为这一过程是从平等到分级的社会，最终发展成为阶级社会。美索不达米亚、埃及、中国、印度、中美洲和秘鲁，这六个原始的国家被认为是古老的文明。不过，正如叶斐（Yoffee 2005）强调的，新进化论方法的一个基本问题是，民族之所定义的类型从最初所认为的人类社会的发展阶段变成了所谓进步的阶梯，这是认识上一种不合常理的倒退。

考古学并不是唯一可以阐明早期国家基础和历史的学科，但它主导着这一主题。随着特洛伊（Troy）、迈锡尼（Mycenae）、乌尔（Ur）和阿比多斯（Abydos）的考古发掘积累了较可靠的年代学信息，我们对早期国家特征的了解也随之增加，至于这些早期国家是如何兴起和发展的，也可以更好地进行解读。例如戈登·柴尔德（Gordon Childe）1950年关于城市革命的论文便是其中的典范。他首先强调了生产盈余产品的重要性，这是确保精英阶层得以存在的基础，而只有驯化了植物和动物才能有效地实现这一基础。因此农民们的集体劳动伴随着精英阶层对盈余产品的调配，以供养工匠、官员、僧侣和文员。技术进步所带来的效率提高，尤其是青铜工具的生产，以及与之相关的灌溉渠道和畜力的应用使得人们集中于规模庞大、人员和功能多样的城市中心（Childe 1950）。威特福格尔（Wittfogel）认为灌溉在早期国家的形成中起了主导作用，按照他的解释，这种大规模工程的实施需要精英阶层的组织权威才能实现（Wittfogel 1957）。这种模型的问题是，灌溉在许多早期国家中出现得很晚，还有一些早期国家从未出现灌溉。再者，以巴厘岛的灌溉组织为例，可以发现这种复杂的系统能够由村庄之间的合作来完成（Geertz 1980）。卡尼罗（Carneiro 1970）则提出，在人口增长的情况下，环境限制（environment oiroumccription）使当地资源所承载的压力增加，因此激发了军事和政治领导下的竞争性战争。在环境限制并不显著的地方，如委内瑞拉的亚诺马莫（Yanomamo），社会限制起到了同样的作用。卡尼罗对他的理论信心十足，他得出结论"长远来看，复杂形式的限制理论解释了国家的起源。它解释了为什么他们在一些地区得以出现，而在其他地区未能兴起"（Carneiro 1970, p. 738）。问题是，在黄河流域、长江流域、玛雅低地和柬埔寨平原等地区并没有明显的环境或社会限制。

随着20世纪60年代新考古学的出现，对国家和文明起源及性质的探寻发生了巨大的变化。像灌溉、环境限制这样的基础推动因素不再被使用。取而代之的是，如环境一样，文化系统被分为若干组成部分，而这些所谓子系统间的互动则被识别出来，并被提升为可以验证的科学解释（Clarke 1968）。老一辈考古学家和他们的方法突然被边缘化，因为他们的研究主题被转变成了一个探索人类行为规律和法则的科学学科。在我看来，人类行为的不可预知性是目前唯一的有效法则。新考古学的一个成果是，列出了区别复杂阶级社会与早期国家的文化特性，这些也是我们检验二者之间转变过程的一个前奏。这再次涉及对二者之间差别的比较。一个具备四级聚落的国家，它的前身不会超过三级。与之对应，决策层则从两级变为三级。此外，出身神圣的国家领导者拥有天赋的统治权，而政府则有权在合法的体制内雇用军队。

在对爱琴海文明起源的详尽探究中，伦福儒（Renfrew 1972）将文化和环境的子系统作为追溯社会复杂性增加的基础。他指出，社会变革的引擎可以在不同子系统间的相互作用中看到，他将此描述为乘数效应。因此，冶金术被认为是"直接导致爱琴海地区文明出现的决定性步骤之一"（Renfrew 1972, p. 308），他辨认出那些在其他子系统中由青铜技术所激发的变化，诸如贸易、战争、农业和新型财富的创造。首饰由较为珍稀的新介质铸造。金属用于发卡、手镯、戒指、头冠、项链和耳环等个人装饰品的制作。青铜的罐子、杯子和碗可用在盛宴中，精英阶层用匕首和长剑武装自己，工匠们则可以使用新工具建造宫殿、制造远洋航船。

本书引发了许多关于对比研究在早期国家分析中的价值的深入理解。其一就是在可能的前提下评估社会价值、思想价值以及更容易在文献资料中发现的经济价值和技术价值。然后，我们会很自然地将威望与物质价值和财产等同起来。盈余产品使修建庞大的宫殿及庙宇成为可能。但在涉及乘数效应的相互作用网络中，有一点近来常被研究者提及，这就是不要忽视对个体的观察。正如卢梭所强调，个体间的不平等包括了思想和灵魂。人类社会不是以可预见方式回应环境或社会条件的自动装置。所有人类社会都包含有"鸿鹄"和"燕雀"，这要求把行动者纳入任何一项对多个文明的比较研究中：雄心勃勃的人可以施展其志向和社会影响力。

行动者非常重要吗?

在试图理解湄公河三角洲迅速过渡为早期扶南(Funan)王朝的转变时,我发现 19 世纪的马拉维(Malawi)有丰富的材料可以用作比较研究(Higham 1989)。Yao 聚落由母系村庄自发组成,其首领被选为地位较高女性的长兄。对于一位野心勃勃的男子来说,有两个途径可以得到威望和权力。其一是成为杰山的勇士,其二是控制与阿拉伯商人停留的沿海聚落间的贸易。象牙和奴隶被商队运走,每个商队出发时,他们的头领都祈求故去祖先的护佑。当他们满载布料、铜丝和珠子而归时,他有权将这些物品分配给他的追随者。

Mataka I Nyambi(1800 ~ 1876)离开他所出生的村庄,并建立了自己的村庄。在这里,他和他的追随者编织篮子换取铁锄,再用铁锄交易奴隶。他建立了一个武士军团,并且为了获得更多的奴隶而劫掠其他村庄。辞世之前,他的资产合计至少 1000 座房屋,大卫·利文斯通(David Livingstone)还描述了他那由灌溉渠道滋润着的种植木薯的梯田。他为自己的商队指派管理者,同时由于他与祖先的亲近而获得了社会的尊敬和顺从。他死后陪葬了 30 名青年男子和 30 名年轻女子,还有枪、盐、串珠和布料。他的继任者指派亲戚去统治那些依附的村庄,雇用阿拉伯人作为书记员,并且改信伊斯兰教。另一位新的首领莫涅萨(Monjesa)还将自己的名字改成了阿拉比克·沙立夫(Arabic Zuraf)(Alpers 1969)。湄公河三角洲的考古材料中有一些新的沿海贸易所带来的外来商品,包括玻璃和较硬的石料制成的珠子,同时也涉及梵文名字在当地的使用,如阇耶跋摩(Jayavarman,意为胜利之神的门徒)。小型的铁器时代社区发展成为有环壕的城市,吸收了印度的文字书写体系,印度的宗教信仰也被嫁接到当地的教派,从而引起了当地寺庙的兴建。湿地也被排干以便种植更多的水稻。与 Yao 聚落的对比,大大地促进了我对东南亚考古资料中所记录的社会变化的认识。

在通过史料中的实例来思考个人行动者(personal agency)在

国家形成中所扮演的角色时，弗兰纳瑞（Flannery 1999）也讨论了相同的问题。他的例子包括后来以安德里亚纳姆波伊纳伊梅里纳（Andrianampoinimerina，意为梅里纳人期待的君主，1787～1810年在位）之名为人所知的富有超凡魅力的伟大领袖拉姆博阿扎拉马（Ramboasalamarazaka），其一生见证了马达加斯加从一个个小村庄到一个具有社会复杂性政体的转变。其他的例子还包括夏威夷的卡美哈美哈（Kamehameha）和纳塔尔（Natal）的夏卡（Shaka）。毋庸置疑的是，所有这些个人行动者在他们各自的社会中引起了迅速的结构性变革。留给考古学家的问题是，当变革发生时，确定史前时代晚期每个阶段的个人行动者是不可能的。只有存在文字记录时，这些个体才得以展现自身，但他们的陈述和声明，至少在我熟知的吴哥，必须如现今的广告一样谨慎看待。

弗兰纳瑞和马尔克斯（Flannery and Marcus 2012）大大拓展了这种比较方法，并用以解释考古研究中所见的不平等的产生。他们充分利用与我们同源的社会人类学的比较资料，专注于分析中美洲、美索不达米亚和埃及那些国家建立的基础，及其共同特征和个性。这不可避免地引起对国家形成之前的社会——"酋邦"的重新审视。根据厄尔（Earle）的研究，这应当包括精英阶层对最好土地的所有权及其凌驾于土地耕耘者之上的权威这两个方面的证据（Earle 1997）。密歇根学派则认为应该是对生产的控制权和对贵重的舶来品的所有权及分配权。叶斐（Yoffee 2006）认为，寻找权力存在过的证据意义深远，这些证据在规模不同的居住区、专门化的活动区域、精英阶层的墓葬以及社区的寺庙等考古证据中都有所体现。但是必须明白，国家并不会必然地遵循这些前提，里奇（Leach 1959）在研究克钦（Kachin）时就已经指出了这一点。

弗兰纳瑞和马尔克斯强调了识别那些"最容易被用来解释社会变革重要时刻或明确不平等性的逻辑所在的考古学证据"的价值（Flannery and Marcus 2012, p. xii）。他们选取用于深入分析早期国家的标准是"住宅、公共建筑、礼仪或墓葬等能否提供某些方

▲ 图一 世界各大早期国家地点分布图
　　1. 瓦哈卡　2. 玛雅低地　3. 埃及　4. 两河地区　5. 华北　6. 东南亚吴哥

面不平等的证据"，并且从瓦哈卡山谷开始进行了分析（Flannery and Marcus 2012, p. xiii）（图一）。

瓦哈卡和萨巴特克王国

　　墨西哥瓦哈卡山谷（Oaxaca valley）的序列非常清晰地展示了一个国家形成的过程（图二）。3200～2900年前，随着圣何塞·莫格特（San Jose Mogote）的范围扩大到60公顷，当地人口出现了非常显著的增长。人群被划分为不同的等级，这在死者随葬财富的差别中体现得非常明显。有些儿童陪葬了外来的物品，少数成人则有数量不等的随葬品，包括铁镜、翡翠饰品和海贝。值得注意的是，这个阶段出现了第一座寺庙，建在一个由不同来源的石块堆砌而成的平台上，劳动力也好像是从多个从属的社区征调而来。

0   10km

▲ 图二　瓦哈卡山谷主要萨巴特克遗址分布图
  1. 圣何塞　2. 阿尔班山　3. 圣马丁

接下来的两个世纪，与之竞争的中心开始出现，每一个中心都
拥有自己的庙宇，彼此之间以无主的空地分隔开来。冲突接踵而至，
圣何塞·莫格特的庙宇也被付之一炬。作为回应，领导者们重新修建
了一座庙宇，并在其间立了一座石碑，上面刻着一个男子被挖心献祭，
他的姓名也用当时的图像字符镌刻其上。几乎与此同时，一个竞争中
心遭遇了至少两次袭击，其庙宇也被毁坏。这显然是一个充满竞争和
战事的时期，修建防御围墙的遗迹便是其在考古学上的证据。

约 2500 年前，圣何塞的首领在一片无主之地中一个易于防御的山顶建立了一个名为阿尔班山（Monte Albán）的新聚落，这成为萨巴特克国家得以建立的重要一步。接下来的两个世纪内，新中心的人口不断增长，精英建筑也先后修建起来，其中包括一座中央祭祀广场。在它的竞争中心圣马丁·提尔卡赫特（San Martin Tilcajete）也可以看到相同的趋势。从这一点开始，考古学家可以对这些重要的发展做更为深入的考察。阿尔班山周围环绕着许多卫星村，其中一些分布在山麓地区，那里灌溉便利，农业产量也会相应增加。中心区的石碑刻画着死囚的形象。在圣马丁，考古发现表明这座聚落曾遭受了严重的破坏，然后被遗弃，之后阿尔班山的胜利者们又在此修建了新的行政中心。由此，瓦哈卡经历了被弗兰纳瑞和马尔克斯称为"整个峡谷的第一代霸权国家"的阶段。首都的人口增至 1.5 万人，之后军事征服促进了扩张，武力恐吓征服了新的领地。正如约瑟夫·德·梅斯特（Joseph de Maistre, 1753～1821）所言，"战争就其本身而言是这么的神圣，因为它是一条普遍法则"。

我们从这一系列事件中可以了解到什么？它揭示了一个国家形成的各阶段。其基础是山谷地区的那些以种植玉米为生的农人，他们认可不同社会等级的存在。于是我们没有必要再去寻求这一过程的基础推动者，灌溉在这整个序列中出现得非常晚，也没有铜或铁的出现来刺激贸易和专门的手工业者的产生。然而，这里一直存在着竞争、冲突以及对追随者的吸引。阿尔班山的统治者相继消除了他们的竞争者及其从属社群。随着单一政权统治下瓦哈卡山谷的统一，我们可以看到这里已经形成了国家，它包括四个等级的聚落，即首都、二级中心、三级中心和小村庄。中心的权威与国王息息相关，它们身穿美洲虎皮制成的斗篷、头戴异域的绿咬鹃羽毛，住在宫殿之中，死后被葬入与其显赫祖先名字相符的奢华墓葬之中。西班牙殖民者发现了深深植根于社会不平等之中的萨巴特克王国，这里有王室、贵族、普通民众和奴隶。贵族拥有更好的食物，衣着和首饰，也体现着他们与众不同的身份，低等级的人们臣服于他们。统治阶级在死后则被奉为神灵。

玛雅

　　萨巴特克的案例告诉我们，社会成功与军事实力息息相关。如果圣马丁更加强大一些，他们本可以将阿尔班山完全毁灭。夏卡、卡美哈美哈和安德里亚纳姆波伊纳伊梅里纳都是通过军权建立了第一代国家。玛雅低地的实例充分展示了各个相互竞争的群体内部阶级社会的兴衰过程（图三）。早在公元前 1400 年，社会不平等在帕索德拉阿玛达（Paso de la Amada）就已经出现，在其精英阶层的居住区曾发现有一个很大的礼仪场所（Hill et al. 1998）。

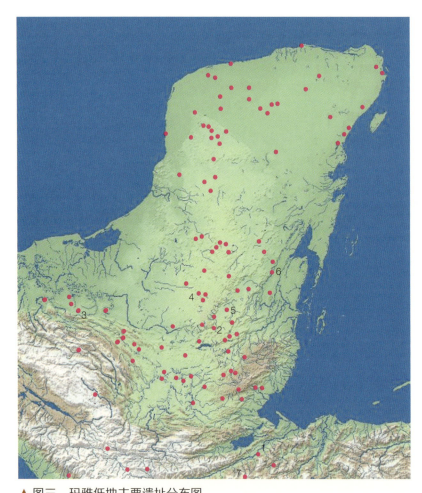

▲ 图三　玛雅低地主要遗址分布图
1.基里瓜　2.提卡尔　3.帕伦克　4.艾尔米拉多　5.圣巴托罗　6.库洛　7.科潘

库洛（Cuello）是一处重要性仅次于帕索德拉阿玛达的早期遗址，哈蒙德（Hammond）发现这里的 166 号墓（公元前 660 年）中的一个儿童随葬了一件稀有而名贵的翠玉饰物（Hammond 1999, p. 53）。库洛的前古典历史时代从公元前 1200 年延续到公元 250 年，这里发现的大量墓葬和不同阶段的建筑，充分展示了社会分化的不断加剧。

约从距今 2800 年起，米拉多（Mirador）盆地经历了两个中心的兴起和衰亡，随后的第三个中心在这里维持了长期的统治。以台地地区的玉米种植业为基础，当地社会的不平等在那科布（Nakbe）全盛时期的精英墓葬、名贵的舶来品、令人瞩目的神庙金字塔、礼仪场所和纪念性广场表现得淋漓尽致。极高等级的个人被刻绘在石质纪念碑之上。这一中心后来被位于艾尔米拉多（El Mirador）的一个更大的精英群体所继承，考虑到考古证据所显示的玛雅低地持续的战争冲突，我们不能排除武力征服的可能性。艾尔米拉多不仅有大型的神庙金字塔，还有非常值得注意的最早的可能是宫殿的建筑。人工铺筑的堤道由此向外辐射，蔓延至周围的乡村。浓密的森林是在玛雅低地进行田野考古的困难之一，但运用激光雷达技术，就有可能在卡拉科尔（Caracol）找到为了提高农作生产效率而建的梯田（Chase et al. 2011）。艾尔米拉多的地位之后被卡拉克穆尔（Calakmul）所取代，它是接下来的七个世纪中玛雅文明最具竞争力的王朝之一。跟瓦哈卡一样，这里有四个等级的聚落结构，中心遗址建有大量的神庙金字塔以及一处带有地下皇家墓穴的宫殿。国王死时佩戴着玉覆面、玉饰品，并随葬精致的陶器。石碑上刻有玛雅文字，对文字的解读使我们对玛雅精英社会性质的了解更为清晰。

过去 40 年的田野考古工作和对玛雅文字的释读，大大改变了我们对这个文明性质和时间的理解。圣巴托罗（San Bartolo）地区发现的壁画使这一切更加明朗起来，这是一处主体为石砌的神庙金字塔的小型遗址（Saturno et al. 2006）。和其他同类建筑一样，随着时间的推移，它被不断加筑。碳十四测年数据表明，这处遗址最早修建于公元前 300～前 200 年。在这一阶段的遗迹中发现了一个包含十个字符的文本，其中有一个贵族或统治者的称谓。仅仅几代人之后，其西面 1.6 公里处的一个小型金字塔内发现了一处王室墓葬，墓主随葬有玉饰和陶容器。遗址的年代不晚于公元前 1 世纪，这里发现了一系列的彩绘壁画，描绘了早期玛雅王权至关重要的两个方面（Saturno et al. 2004）。第一个是四位年轻贵族或天神——他们的头饰表明其地位非常高——正对着四棵象征着有秩序的王国和创世纪的大树进行祭祀。第二个是从天神手中获得王位加冕，意味着其统治权是上天赋予的。

圣巴托罗的王权并没有超出其有限的王室统治区，因为玛雅文明一个反复出现的特质是敌对王朝之间的相互更替。1886 年在科潘（Copán）遗址中央金字塔底部发现的"祭坛 Q"清晰地展示了这一现象。它刻画了国王的世系，相关文本的解读揭示了最后一位王是雅克斯潘（Yax Pasaj'Chan Yopaat，763～820），而这个历经三个世纪的世系始于亚克库摩（Yax K'u'k Mo'，426～437）。此外，这个遗址的神庙城堡之中包含有嵌入式的陵墓，而考古研究对祭坛时间顺序的排列可以通过世系相继的王室墓葬得到确认，其中最早的便是亚克库摩的墓葬和很可能是他妻子的一座高等级女性墓（Agurcia Fasquelle and Fash 2005）。卡维伊尔一世（Ub'aah K'awiil）的命运，很好地展示了玛雅诸王国之间的竞争，他是公元695 年继位的第十三位科潘国王。他任命一个部下为周围一处三级中心基里瓜（Quirigua）的统治者，但是这位部下伺机篡夺王权，并且在公元 738 年捕获并处决了卡维伊尔（Sharer et al. 2005）。

类似的王朝更替和冲突也出现在其他玛雅中心之中。例如著名的帕伦克（Palenque）碑铭神庙覆盖之下的巴加尔二世（K'inich Janaab'Pakal，603～683）墓。这位在位 68 年的国王随葬了大量玉饰，其中包括一件玉覆面。这个遗址的一个特别之处是建造了引导奥土伦河（Otulum River）水源的人工渠道（French 2007）。

玛雅文明被划分为多个相互竞争的城邦国家，每个国家都以神圣国王的世系更替为中心。战争和政权的更替是地方性的。每个中心都以一个或多个开放的广场为核心，两侧的神庙陵墓和宫殿在几个世纪以内不断为当权者进行修葺加筑。贵族们随葬有包括玉饰在内的奢华的随葬品，很多时候还随葬有覆面。手工业者和贵族都由生活在中心区以外的农民所生产的剩余产品来供养，这类人包括书记员、艺术家、泥瓦匠、雕塑家、宝石工匠和工程师。通过沼泽排水、修建梯田、建造台地等措施，农业生产得以不断革新。规划好的土地通过这些途径得以改良，从而具有更高的价值。农作物主要包括玉米、红薯、南瓜、豆类和芋头，而面包树果实则被用作应对饥荒的备用食物。当地并没有大型家畜，饲养狗是为了获得肉食，而鹿类则通过狩猎来获得。整个文明是在无金属、无畜力、无带轮车辆的技术基础上发展起来的。尽管如此，它还是反映了叶斐（Yoffee 2005）所总结的城邦国家的基本变量：权力和财富被用来显示和巩固地位、修建大型建筑、冻结能量、构建社会秩序、神化祖先以及加强军事力量。

近东

虽然幼发拉底河与底格里斯河之间这片土地的史前史呈现出千变万化的特点，但它们可能有一个共同的特征，即超自然的仪式行为。在农业和畜牧业出现之前，在群体宴享和丧葬活动的启发下，建造哥贝克力石阵时已经出现了集体劳动。恰塔霍约克（Çatalhöyük）遗址发现了展示自身历史的房间以及与祭祀祖先仪式相关的证据（Hodder 2010）。在阿布胡赖拉（Abu Hureyra）遗址和赛米（Hallan Cemi）遗址也发现有宴享和举行庆典仪式的证据。在农业和畜牧业出现之后，到乌鲁克（Uruk）第一批城市出现之前这段时间，有一个被叶斐称为"新质"（emergent properties）的关联因素（Yoffee 2005），宗教和信仰便是其中之一。随着聚落扩展到美索不达米亚平原，当地的陶器相继出现了哈苏那（Hassuna）、萨迈拉（Samarra）和哈拉夫（Halaf）三种不同的风格。考古资料表明当时人口增长，出现了黑曜石和用作饰品的美石的长途贸易，并形成了相互作用圈，这又促成了获取贵重物品和名望的新方式的出现。这一趋势的具体例子可以从哈拉夫文化时期专业手工作坊中精致陶器的生产和交换中找到。在哈拉夫文化阿尔帕契亚遗址（Tell Arpachiya）的 TT6 号建筑中发现有印章及其用于表示所有权的证据。因受到南美索不达米亚干旱地区的影响，当地聚落如丘加马米（Choga Mami）发展起了灌溉农业。在欧贝德（Ubaid）文化时期（公元前 6500～前 4000 年），我们在诸如埃利都（Eridu）和叶海亚堆（Tepe Gawra）等遗址发现了被持续利用的定居点，其中建有高高耸立的庙宇、日常居住的房屋、烧制陶器的窑炉和功能不明的圆形建筑。睿智的首领当时肯定已经发现以供养神灵的名义来组织和配置剩余的生活必需品更为容易。此外，欧贝德文化的影响扩展到上游地区，促进了铜、银和金等金属的交换，而这种交换又反过来使本地的生产得到进一步加强。

向早期国家的转变主要集中发生在伊朗西南部的苏锡安那平原（Susiana plain）（图四）。这一时期的经济主要是在灌溉系统支撑下小麦、大麦和亚麻的种植。怀特和乔纳森（Wright and Johnson 1975）的田野工作是在一个有六个阶段的编年框架内进行的，晚期欧贝德文化被划分为苏锡安那 D（Susiana D）、苏萨 A（Susa A）和晚期苏萨 A 三个阶段，其后是早期、中期和晚期乌鲁克文化阶段。他们将界定国家的标准确定为在等级化的社会中至少存在三个掌控社会成员活动的决策阶层。在这样的前提下，他们对不同时期的聚落规模进行了历时性分析。这种分析的一个前提是聚落的区域与人口二者相关，同时聚落中还要发现有与决策有关的证据，尤其是那些用于记录交换活动的印章、封印和玺印。霍尔（Hole 1985）强调，一直到苏锡安那时代中期，聚落遗址的规模并无明显差异，大部分遗址的面积都在 2 公顷以内。然而，在苏锡安那晚期，丘加美斯（Choga Mish）遗址的面积扩大到了 11 公顷，而且还修

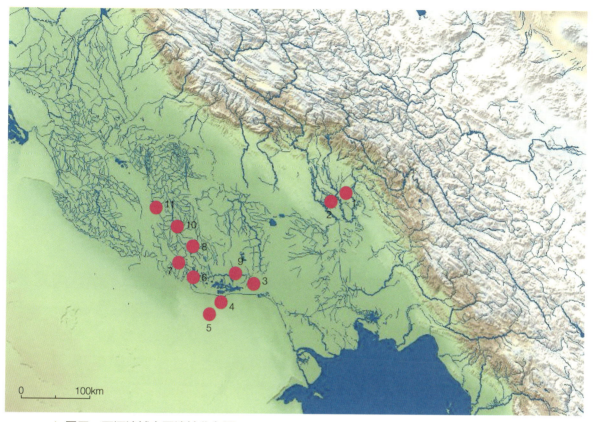

▲ 图四 两河流域主要遗址分布图

1. 丘加美斯 2. 苏萨 3. 拉迦什 4. 乌尔 5. 埃利都 6. 乌鲁克
7. 伊辛 8. 尼普尔 9. 乌玛 10. 基什 11. 西帕尔

建了一个大型的非宗教建筑。随后丘加美斯衰落，而苏萨（Susa）随之崛起，遗址中发现的一座大型台基表明当时存在着精英活动。当时的墓葬也支持了这一点，其中一些极富有墓葬中随葬有铜斧，其他墓葬则不那么富有。

乌鲁克文化早期的聚落包括三个等级，而乌鲁克中期阶段则变为四个等级。至关重要的是，他们将苏萨大型遗址的印章与莎拉伐贝德（Sharafabad）小型遗址的相应材料进行了比较分析，并发现其中至少存在三级决策层。他们由此推断国家的形成发生在乌鲁克早期和中期。是什么因素激发了这一快速的转变呢？他们检验了用于界定国家标准的第一个前提：是否有一次人口的剧增激发了新的社会准则？答案是否定的。正如霍珀（Hopper）对现有资料的分析所显示的那样，在乌鲁克文化早期并没有出现人口的增长（Hopper 2007, p. 62）。难道是控制和组织黑曜石、铜和其他欧贝德社会需求品远距离贸易的需要？相关考古学材料中也没有证据显示这些商品的数量有所增加。他们在结语中列出了一长串为了建立苏锡安那平原地区国家形成模型所需的田野和实验室举措，其中包括多种可能的原因之间的互动。

弗兰纳瑞和马尔克斯（Flannery and Marcus 2012）随后也将他们的注意力转移到了这一平原。在欧贝德文化第三期（公元前4400～前4200年），相对于大量小规模的聚落，丘加美斯遗址因其约11公顷的规模而引人注目。这个聚落中还有一座远大于普通建筑的房屋，发掘者推断这应当属于社区首领。这座房屋被毁于另一个聚落——苏萨的规模和人口增长之时。然而，从属村落的数量却在这个时刻急剧减少，这一现象让弗兰纳瑞和马尔克斯觉得，当时可能需要将人口都集中到更易于防守的聚落之中。简而言之，他们发现了与瓦哈卡和米拉多盆地相同的主要政权的更替。这一序列一直延续到乌鲁克时期（自公元前4000年起），苏萨的规模扩大至24公顷并且统治着苏锡安那平原，三个层级的子聚落证实了怀特和乔纳森的发现，第一个国家已经形成。考古证据表明，乌鲁克中期（middle Uruk）的变革支持了国家在这一时期已经形成这一事实。这些变革包括神庙的大量兴建，印章和封印表明官方许可在贸易中重要性的增加，高度标准化的陶碗很可能被用来给劳动者分发食物，冲突和对抗仍在继续。乌鲁克时代晚期，一大片被荒废的土地将苏萨与丘加美斯分隔开来，而且它们的地位再次对调，后者规模的增长与前者的衰落同时发生。

公元前四千纪南美索不达米亚的考古资料表明，苏锡安那政权的循环更替和国家的形成是密不可分的。我们发现，乌鲁克时期这里的城址数量和规模急剧扩增。乌鲁克早期有18个聚落，到晚期阶段时已增至 108 个。乌鲁克自身占地面积从 69 公顷增加到 101 公顷，而其他城邦国家则在乌尔（Ur）、基什（Kish）、尼普尔（Nippur）和吉尔苏（Girsu）纷纷建立。乔纳森已经指出，来自苏锡安那的移民可能是出现这次增长的原因之一，不过同时也有可能寻求安全保护的诉求导致了乡村人口数量的减少。这一时期的乌鲁克被巨大的城墙保护，其内有两个主要的神庙建筑群——库拉巴（Kullaba）和埃安纳（Eanna）。城市在突然之间取代了乡村（Yoffee 2012）。拥有土地的机构积累了大量的财富和威望。也有证据表明这些城市是专门化的手工业生产中心，与之相关的建筑则可能是用于宴会和集会的大厅。这些自治的城邦国家的社会结构在文字——这种新的且非常重要的材料中，得到了详尽的记录。刻在泥板上的这些早期文字，虽然很难释读，但是确实记录了极高地位的精神领袖或领主、集会、贵族和长老的存在。像我们所期待的那样，不那么令人敬畏的社会成员有书记员、会计、金属工匠，还有工长、渔夫、农夫、织工、厨师、木匠、仆人和奴隶。乌鲁克晚期的文献清楚地记录当时的社会不平等。

这一评估可以从乌鲁克祭祀瓶（Warka vase）上得到进一步的支持，这是一种装饰着礼仪场景的祭祀用雪花石容器，时代可追溯至公元前四千纪的后期。瓶上共有三层装饰，最下层是周围平原的芦苇丛和麦田，还有前行中的羊群和牛群。其上是一队裸体的人物手举水果和粮食祭品，在最上一层图像中可以看到，这些祭品在神庙入口被一个地位极高的人，可能是城市统治者，供奉给女神伊南娜（Inanna）或是一位女祭司。他比其他人物都更为高大，并且有一个仆人紧随其后举着他长长的飘带。在神庙之内的入口右侧，可以看到多个装满农产品和羊的篮子。

美索不达米亚的早期王朝时代（公元前 2900～前 2350 年）见证了那些独立城邦国家的延续，统治者的领导力和统治人口的多少决定了各自的相对地位，这些人口是他们获取剩余产品、征调徭役或兵役的基础。乌尔城的墓葬为我们提供了关于王朝时代晚期社会等级最强有力的证据。伍利（Woolley）发掘了 2110 座始于大约公元前 2600～前 2500 年的早期王朝时代 ⅢA 期的墓葬，其中随葬品的数量很少。死者被草席覆盖或葬于棺材之内，并随葬了一些装饰品、陶器、武器或圆柱形印章（Baadsgaard et al. 2011）。其中有 16 座墓葬可以依据随葬品的价值或葬礼参与者所供奉的祭品与其他墓葬区分开来。随葬品中的印章一般带有个人的姓名，有时还有头衔，推测其应当属于死者本人。在详细地查看了这些印章后，默里（Moorey 1977）将注意力集中到了 800 号墓的那位女性，她的名字 Pu-Abi 是和"Nin"这一称谓或头衔一起出现的，这可以被译为王后，或者最起码是拥有非常高地位的女人。1050 号墓有一枚印章刻有"A-kalam-Dug，乌尔之王：A-su sikil digir 是他的妻子"，或者可以译为"献给 A-kalam-Dug，乌尔之王，A-su sikil digir 奉献此印"。关于乌尔王权的明确性质仍有争议，但正如默里所强调的，在早期王朝时代，城市是为神而建的，而且神灵被供奉在庙宇之中接受世人的膜拜，这种庙宇通常有公务场所、储藏室、神殿和厨房。Lugal（或许可以译为国王）以神的名义履行宗教和世俗的职责。由神兆选出的神庙中高高在上的女祭司通常是国王的姐妹或妻子。在这样的语境下，Pu-Abi 的准确称谓到底是什么就不再那么重要了，无论如何，她显然是一位地位非常高的女性。

这一点在她的墓葬礼仪中也可以得到自证。她是一位身高 1.48～1.51 米的成年女性（Molleson and Hodgson 2003），被安葬在一个与大厅分开的密室中，可经由向下的斜坡到达，地板上随葬着头戴铜质头盔的护卫、公牛牵引的葬礼用车、男仆和宫女。Pu-Abi 佩戴着丰富的珠宝首饰，有金、银、青金石、绿松石和玛瑙，这些都来自遥远的印度战场。她头饰上的黄金叶片是柳树和黄檀树（巴基斯坦黄檀），后者对美索不达米亚低地而言算是舶来品（Tengberg et al. 2008）。许多宫廷女性都佩戴同样华丽的头饰。食品也与死者放在一起，包括大麦、鹰嘴豆和成串的苹果片（Ellison et al. 1978）。在少数保存状况较好，可供仔细研究的骨架中，至少有两位侍从死于像同时期墓葬中所发现的铜质战斧那样的重武器对头部的打击（Baadsgaard et al. 2011）。这表明当时的丧葬仪式中很可能有杀死侍从的环节。还有证据显示，死者在高温和水银的作用下至少部分地变成了干尸。Mes-kalam-Dug 的墓葬为我们提供了深入观察高等级男性财富的材料。这位男性不足 30 岁，有强健的肌肉，身高 1.65～1.75 米。他随葬有华丽的黄金头盔、黄金容器、银把金刃短剑和一条银腰带。迪克森（Dickson 2006）确信这个墓地反映了一个乌尔统治精英的政治权威，他们为了自己的需要发起战争，向民众征税并为了自身利益分配剩余产品，还在神庙中请求实施上天赋予的统治权。

这一发现得到被称为乌尔王室标志的图像（乌尔镶嵌画）的支持。在一座王室墓葬中曾发现了一个镶嵌贝壳、石灰石和青金石的木盒子。木盒的一面描绘了战争的场景，另一面则是和平景象。步兵手持长矛在战场上前行，他们披盔戴甲。每一个有牢固轮子的战车上都有一个驭者和一个手执长矛的战士。国王在战后巡视俘虏，其中很有可能包括被征服的地方统治者。另一面有支胜利游行的队伍，战俘在帮他们拖运战利品。其上，国王和他的大臣正在七弦琴和歌者的伴奏下享受盛宴。这类宴会是王室墓葬出土的个人印章上反复出现的主题。

苏美尔（Sumer）的王朝时期由相互竞争的多个城邦国家组成，每一个都有它自己的守护神和统治王朝，正如我们在乌尔镶嵌画中所看到的，这里有着和玛雅低地相似的统治权更替。这一时期在拉格什王（King of Lagash，公元前 2454～前 2425 年在位）的安纳吐姆鹫碑上得到了更为深入的描绘。部分碑文翻译如下："他战胜了乌鲁克、乌尔、Kiutu、Iriaz 并杀死了其统治者密斯末（Mishime）和阿鲁亚（Arua）"。石碑上可看到他手持关俘虏的笼子，领导他的军队杀向战场。然而，这一城邦国家相互竞争的时期结束于历史上一个著名的国王——阿伽德的萨尔贡（来自 Sharru-ken，意为授权的统治者），他打败了这些城邦，并建立了阿卡德（Akkadian）

帝国和王朝。然而，其他行动者们并不会让事情就此顺利发展下去。多民族国家的治理中会存在裂痕，这在地区性暴动中表现得尤为明显（Postgate 1992）。

埃及

温格如（Wengrow 2006, p. 8）认为尼罗河流域在公元前五千纪之后的 15 个世纪内先后发生了两次具有开创性意义的变革（图五），一是农业的引入，二是一个法老统治下的领土国家的建立。

如果没有来自上埃及赫里拉科波利斯（Hierakonpolis）聚落和墓地的考古证据，任何关于尼罗河谷地国家形成的考察都无法进行。

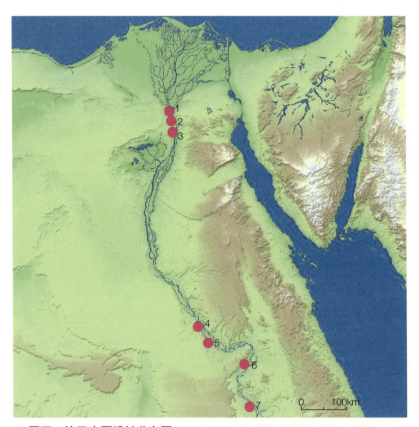

▲ 图五　埃及主要遗址分布图
1. 吉萨　2. 孟菲斯　3. 塞加拉　4. 提斯　5. 阿拜多斯　6. 涅伽达　7. 赫里拉科波利斯

该遗址位于尼罗河的一条支流附近，其年代序列可以分为六个阶段
（Hoffman et al. 1986）。这处聚落最早出现在公元前 4000 年前后，
当时人们已经开始从事农业生产，利用尼罗河每年的洪水泛滥来
种植小麦和大麦，同时也饲养牛、绵羊和山羊。截至公元前 3800
年，赫里拉科波利斯经历了一个人口快速增长的时期，同时有证据
表明当时已经有人专门从事丧葬用陶器、篮筐、权杖头和纺织品
等的生产。强有力的证据表明，三个世纪之后这里的社会复杂化程
度已经达到了早期国家的水平。当时的城市中有一处神庙群，并有
使用大量泥砖建成的封闭围墙。该遗址和其他同时期遗址的一个共
同特点是往往都有大型墓地，墓葬数量一般超过一千座。公元前
4000～前 3650 年，墓室中随葬的远途获取的舶来品越来越多，这
表明当时对威望产品（prestige goods）的需求造成了某种程度的
"社会溢价"（social premium）。正如温格如（Wengrow 2006,
p. 76）所强调的，这使新出现的精英阶层得以优先获取珍贵物品，
促进了当地制造业的发展，并且掌控了通过船只所进行的货物运输。
这一点可以从其中一处墓地看出来。这处墓地远离城市，显然为精
英阶层专属。其时代大约在公元前 3700 年前后，当时的墓室结构
已经非常复杂。23 号墓长 5.5、宽 3 米，有一个附属的小礼拜堂和
门道。这些墓室周围是一排排用以支撑屋顶的柱子。虽然该墓遭到
过盗劫，但仍发现有一些珍贵的随葬品，包括巧妙制作的燧石动物
形象，如一只野山羊和一只绵羊，还有残存的一部分权杖柄。

在已揭露的几座类似墓葬中，发现了精美的燧石箭头，一个河
马小雕像，甚至还有一些人像的碎片。一个小礼拜堂内发现了一具
侏儒的遗骸，年龄大约 40 多岁。墓地中还发现有立柱式礼堂的地基。
一些墓室中全是完整的动物骨架，包括大象、河马、大羚羊、狒狒
和猎豹。这处墓地似乎是为赫里拉科波利斯社会的上层人士预留的。
大约三个世纪之后，这里建造了一个壁画墓。它描绘了大型船舶在
尼罗河中航行的情景，此时河岸上的人们正忙于战斗，其中一个男
子正试图扼住两头狮子。这一时期还有两件值得注意的遗物同样表

明冲突的存在。一件是 1898 年发现的石灰岩权杖头，上面雕刻有一位头戴上埃及白色王冠的国王形象。他挥舞着锄头，像是在挖掘一条灌溉渠或是开启一个堤坝，两个持扇的侍从正在两侧为他扇风。他前面的符号表明他就是被称为玫瑰蝎子王的人。这个遗址还出土了一件纳尔迈调色板（Narmer palette），一面描绘着一位头戴上埃及白色王冠的国王正在处置一名俘虏，而另一面则显示他戴着下埃及的红色王冠，正在其军队的随从下视察两排被斩首的俘虏。

在对上述信息及尼罗河下游三角洲地区同类信息的分析中，弗兰纳瑞和马尔克斯再次提取到赫里拉科波利斯与在 This 及涅伽达（Naqada）等至少两个中心之间政权更替的证据，这一更迭最终以赫里拉科波利斯领导者的统治告终。于是，我们再次看到与瓦哈卡、玛雅低地和苏锡安那等地类似的事件。最后的结果是埃及第一王朝而非城邦国家统一了这一地区。不过，温格如在解释埃及神圣王权的兴起时，强调了丧葬行为、限制权力符号的使用、对一些珍贵物品的所有权等方面的重要性，并由此赋予了统治者仪式性的权威（Wengrow 2006）。

结局几乎不需要重复：一代又一代的神权统治者们依靠尼罗河两岸肥沃土地上产出的剩余产品，得以组织大量的劳力去修建他们的陵寝。美索不达米亚和玛雅低地人口增长的一个主要来源是与之竞争的其他城邦国家的移民，然而埃及是一个领土国家，它有一位神权国王和包括专业书记员在内的官僚机构，以及有影响力的国家神庙。农业生产通过利用畜力而得到加强，手工作坊专注于制造精英阶层所需的黄金、石头和青金石等制成的各类珍宝，同时还要纺织布料。埃及展现了一个神权统治下的早期领土国家的原型。

中国

在对世袭不平等的起源的综合性分析中，弗兰纳瑞和马尔克斯（Flannery and Marcus 2012）发现各个敌对中心的精英领袖们对区域统治权的争夺过程都有一条主线。在瓦哈卡，是阿尔班山；在玛雅低地，是米拉多尔盆地的发展序列；在美索不达米亚，是苏萨和丘加美斯之间的竞争；在上埃及是赫里拉科波利斯的兴起。每个地区都有宫殿、社区庙宇和奢华墓葬等证明社会精英阶层确实存在的证据。然而，他们并没有提及美索不达米亚以东国家的起源和性质。接下来的问题是，类似的早期国家形成轨迹是否存在于两个公认的缺少完好记录的地区——中国黄河流域的中原地区，以及柬埔寨和泰国东北部的低地。

广阔的黄河冲积平原和汾河谷地有着深厚的易于耕种的黄土土壤。前者向东、南两个方向开放，并没有明显的地理界限，后者则处在四围的高地之中。小米和猪都在这些中部平原地区完成了驯化，之后是水稻。这里史前时期的文化序列包括三个大的阶段，即裴李岗时期（公元前 7000 ～前 5000 年）、仰韶时期（公元前 5000 ～前 3000 年）和龙山时期（公元前 3000 ～前 2000 年）。裴李岗时期的遗址较小，用于居住的房屋外围有壕沟环绕（Liu 2004）。仰韶文化时期聚落规模逐步扩大，正如在仰韶早期的姜寨遗址所看到的那样，中心广场和没有日常生活遗物的大型建筑可能被用于公共仪式。至仰韶文化中期，某些遗址的面积已达 90 公顷，西坡遗址有好几座大型建筑，地面都经过精致的整修。灰坑中的大量猪骨表明这里曾举行过宴享活动。仰韶文化晚期（公元前 3500 ～前 3000 年）社会得到进一步发展。大地湾遗址占地 100 公顷，这里发现了一座像宫殿一样的建筑基址，前面还有一个大型的广场。西山遗址外围则建有用于防御的墙和壕沟。在东部的山东地区，建有城墙的大型聚落数量更多。

新石器时代晚期的龙山文化对于追寻早期国家的形成过程至关重要。许多聚落都经历了人口的激增，一些证据表明这可能与来自东部地区的移民有关。刘莉（2004）辨认了 14 个聚落族群，每一个都由中心遗址或城址所控制（图六）。临汾盆地四周为高地所限，为我们提供了考察一个独立区域内发展序列的极好案例。这一地区

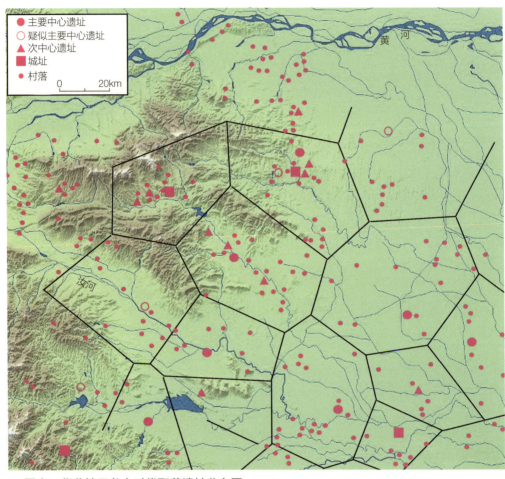

▲ 图六　华北地区龙山时代聚落遗址分布图

的龙山文化晚期可分为三个阶段，早期为公元前 2300 ～前 2100
年，中期为公元前 2100 ～前 2000 年，晚期为公元前 2000 ～前
1900 年。在四百年的时段里，当地文化发生了迅速的变化，整个
盆地内部有北部、中部和南部三个聚落群（He 2013）。在早期阶
段，中部地区的陶寺遗址是当时的统治中心，该遗址的城内面积
达 56 公顷，城外还有祭祀区。一个精英阶层墓地的出现表明当时
已经存在显著的社会分化，同时还发现有下层民众的居住区。到了
中期阶段，陶寺遗址的面积扩展到 280 公顷，临汾盆地的北部和南
部也分别出现了县底和南柴两个中心性遗址。中期阶段是陶寺遗址

的全盛时期，遗址被厚达 8 米的城墙环绕，城内被划分为四个区域
（图七）：一是宫殿区，二是祭祀区，包括一个天象台和一个拜祭祖
先的宗庙，三是制作陶器和石器的作坊区，四是平民居住区。贵族
墓地中有一座长 5、宽 3.5、深 7 米的墓葬。它虽然在晚期遭到了毁坏，
但棺内仍发现了多件绿松石饰品和可能用做货币的贝币，侧龛内随
葬玉器和武器。十只猪被对半分开并放置在墓中，此外还有一件
何驽（He 2013, p. 267）认为象征王权的漆柲玉钺。城内还发现有
大量用于储存粮食的设施，水稻便种植在城址周边的区域。如果将
中期的陶寺放在美索不达米亚，它可能会被描述为某个王朝的城邦
国家。

然而，其他遗址的力量也在增长，在中期城址的墓葬中发现的

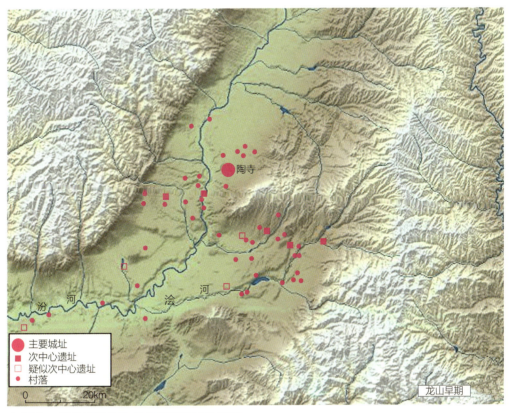

▲ 图七　华北临汾盆地龙山早期遗址分布图

弓和骨镞，清晰地表明战争在当时频频发生。之后，陶寺遗址在其晚期阶段遭到洗劫（图八）。宫殿被夷为平地，城墙被推倒，贵族墓葬被掠夺，之前的宫殿区变成了平民居住区。值得注意的是，天象台也被损毁，其上还埋了一具残缺的遗骸。一条位于贵族居住区的壕沟内发现了人体遗骸。何驽（2013）指出在这一时代后期，政治中心已经迁移到了南部的方城。如果将米拉多尔或圣马丁遗址替换为陶寺遗址，这个模式就显得格外熟悉。

同一时期，在基本没有地理限制的黄河以南的河南中部地区，小型和中型聚落围绕着大型的中心城址分布，这里也有精英阶层的住宅、人殉和竞争性冲突的存在。刘莉（Liu 2004, Liu et al. 2002-2004, Liu and Chen 2003）在她所划分的聚落群6——即位于这一

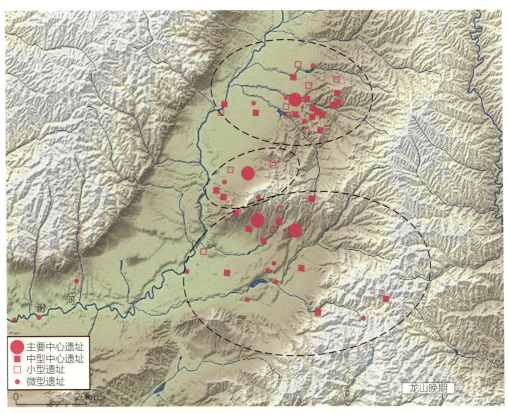

主要中心遗址
中型中心遗址
小型遗址
微型遗址

汾　河

龙山晚期

0　　　　20km

▲ 图八　华北临汾盆地龙山晚期遗址分布图

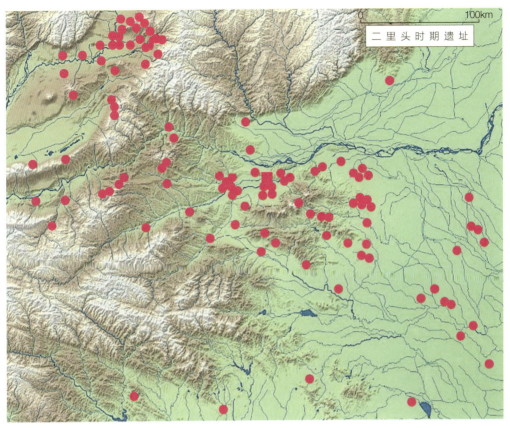

▲ 图九　华北二里头时期遗址分布图

地区中心的聚落群内部发现了很多次级聚落群，每一个都有自己的中心聚落，而且这些中心聚落通常都有城墙。在王城岗、瓦店和古城寨等中心遗址中都发现了龙山晚期和二里头早期之间的新砦期遗存（图九）。特别要强调的是，考古材料表明这是一个政权之间竞争冲突非常激烈的时代。这些主要的复杂社会群体的发展在公元前三千纪黄河流域的发展过程中得到了充分的展现，类似的趋势在南部的长江流域也可以看到，比如良渚文化。

　　龙山晚期小型城邦之间的竞争性战争格局随着黄河南部伊洛河流域以二里头为中心的统治政权的出现而告终（Liu and Xu 2007）。从公元前 1900 年开始的四个世纪内，这个遗址的面积扩大到了约 400 公顷，加上附属的区域中心和小型聚落，组成了一个四级聚落体系。二里头遗址本身可分为四期，其上发现有专门化的制陶、制骨和绿松石作坊。这一时期最重要的发展是本地已经开始青铜兵器和礼器的铸造。第二期的城址内发现有宫殿群，贵族墓葬，绿松石、陶器和青铜器等专业化的手工作坊，以及贫民的住宅及墓葬（Xu 2013）。城市道路上还发现了车辙的痕迹。3 号宫殿基址长 150、宽 50 米，城内的一组贵族墓葬随葬有青铜器、玉器、陶器、贝币和漆器。一具遗骸上覆盖着绿松石和玉片组成的龙形器和一只铜铃。宫殿和贵族墓葬区在遗址的三、四期被延续使用。为了满足统治阶层维护其地位所需的资源，二里头政权的势力范围扩展到长江中游的盘龙城遗址，以获取当地丰富的铜矿（Liu 2004）。而贝币则很有可能是从印度洋或安达曼海沿岸进口的。

与新大陆和近东一样，二里头政权不是孤立的，在其统治地区的外围存在着其他政权。譬如西北部的下七垣文化就被认为是先商文化遗存。确实，国家政权的兴衰或许可以解释二里头遗址四期晚段的衰落，和 6 公里外的偃师一个新城市的崛起。有证据表明，偃师遗址是下七垣文化所代表的人群为了蚕食二里头的疆域中心而兴建的。偃师起初只是一个面积 80 公顷的小型城址，其内有一个面积更小的宫城和祭祀中心。之后，它的面积迅速扩张到了 200 公顷。在偃师城址以西约 75 公里处，另一个新的中心城址在郑州建成，这两个遗址都被认为属于二里冈文化。大部分学者同意二里冈文化是商代早期的遗存。与玛雅低地的情况类似，二里冈崛起的同时击败了另一个主要的竞争政权。这样二里头晚期箭镞数量的剧增便不难理解。郑州成为了新的都城，其内城的面积有 300 公顷，而外城的面积则达 2500 公顷。这表明其规模和内部的复杂化程度都发生了大的飞跃，这在宫殿、墓地、宗庙和手工作坊中也有同样的表现。灰坑里发现的人骨和动物遗骸很可能是祭祀活动的遗留，这些在甲骨文中也有所记载（Yuan 2013, p. 337）。这一时期礼器、兵器和车马器等青铜器的种类也大大增加，其中一件铜鼎的重量达 86.4

千克。此外，还有专门化的陶器、骨器、石器和蚌器作坊。对进口资源，尤其是长江中下游铜矿的需求导致了贸易和运输道路的建立与维护，此外还有对铅、锡、盐和贝类的需求。这促进了盘龙城这类遗址中贵族阶层的产生，那里的铜矿石被向北运送到郑州（Yuan 2013）。贝格利（Bagley 1999）在评价这一遗址内极其富有的首领墓葬时指出，二里冈政权的势力范围发生了迅速的扩张，与军事征服有关的铸铜技术也随之扩散到其他地区。

约公元前 1200 年，随着王权中心在安阳的建立，我们进入了中国历史上一个极其重要的时代，首次出现了文字记录。对早期国家的研究而言，这是研究统治者本身最关注事项的绝好材料。安阳发现的卜辞记载了自武丁以来的所有商王世系。这里的考古发掘向我们展示了比郑州商城更加精细、涉猎范围更多的活动。安阳目前的主要发现包括宫殿区、王陵区、车马坑以及生产铜器、骨器和陶器的手工业作坊和大量的平民家族墓地。虽然没有一个王陵躲过被盗掘的浩劫，我们还是从中了解到当时的王室丧葬礼仪中有人殉的环节。妇好，作为武丁的配偶，在当时的甲骨卜辞中有所记载。她的墓葬保存非常完整，墓内随葬品的数量和质量都十分惊人。墓穴中建有椁室，然后将漆棺放入其中。墓葬中共有 16 个殉人，包括男性、女性和儿童，有的放置在二层台上，其余发现于层层夯实的墓葬填土之中。随葬品中有 486 件包括酒器和食器在内的青铜器，其中最大的两件为鼎，单个重达 120 千克，而墓内随葬青铜器的总重则达 1600 千克。此外，墓内还随葬有大约 7000 枚贝，755 件玉器，几百件骨器，和 3 件珍贵的镶嵌绿松石的象牙杯。这是与子姓家族有关的一座墓葬（Jing et al. 2013, p. 353）。

甲骨卜辞显示安阳的统治者非常在意天气的好坏，因为这直接关系到农业收成，此外，他们还会对征伐的吉凶和畋猎的得失进行占卜（Keightley 1999, 2002）。占卜是与神灵和祖先沟通的过程。丰收有利于统治者精神力量的增强，而欠收则意味着相反的效果。用动物和俘虏献祭是为了寻求神明和祖先的护佑。在这些仪式中，国王扮演着与超自然力量沟通的行动者。神灵和祖先庇护着王朝的兴旺，必须祭神敬祖以保证王室的权力。这让我们想起伦福儒提出的早期国家安全性的关键因素之一，对非凡权力的投入。商王朝的结局让我们想起来另一个重要事项，那就是国王的权力、野心和领导力也非常重要，牧野之战中周王朝军士的胜利充分证实了这一点。

东南亚

公元前二千纪的早期开始，中国南部的农人开始一波又一波地向东南亚大陆迁徙。这一热带季风区的丛林高地、内陆平原和沿海地区数千年来生活着以狩猎采集为生的人群，来自南中国的这些农民带来了驯化的小米、水稻、猪和牛。到公元前 11 世纪，青铜铸造技术迅速地在东南亚大量传播开来。公元前 10～前 9 世纪，泰国东北部班农瓦（Ban Non Wat）的贵族墓葬中曾兴起过迅速且重要，但非常短暂的青铜器随葬之风。铁器的最早使用可以追溯到公元前 5 世纪，这正是中国、印度、伊朗和地中海世界海上贸易网络形成之时。这些为大陆东南亚带来了玻璃和硬石珠子等外来物品，随之而来的还有宗教、语言、建筑等方面的知识，以及印度文字。

贸易网带来的影响在沿海遗址表现得最为明显，其影响程度随着向内陆的推进而逐渐减弱。几乎可以肯定的是，印度工匠们来到东南亚为本地客户生产玻璃、玛瑙和红玉髓饰品，他们的产品还进一步传播到了内陆地区铁器时代的社区中（Bellina-Pryce 2006）。以下的分析将集中在后者所发生的文化变迁，尤其是泰国东北部的蒙河（Mun）谷地以及与之毗邻的柬埔寨中部和北部的河畔平原。整个时代序列可以分为三期，第一期是铁器时代（公元前 500～公元 600 年），第二期是小城邦之间相互竞争的时代，一般被称作真腊（Chenla）时期，第三期为吴哥王朝时期（始于公元 800 年）。

铁器时代的开始一方面有赖于冶炼和锻造广泛分布的矿石相关

知识的传播，另一方面则与青铜生产及交换活动的激增有关。这在内陆地区已发掘的多个聚落遗址的墓葬中都可以看到。与此同时，一些外来的玻璃、玉髓和玛瑙饰品的新样式也形成了另一个小风潮（Higham 2011）。早期的铁匠锻造了大型的矛、锄头和饰品。在接下来的五个世纪，丧葬礼仪的复杂程度进一步增强。铁器时代第二期，则出现了将死者葬入装满稻米的墓穴之中的现象。第三期（公元200～400年）出现了墓穴中装满稻米，且随葬品极为丰富的成人和儿童墓葬。以诺乌卢遗址（Noen U-Loke）的一座男性墓主为例，他佩戴了150个青铜手镯，3条青铜腰带，大量的戒指、趾环，以及金银耳饰，并随葬有蛋壳陶。同时代第二组墓群中的一位墓主则随葬了一件厚重的铁犁。

这一时期的聚落通常都被河岸及壕沟所环绕，说明当时投入了大量的劳动力来控制遗址周边的水网分布。另一件铁犁发现于约公元400年的农班扎（Non Ban Jak）环壕遗址中。此外，霍肯（Hawken 2011）通过遥感技术在吴哥西北部发现了大约同时期的带有护堤的稻田。在固定的田块内进行的犁耕和季风期之间的干旱期内从渠道中引水进行的灌溉，有效地刺激了社会精英阶层的崛起，特别是犁耕还大大提高了剩余产品的产出。正是在这一时期，铁箭镞的产量也大量增加，其中一个箭镞发现在一名男子的脊椎之中。泰国东北部众多的环壕高地使我们可以估算当时遗址的规模。一些曾经的制盐遗址至今仍然高出地面之上，面积可达110公顷。在农班扎遗址，发现了很多家庭居住的房屋，其中一个房的角落放置有带盖的陶器，屋内则发现了一个婴儿、一个儿童和一个成人的墓葬（图一〇）。这可能是遗址居住区的某种仪式。社会精英阶层在铁器时代末期的兴起，与水稻在固定田块中的集约化种植所提供的剩余产品、社区建设中的劳动力组织、盐的交换、精细的水网管理和竞争性冲突等因素都不无关联。

后续情况在文献和考古资料中都有所记录，而且涉及真腊时代的原史时期（公元550～800年）。史前晚期的铁器时代之后，铭

▲ 图一〇　泰国东北部农班扎遗址晚期铁器时代聚落一处礼仪性丧葬空间

文资料揭示了这一时期社会发展的某些方面。第一个值得注意的现象是，许多环壕聚落在公元 600 年被废弃，之后又在原址建造了以砖砌寺庙为中心的大型聚落（图一一）。铭文说明 vrah kamraten an 处在当时社会组织的顶端。这个高棉语的头衔可以被译为统治者或者国王，但也可以用来指神灵，这说明国王至少也是半神。统治者的个人姓名都以梵语称谓 varman 结束，因此 Isanavarman 一名意为湿婆的门徒（protégé of Siva）。这一时期没有单一的国家或统治者，只有很多小政权。真腊最引人瞩目的中心是伊奢那补罗城（Isanapura），意为伊奢那跋摩（Isanavarman）的城市。它的主体是包括砖砌庙宇在内的封闭的宗教区，其中一处庙宇的装饰场景描绘了宫殿中的统治者形象。遗址中还有一个水库，其腹地则被发展成固定的水稻田。柬埔寨内陆低地和泰国东北部的蒙河谷地还有许多其他类似的庙宇中心。

维克瑞（Vickery 1998）从现有的文献中摘录出了区域统治者以下不同人口的分类。Pon 是一个表示较高地位的头衔，他可以对寺庙和其信众实施权威。值得注意的是，寺庙不仅仅是崇拜区域性或当地神祇的公共机构，而且担当着社区礼仪和经济中心的角色，捐赠的土地、信众和包括牛在内的家户储备等都受其控制。其内的相关人员有舞者、歌者和祭司，也有编织工、纺织工、裁缝、陶工和雇农。过剩的布料、陶器、食物包括大米都由 pon 分配给社会的非生产部门或者与其他贵族首领交换，抑或为宴享之类的目的而存储起来。文献还记载 pon 对水库的控制，特别是在划定稻田间的界线时经常发生。于是，像陶工、贵族、纺织者、有界线的稻田和水源控制等这些史前晚期的铁器时代已经出现的特征在之后三个世纪内的历史时期早段变得愈加突出。

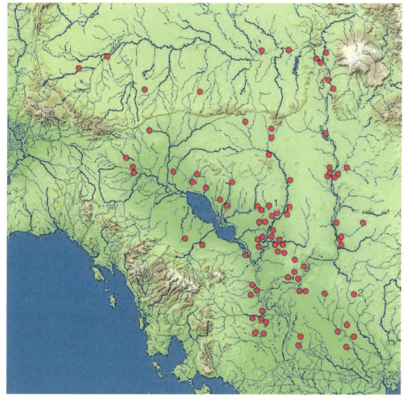

▲ 图一一　东南亚真腊时期（550 ～ 800 年）遗址分布图
1. 伊奢那补罗　2. 班黛普雷寺　3. 瓦普寺

　　已有证据表明铁器时代晚期存在着冲突和战争，这在现存的一些文献中也有所记载。其中一条记录了阇耶跋摩一世（Jayavarman I）如何在秋季趁着他的敌人环濠干涸，发动了战争。一个名为Citrasena的人留下了很多铭文，记录了他沿蒙河逆流而上参与作战的经历，而这很可能与当地铁器时代晚期遗址的废弃有关。流传下来的这些文献只是冰山一角，因为许多战争冲突并没有记录下来。因此，介于史前时代晚期和吴哥王朝建立之间的这三个世纪，经历了号称具有神圣地位的统治贵族的崛起、小范围内世袭不平等的建立，以及竞争性战争。

　　8世纪末期，政治环境发生了深刻的变化。很多与这一时期相关的铭文都被发现，其中一个铭文追述了一个贵族家庭世代相传了250年的历史事件。这些铭文大多描述了具有超凡魅力的阇耶跋摩二世如何动员他的追随者们，抛弃湄公河左岸的大本营，历经一系列的军事胜利后，在吴哥附近建立了一个新的王国。他将征服得来的土地分配给他的随从，在一次印度教的仪式上，他自封为法轮王（cakravartin），或地球上的最高统治者。一个贵族家庭的内部成员被授予了他的继承者们的献祭权。在接下来的650年内，吴哥的三个统治王朝不断地因为继承权的争议而发生冲突。例如，11世纪晚期，蒙河上游的一个地方贵族夺取了王位，建立了Mahidharapura王朝。统治者被神化，修建了安放和供奉他们骨灰的神庙。这便涉及大量的劳力的征调问题。水库、运河、道路、医院和驿馆等公共设施的修建同样需要调动各种资源和人力。吴哥的郊区被划分为贵族的领地，彼此之间有明确的界限，每一个领地都建有供奉自己祖先的庙宇。领地内的田地由依附贵族的农人耕种。王都像一块海绵，吸收农业和手工业的盈余产品。灌溉稻田的水源引自贵族授权的水库。不过也有一些记录表明，与吴哥本地或周边其他国家之间的竞争性战争时常会发生。13世纪晚期的一位中国游客也曾对因德拉华尔曼（Indravarman）国王的魅力和他壮丽的庭院惊叹不已。

结语

生活在新西兰并且深知欧洲文化对毛利人最初的冲击和影响，对我关于早期国家起源的研究影响颇深。詹姆斯·库克（James Cook）到来之时，北岛普兰迪湾（the Bay of Plenty）和奥克兰地峡适于园艺的区域正进行着首领权的争夺。随后捕鲸人、海豹猎人和传教士建立的聚落促使首领们创建联盟，并带来了他们最想拥有的东西——枪。那些较早有途径获取到武器的首领此时能够更好地吸引追随者，报仇雪恨，进而扩张他们控制的疆域。同时期的澳大利亚社会不平等程度并不明显，因此并未发生类似的变化。在新西兰，社会通过高度竞争的主要世系组织起来，这也赋予了他们的领导人特殊的威望。他们拥有优先获得贵重物品的权力，接受来自拥护者的贡品，控制专业工匠，调配公共工程所需的劳动力，并且举办奢华的宴会。战争是地方性的，因此聚落都得到了严密的防守。虽然这样的环境是国家形成的基础，但并不能保证一定会形成国家。由于英国人强占土地修建定居点，新西兰本土国家的形成便被扼杀在了襁褓之中。

弗兰纳瑞和马尔克斯（2012）已经指出出生地位较高，而且有野心、聪明并具有非凡领导力的个人如何促成了早期文明向国家形态的迅速转变。正如卢梭所言，这样的人存在于所有的社会中。他们吸引了一批追随者，在战争中具开创精神，征服周临及更远的区域，派遣信任的亲属或追随者管理征服的土地，用慷慨的宴会取悦民众，通过把自己与崇高的祖先和神灵联系在一起来改变意识形态，同时通过类似梯田和灌溉这样的创新来提高粮食的盈余。对于这个令人激动的总结，我觉得还可以加上军事权力、控制生产的权力、劳动力的调配、确保粮食盈余，以及由于接近祖先而获得的权力。然而，考古学中可以看到的关于这些变革的证据主要有水渠、宫殿、神庙、防御工事和城市复合系统等硬件设施，与之相关的抽象的证据则不那么明显可见。因此，可以从民族学关于卡美哈美哈或夏卡统治下突发的变革中得到一些启示。在上述考古学实例中，当地的资料展示了个人在其中的作用：埃及有蝎子王，瓦哈卡有 Jaguar，美索不达米亚有萨尔贡，柬埔寨有阇耶跋摩二世，中国有黄帝。借用戴维·克拉克（David Clarke 1968）最早提出的一个术语，国家形成的主要推动因素在早期国家以"多元形式"（polythetic）出现。有的地区发明了灌溉，其他地区则发展了它。有的地区有铜器或铁器，其他地区没有。一些实例中可以看到相互作用圈，其他则不然。有的地区有文字，其他地区没有。但是所有国家都有脱离体力劳动的领导者，并能够指挥或者说服民众支持他们。

如特里格强调的，试着去理解早期国家的人们是如何尝试着认识他们的世界的，这将对我们的研究有所裨益。大多数的时候并不是这样，那是一个祖先和神灵可以对任何事情施加影响的世界。任何一个利用这一点来宣称自己天子血统或神化自己的统治者都为自己播下了毁灭的种子。向天神的成功祈祷从而确保风调雨顺，五谷丰登，抑或尼罗河正常的泛滥以及对河水侵蚀的有效防范都有利于统治者地位的稳固。但相反的情况则可能是无益的。每年在曼谷和金边，国王主持春耕仪式以祈求季风带来降雨，并确保水稻有一个好的收成。直到今天，王室祖先仍受到祭拜。连续的弱季风以及由此造成的水稻欠收，都将直接影响到王室的声望。在此，我们需要重申伦福儒在探讨文明崩溃时提出的两个变量，谷物欠收会影响农村边缘性和对领导权威的投入（Renfrew 1972）。

正是这个问题严重影响了吴哥政权。14 世纪中期至晚期，以及 15 世纪，季风减弱，在严重干旱的情况下，偶尔有几次较大的降雨量（Buckley et al. 2010）。前者的影响通过对西池（Western Baray）沉积物的分析等到证实（Day et al. 2012），这给粮食生产带来了巨大压力。洪水带来的问题同样严重，从迅速淤积的渠道以及湖泊出水口控水方法的改进中可见其影响。弗莱彻（Fletcher 2012）认为，旱涝灾害和土地盐碱化迫使水稻种植扩张到边缘地区，而这些最终导致吴哥被放弃，而柬埔寨文明的中心则转移到东部邻近现代首都的地方。另外的压力可能来自泰国的军事野心和小乘佛教的传播，小乘佛教不同于大乘佛教，不涉及菩萨行、菩萨戒等。然而非常有必要强调的是，当吴哥被大面积遗弃的时候，吴哥文明和文化在东面的新首都继续延续着。的确，吴哥文明的许多方面，虽然经历了红色高棉过渡时期，如今在西哈莫尼国王（Sihamoni）的领导下又兴盛起来。

玛雅低地文化压力增加、人口减少的时期也同样发生了类似的干旱（Kennett et al. 2012）。当玛雅中心政权衰落时，得益于水库的修建，玛雅文明在北部的普克（Puuc）地区得以继续发展。正如马基雅维利所言："在一位优秀的国君之后，一位弱势的国君可以维持其地位，但是在一位弱势的国君之后，另一位弱势的国君再也无法维系其国家"。商王国的崩溃和中华文明在西周的延续，抑或在持久的西汉王朝之前有一个短命的秦王朝，这些是否也是同样的道理？

国家的形成和崩溃周而复始。不同姓氏的国王继续建立王朝、奉神敬祖、增强军事实力，并且征调徭役以修建金字塔。正如我所说，政权总是会衰落的。世界上最早的考古学会中的一些成员还在世，最近他们提到学会的赞助人是"神圣的伊丽莎白二世女王陛下"（Taylor 1977）。直到近代，她的祖先还在通过皇室的抚摸来治愈病痛。事物变化越多，他们就越保持不变。

致谢

在此我想感谢王巍教授和世界考古论坛秘书处邀请我参加论坛的第一次会议并做此演讲。肯特·弗兰纳瑞、叶斐、刘莉和诺曼·哈蒙德友善地评论了这篇文章。非常感谢他们提出的中肯意见，同时我也要在此申明由于题目所涉范围太广，文中难免出现一些疏漏，所有责任由我本人承担。

（本文图片版权：查尔斯·海曼）

参考文献

Agurcia Fasquelle, R. and Fash, B. W. (2005). The Evolution of Structure 10L-16, Heart of the Copán Acropolis. in E. W. Andrews and L. F. William (Eds.), *Copán: The History of an Ancient Maya Kingdom* (pp. 201-237). Santa Fe: School of American Research Press.

Alpers, E. A. (1969). Trade, State and Society among the Yao in the Nineteenth Century. *Journal of African History, 93*, 405-520.

Baadsgaard, A., Monge, J., Cox, S. and Zettler, R. L. (2011). Human Sacrifice and Intentional Corpse Preservation in the Royal Cemetery of Ur. *Antiquity, 85*, 27-42.

Bagley, R. (1999). Shang Archaeology. in M. Loewe and E. L. Shaughnessy (Eds.), *The Cambridge History of Ancient China: From the Origins of Civilization to 211 BC* (pp. 124-231). Cambridge: Cambridge University Press.

Bellina-Pryce, B. (Ed.) (2006). The Archaeology of Prehistoric Trans-Asiatic Exchange: Technological and Settlement Evidence from Khao Sam Kaeo. *Bulletin de l'École Française d'Extrême-Orient, 93*, 353-390.

Buckley, B. M., Anchukaitisa, K. J., Penny, D., Fletcher, R., Cook, E. R., Sano, M., Le Canh Nam, Wichienkeeof, A., Minhe, T. T. and Hong, T. M. (2010). Climate as a Contributing Factor in the Demise of Angkor, Cambodia. *PNAS, 107*(15), 6748-6752.

Carneiro, R. (1970). A Theory of the Origin of the State. *Science, 169*, 733-738.

Chase, A. F., Chase, D. Z., Weishampel, J. F., Drake, J. B., Shrestha, R. L., Slatton, K. C., Awe, J. J. and Carter, W. E. (2011). Airborne LiDAR, Archaeology, and the Ancient Maya Landscape at Caracol, Belize. *Journal of Archaeological Science, 38*(2), 387-398.

Childe, V. G. (1950). The Urban Revolution. *Town Planning Review, 21*, 3-17.

Clarke, D. L. (1968). *Analytical Archaeology*. London: Methuen.

Day, M. B., Hodell, D. A., Brenner, M., Chapman, H. J., Curtis, J. H., Kenney, W. F., Kolata, A. L. and Peterson, L. C. (2012). Paleoenvironmental History of the West Baray, Angkor (Cambodia). *PNAS, 109*(4), 1046-1051.

Dickson, D. B. (2006). Public Transcripts Expressed in Theatres of Cruelty: The Royal Graves at Ur in Mesopotamia. *Cambridge Archaeological Journal, 16*(2), 123-144.

Earle, T. (1997). *How Chiefs Come to Power: The Political Economy in Prehistory*. Stanford: Stanford University Press.

Ellison, R., Renfrew, J., Brothwell, D. and Seeley, N. (1978). Some Food Offerings from Ur Excavated by Sir Leonard Woolley, and Previously Unpublished. *Journal of Archaeological Science, 5*(2), 167-178.

Flannery, K. (1999). Process and Agency in Early State Formation. *Cambridge Archaeological Journal, 9*(1), 3-21.

Flannery, K. and Marcus, J. (2012). *The Creation of Inequality: How Our Prehistoric Ancestors Set the Stage for Monarchy, Slavery and Empire*. Cambridge, Mass: Harvard University Press.

Fletcher, R. (2012). Low Density Agrarian-Based Urbanism. in M. E. Smith (Ed.), *The Comparative Archaeology of Complex Societies* (pp. 285-320). Cambridge: Cambridge University Press.

French, K. D. (2007). Creating Space through Water Management at the Classic Maya Site of Palenque, Chiapas. in D. B. Marken (Ed.), *Palenque: Recent Investigations at the Classic Maya Center* (pp. 123-132). Walnut Creek: Altamira Press.

Fried, M. H. (1967). *The Evolution of Political Society: An Essay in Political Anthropology*. New York: Random House.

Geertz, C. (1980). *The Theatre State in Nineteenth-Century Bali*. Princeton: Princeton University Press.

Hammond, N. (1999). The Genesis of Hierarchy: Mortuary and Offertory Ritual in the Pre-Classic at Cuello, Belize. in D. C. Grove and R. A. Joyce (Eds.), *Social Patterns in Pre-Classic Mesoamerica* (pp. 49-66). Washington, D.C.: Dumbarton Oaks Research Library and Collection.

Hassan, F. (1988). The Predynastic of Egypt. *Journal of World Prehistory, 2*(2), 135-185.

Hawken, S. (2011). *Metropolis of Ricefields: A Topographic Classification of a Dispursed Urban Complex*. (Ph.D. dissertation, University of Sydney).

He, N. (2013). The Longshan Period Site of Taosi in Southern Shanxi Province. in A. P. Underhill (Ed.), *A Companion to Chinese Archaeology* (pp. 255-277). Chichester: Wiley Blackwell.

Higham, C. F. W. (1989). *The Archaeology of Mainland Southeast Asia*. Cambridge: Cambridge University Press.

Higham C. F. W. (2011). The Iron Age of the Mun Valley, Thailand. *The Antiquaries Journal, 91*, 1-44.

Hill, W. D., Blake, M. and Clark, J. E. (1998). Ball Court Design Dates Back 3400 years. *Nature, 392*(6679), 878-879.

Hodder, I. (Ed.). (2010). *Religion in the Emergence of Civilization: Çatalhöyük as a Case Study*. Cambridge: Cambridge University Press.

Hoffman, M. A., Hamroush H. A. and Allen, R. O. (1986). A Model of Urban Development for the Hierakonpolis Region from Predynastic through Old Kingdom Times. *Journal of the American Research Center in Egypt, 23*, 175-187.

Hole, F. (1985). The Organization of Susiana Society: Periodization of Site Distributions. *Paleorient, 11*(2), 21-24.

Hopper, K. (2007). *Long-Term Population Dynamics in Southwest Iran* (thesis, Durham University). Available at Durham E-Theses Online http://etheses.dur.ac.uk/2438/.

Jing, Z., Tang, J., Rapp, G. and Stoltman, J. (1999). Recent Discoveries and Some Thoughts on Early Urbanization at Anyang. in A. P. Underhill (Ed.), *A Companion to Chinese Archaeology* (pp. 343-366). Chichester: Wiley Blackwell.

Keightley, D. N. (1999). The Shang: China's First Historical Dynasty. in M. Loewe and E. L. Shaughnessy (Eds.), *The Cambridge History of Ancient China: From the Origins of Civilization to 211 BC* (pp. 232-291). Cambridge: Cambridge University Press.

Keightley, D. N. (2002). *The Ancestral Landscape: Time, Space and Community in Late Shang China (ca. 1200-1045 BC)*. China Research Monograph, 53.

Kennett, D. J., Breitenbach, S. F. M., Aquino, V. V., Asmerom, Y., Awe, J., Baldini, U. L., Bartlein, P., Culleton, B. J., Ebert, C., Jazwa, C., Macri, M. J., Marwan, N., Polyak, V., Prufer, K. M., Ridley, H. E., Sodemann, H., Winterhalder, B. and Haug, G. H. (2012). Development and Disintegration of Maya Political Systems in Response to Climate Change. *Science, 338*(6108), 788-791.

Leach, E. R. (1959). *Political Systems of Highland Burma: A Study of Kachin Social Structure*. London: Athlone Press.

Liu, L. (2004). *The Chinese Neolithic: Trajectories to Early States*. Cambridge: Cambridge University Press.

Liu, L. and Chen, X. C. (2003). *State Formation in Early China*. London: Duckworth.

Liu, L., Chen, X. C., Lee, Y. K., Wright, H. and Rosen, A. (2002). Settlement Patterns and Development of Social Complexity in the Yiluo Region, North China. *Journal of Field Archaeology, 29*(1/2), 75-100.

Liu, L. and Xu, H. (2007). Rethinking Erlitou: Legend, History and Chinese Archaeology. *Antiquity, 81*(314): 886-901.

Lull, V. and Mico, R. (2011). *Archaeology of the Origin of the State: The Theories*. Oxford: Oxford University Press.

Machiavelli, N. (1996). *Discourses on Livy*. Chicago: Chicago University Press.

Molleson, T. and Hodgson, D. (2003). The Human Remains from Woolley's Excavations at Ur. *Iraq, 65*, 91-129.

Moorey, P. R. S. (1977). What Do We Know About the People Buried in the Royal Cemetery? *Expedition, 20*(1), 24-40.

Morgan, L. H. (1877). *Ancient Society*. New York: Henry Holt.

Postgate, J. N. (1992). *Early Mesopotamia: Economy and Society at the Dawn of History*. London: Routledge.

Renfrew, A. C. (1972). *The Emergence of Civilisation: The Cyclades and the Aegean in the Third Millennium BC*. London: Methuen.

Rousseau, J. -J. (1913). *The Social Contract and Discourses by Jean Jacques Rousseau.* London: J. M. Dent.

Saturno, W., Stuart, D. and Beltrán, B. (2006). Early Maya Writing at San Bartolo, Guatemala. *Science, 311*, 1281.

Saturno, W., Stuart, D. and Taube, K. (2004), Identification of the West Wall Figures at Pinturas Sub-1, San Bartolo, Petén'. in Juan Pedro de la Porte, Bárbara Arroyo and Héctor E. Mejía (Eds.), *XVIII Simposio de Investigaciones Arqueológicas en Guatemala.* Guatemala: Museo Nacional de Arqueología e Etnología.

Service, E. R. (1962). *Primitive Social Organization: An Evolutionary Perspective.* New York: Random House.

Sharer, R. J., Sedat, D. W., Traxler, L. P., Miller, J. C. and Bell, E. E. (2005). Early Classic Power in Copán. in A. E. Wyllys and W. L. Fash (Eds.), *Copán: The History of an Ancient Maya Kingdom* (pp. 139-199). Santa Fe: School of American Research Press.

Sima, Q. (1961). *Records of the Grand Historian: Han Dynasty I.* New York: Columbia University Press.

Taylor, A. J. (1977). Anniversary Address. *The Antiquaries Journal, 57*, 19.

Tengberg, M., Potts, D. T. and Francfort, H. -P. (2008). The Golden Leaves of Ur. *Antiquity, 82*, 925-936.

Trigger, B. G. (2003). *Understanding Early Civilizations.* Cambridge: Cambridge University Press.

Vickery, M. (1998). *Society, Economics and Politics in Pre-Angkor Cambodia.* Tokyo: The Centre for East Asian Cultural Studies for UNESCO.

Wengrow, D. (2006). *The Archaeology of Early Egypt.* Cambridge: Cambridge University Press.

Wittfogel, K. A. (1957). *Oriental Despotism: A Comparative Study of Total Power.* New Haven: Yale University Press.

Wright, H. and Johnson, G. (1975). Population, Exchange, and Early State Formation in Southwestern Iran. *American Anthropologist, 77*, 267-289.

Xu, H. (2013). The Erlitou Culture. in A. P. Underhill (Ed.), *A Companion to Chinese Archaeology* (pp. 300-322). Chichester: Wiley Blackwell.

Yoffee, N. (2005). *Myths of the Archaic State*. Cambridge: Cambridge University Press.

Yoffee, N. (2012). Deep Pasts: Interconnections and Comparative History in the Ancient World. in D. Dorthrop (Ed.), *A Companion to World History* (pp. 156-170). Oxford: Wiley-Blackwell.

Yuan, G. (2013). The Discovery and Study of the Early Shang Culture. in A. P. Underhill (Ed.), *A Companion to Chinese Archaeology* (pp. 323-342). Chichester: Wiley Blackwell.

印度河文明（公元前 2600～前 1900 年）：
南亚早期城市化及其意义

乔纳森·柯诺耶
美国威斯康辛大学

主讲人简介

乔纳森·柯诺耶自 1985 年起为威斯康辛大学麦迪逊分校人类学系教授
和南亚中心主任。他先后于 1974 年、1977 年和 1983 年在加州大学伯
克利分校获得学士、硕士和博士学位。柯诺耶教授是古代印度文明研
究的权威，自 1974 年就开始在巴基斯坦和印度开展考古发掘和民族考
古学工作。1986 年起，柯诺耶与巴基斯坦考古和博物馆部门合作，担
任哈拉帕考古研究项目（HARP）的田野指导，发掘印度哈拉帕遗址。
2005 年，柯诺耶担任巴基斯坦美国研究所主席。他的研究兴趣包括早
期城市化与国家社会的考古学研究、民族考古学、实验考古、古代技
术以及定量方法，研究地域集中在南亚（尤其是印度和巴基斯坦）、
西亚、东亚和东南亚地区。

柯诺耶曾担任 1999 年"大都市与小珍宝：古代印度河谷"巡回展览美
国展的负责人，2002 年美国大都会博物馆"早期城市的艺术：公元前
三千纪，从地中海到印度"展览的特别顾问，还与努洁翰·巴尔格拉米

（Noorjehan Bilgrami）一同负责"塔娜—巴纳（Tana-Bana）——经与纬：巴基斯坦的纺织艺术"在波兰、帕萨迪纳（Pasadena）与东京的展览。除了大量学术论文，他还出版了著作《印度河谷文明的古代城市》（牛津大学出版社，1998 年），与 Kimberly Heuston 一起撰写面向儿童介绍南亚考古的《古代南亚世界》（牛津大学，2005 年）。他还参与全球遗产项目（Global Heritage Project）在印度古吉拉特邦（Gujarat）的一项关于印度河流域文明的学习中心的发展项目。

本次报告将对位于巴基斯坦和印度地区的印度河文明的研究现状给予评价，并集中探讨印度河流域城市生活的性质以及在公元前2600～前1900年等级化的社会经济和政治组织建立的技术基础。

印度河流域城市建筑形式多种多样，这是当地人根据其特有的资源和环境，因地制宜选择的结果。印度河流域不同城镇的居民的生存之道十分不同，主要是因为其所依赖的生态系统有着很大的差异。在高火候陶器、施釉费昂斯（glazed faience）、铜合金冶炼、金银利用以及种类繁多的纺织品上可以看出其主要技术的发展。印度河流域的中心城市通过陆路和水路贸易同西北次大陆及印度半岛的多种资源产区直接联系在一起。沿海和海上贸易带来了阿拉伯、波斯湾和西亚的资源。间接的贸易联系恐怕已经到达了中国的西部和非洲的北部地区。尽管印度河流域的文字仍尚未破译，但是对它的研究已经有了新的进展。我们发现这种文字在交流、贸易、意识形态的确认等方面的用途十分广泛。印度河流域的人们在仪式活动和信仰方面也存在极大不同，虽然有一些统一的宗教主旨，但在宗教形式上确存在着明显的地区差异。印度河流域所发现的遗址大多都有长长的围墙和壮观的城门。这既可以保护居民的安全，也能保证统治者对于聚居地入口的控制。然而，和其他早期城市社会相比，并未发现有组织的战争及聚落间冲突的迹象。在一些城镇中，我们已经发现了许多宏伟的建筑，它们有可能是这些城镇统治者的居所。但是，在大多数聚居地，我们并没有发现可以作为主要宫殿或是行政中心的建筑。

印度河文明的衰落和重组应该与影响生存和贸易的社会、经济、政治及环境因素息息相关，当然，意识形态和政治结构等因素也要纳入考虑。许多印度河文明的中心地区是由于人们迁移到新的地区而被废弃的，与此同时，其他一些城市由于人口过剩而不得不找寻新的生存出路。本次报告将简要总结印度河文明的意义以及它对于随后南亚和世界文化所做的贡献。

引言

印度河文明是旧大陆几个率先进入早期国家社会的文明之一，它是连接东亚、东南亚与亚洲西部、地中海盆地、阿拉伯半岛和北非的枢纽。过去很多西方学者认为几个早期文明是各自独立出现的，但我们现在知道至迟在食物生产开始之初，就已存在连接这些区域的陆路和海路贸易网络（下文大部分来自于已发表的文章，以柯诺耶 2008、2013 年发表的文章为主）。

通过在巴基斯坦和印度工作的许多当地和国际学者的努力，我们开始了解印度河文明的诸多方面，包括它的起源、它与南亚及其他区域发展的关系等。此外，对于这个文明是如何形成以及最终如何衰落的问题，我们也有了更好的理解。

引入文化传统的概念是一个非常有效地了解和比较印度河流域与其他早期国家社会发展的方式。食物采集时代开始于旧石器时代晚期；早期食物生产时代就是通常所说的新石器时代；区域化时代就是铜石并用时代早期；一体化时代则与城市化和国家社会有关；最后的本土化时代是指由于各种社会、政治和环境因素导致的社会分裂和整合的时期。

印度河传统只是南亚地区复杂的文化传统的一部分,约从公元前 10,000 年延续至公元前 7000 年。周围许多其他的文化传统促进了它的长期发展。这些传统包括亚洲中部到北部的巴克特—马里亚纳（Bactro-Mariana）传统，巴基斯坦西部高原和阿富汗南部的赫尔曼德（Helmand）传统和俾路支（Balochista）传统。在东方，摩腊婆（Malwa）、德干（Deccan）和恒河—温迪亚山（Ganga-Vindhya）传统，均与印度河流域各发展阶段有关。在印度河传统的末期，经历了一个时期的重组，这些传统都汇集到印度河—恒河文化传统，并与早期孔雀王朝密切相关（见表一和表二）（Kenoyer 2010, Meadow and Kenoyer 2005 ）。

表一　印度河流域文化传统年表

本土化时代	
哈拉帕（Harappan）文化晚期	公元前 1900～前 1300（1000）年
一体化时代	
哈拉帕文化期	公元前 2600～前 1900 年
区域化时代	
哈拉帕文化早期	公元前 5500～前 2600 年
果德迪吉（KotDiji）文化期	公元前 2800～前 2600 年
早期食物生产时代	
新石器时代	公元前 7000～前 5500 年
食物采集时代	
中石器时代和细石器时代	公元前 10,000～前 2000 年

表二　印度河—恒河文化传统年表

区域化时代	
吠陀（Vedic）和非吠陀酋邦	公元前 1500～前 800 年
犍陀罗墓（Gandhara Grave）文化	公元前 1500～前 500 年
彩绘灰陶（Painted Grey Ware）文化	公元前 1200～前 800 年
磨光红陶（Burnished Red Ware）文化	公元前 1000～前 400 年
北部磨光黑陶（Northern Black Polished Ware）文化	公元前 900～前 300 年
早期酋邦和城市国家时期	公元前 800～前 300 年
一体化时代	
孔雀帝国（Mauryan Empire）时期	公元前 321～前 185 年
贵霜王朝（Kushana Dynasty）时期	公元 78～300 年
笈多（Gupta）王朝时期	公元 320～540 年

早期食物生产时代（公元前 7000～前 5500 年）

早期食物生产时代，约公元前 7000～前 5500 年出现于巴基斯坦梅赫尔格尔（Mehrgarh）等遗址。该遗址以及印度河流域其他遗址的材料表明，当时小麦和大麦种植以及牛、山羊、绵羊驯养已经出现。它们是印度河地区重要的动植物，是大型城镇以至城市的主要生业基础。我们也看到了连接农牧社会和远距离资源区的主要贸易网的证据：从阿拉伯海开始，沿着马克兰（Makran）海岸直达阿富汗北部高地，从俾路支山到信德省（Sindh）和拉贾斯坦邦（Rajasthan）的沙漠。

梅赫尔格尔为主要遗址，位于俾路支 Kacchi 平原波伦山口（Bolan Pass）的脚下。然而，在巴基斯坦印度河流域和西部山麓以及山地高原，如奎塔谷（Quetta Valley），同样发现有新石器时代聚落。沿着马克兰海岸和卡拉奇（Karachi）附近的三角洲应该也有遗址，但是还没有发现。早期食物生产时代或新石器时期的遗存，通过家庭和墓葬背景揭示了一个富裕的物质文化组合。尤为重要的是手工业技术和新石器时代墓葬，它们反映了在定居初始阶段的经济和意识形态模式。除了多室土坯房的建造和基本的生业技术，手工业包括当地的骨器制作、象牙和软石珠（方解石）生产等。然而，遗址中发现的大部分装饰品都是利用外来材料制成的，由于我们没有发现加工这些材料的作坊遗址，它们极可能是作为商品被带到该遗址中来的。

印度 Bhirrana 和 Girawad 遗址的新发掘，也表明了早期农业社会的出现——年代上限需要通过更多发掘才能确认。

巴基斯坦和印度的新发现已经迫使我们重新思考看待过去的方式。人群从西部进入印度次大陆，带来农业、技术以及其他方面的物质文化，这种旧的传播模式已经被放弃了。

区域文化时代（公元前 5500～前 2600 年）

区域文化时代，约公元前 5500～前 2600 年，即铜石并用时代，在北部和南部冲积平原，以及在西部、东部和东南部的周边地区，逐渐形成了独特的区域文化。小型村落开始建于农业发达的地区，大型村落则沿着主要贸易路线发展起来，这些贸易路线连接每个自然地理区和资源区。供应本地消费以及区域贸易的专门手工艺发展起来：陶器制作、石珠制作、贝壳装饰品生产、铜器加工以及青铜铸造、釉面滑石和彩釉珠加工。特殊的陶器风格和彩绘图案，以及区域性人和动物雕塑风格也可以在其他地区见到。这些区域文化统称为早期哈拉帕文化，因为它们在农业核心区域和重要的交通枢纽位置，为中心城市的发展奠定了基础。

哈拉帕文化的拉维期（Ravi Phase，公元前3700～前2800年），出现了专门手工艺、等级社会组织、早期文字，以及在彩陶上表达意识的新形式和带有卍字饰及其他几何图形的印章等发展的证据。

区域化时代晚期的果德迪吉（KotDiji）时期，最早的中心城市开始出现在印度和萨拉斯瓦蒂—恒河—哈卡拉（Saraswati-Ghaggar-Hakra）平原。哈拉帕遗址是文献记载最丰富的遗址，其早期城市阶段时间为公元前2800～前2600年。该聚落面积超过25公顷，分为两个带有围墙的区域。哈拉帕周围的内陆地区发现有大约属于同一时期的小型村庄，表明该遗址是城市网络的中心区，也和遥远的资源区相联系。

哈拉帕发现有早期印度文字、标准化砝码、书写和使用印泥密封成捆货物或储藏室的方形印章。这一时期的其他小型和大型遗址，在遗物风格、印章类型、陶器涂鸦和聚落规划等方面揭示了本地区的发展。用于城墙建筑和家庭建筑的标准化土坯也出现在这个时期。使用基本的定向确定街道和建筑物方向，使用牛车往居住地运输沉重的商品，这些现象均始于果德迪吉期的哈拉帕，其他大量位于印度河流域的遗址也是如此。结合这些发展，我们确认了与早期的城市化相关的等级社会、经济和政治系统。

果德迪吉时期的遗址，已经在印度南部以及卡奇（Kutch）等地的高玛（Gomal）平原、卡奇（Kacchi）平原、塔克西拉（Taxila）峡谷、恒河—哈卡拉河（Ghaggar-Hakra）流域等地发现。虽然在物质文化方面仍存在区域多样性，但是这些遗址共享某些重要的陶器风格和仪式图案，例如带角的公牛或水牛图案。区域互动的准确性质和当地文化发展年表依旧不清楚，但是作为一个整体，这些遗址为大型中心城市壮大进而控制更大范围的印度河谷打下了基础。

一体化时代：哈拉帕时期（公元前 2600～前 1900 年）

一体化时代，即哈拉帕时期，大约公元前 2600～前 1900 年，这一时期，如哈拉帕、摩亨佐·达罗（Mohenjo-Daro）、Rakhigarhi、朵拉维拉（Dholavira）和 Ganweriwala 等城市的面积都扩展到它们的峰值。最近发现了和摩亨佐·达罗一样大的城址拉罕佐达罗（Lakhanjodaro），但是被现代城市苏库尔（Sukkur）的郊区和工业区所覆盖。我们希望提升人们对这些聚落重要性的认识，这将有助于保留部分遗址，为未来的发掘做准备。

哈拉帕文化时期，最大的中心城市似乎已经直接控制了周边地区，然而，没有证据表明，世袭君主和中央集权曾控制整个印度地区。一些城市，如摩亨佐·达罗、哈拉帕和朵拉维拉，明显被有影响力的精英阶层统治着，他们可能是商人、地主与宗教领袖的集合。小城镇和村落可能被各个团体，如镇公会或具有个人魅力的领导共同管理，但它们明显缺少中心神庙、宫殿，以及具有美索不达米亚、埃及和中国等其他早期城市特征的精美的贵族墓葬。

建筑和聚落类型，以及遗物风格和手工业生产组织则反映了等级社会秩序和分层社会。一个庞大的内部贸易交换网、统一的意识形态将更大范围内的印度河谷区联接在一起。这里广泛使用相似风格的陶器、雕塑、装饰品、独特的印度文字、印章和标准化的砝码。厚重的土坯围墙环绕大部分大型聚落，似乎是要控制城市贸易的进行。这些围墙同时也作为坚固的防御设施，但是我们在主要的中心城市都没有发现冲突和战争的证据。

1. 城市规划

哈拉帕或印度文化最知名的一个特征是其高度发达的城市规划，这一特征在中心城市和小型聚落中均可见。一般聚落位于南北向或东西向的不规则的框架中。城门位于城墙角落或中间部位，控制城市出入。随着时间的推移，城墙和城门进行定期维护和重建，这表明它们在每个聚落的使用期内均发挥了重要功能。功能可能随着时间的推移而改变，它们可能用于防御敌人或土匪的袭击（实际上并没有），也用于控制贸易和防御洪水。虽然一些小遗址带有火灾和战火的痕迹，但主要聚落却没有显示被袭击或被战争摧毁的证据。

聚落内街道和建筑朝向为南北向或东西向。主要的南北向和东西向街道宽在 4.5 ～ 9 米，允许双向使用牛车。小街道宽 2 ～ 3 米，只允许单向牛车通行。城门一般只有 2.5 米宽，只能允许单向的通行，更多的是控制城市出入。

印度的城市由大小两种私人房屋和大型公共建筑组成。大部分建筑使用砖和一些土坯建成，也有的使用石头。房屋和城墙建造使用的砖的标准为 1∶2∶4（厚∶宽∶长）。建城墙和平台用的土坯的尺寸大约是 10 厘米 ×20 厘米 ×40 厘米。用于建房屋的砖的尺寸大约是 7 厘米 ×14 厘米 ×28 厘米，这些标准在之后的 700 多年间几乎并无改变。

饮用水主要取自当地河流，另外还特别建有水库或挖水井。建造水库和挖水井使用专门设计的楔形边缘形状的砖，这不仅反映了印度建筑师高水平的技术，还表明大型中心城市对持续可靠水源的强烈需求。大型城市中的大部分房子都划分有独立的洗浴区域，边缘铺设有紧合的砖制地板，起到防水作用。沐浴台的旁边通常是一个独立的厕所区。厕所是用旧储物罐制成的便桶，通常其底部有一个孔，便桶被埋在地下，仅口沿与地面齐平。洗浴平台和厕所的污水流入用砖修建的下水道中，这些下水道沿街边分布，也有某些街道的中间有覆盖着的下水道，污水通过它们最终流向城外。

摩亨佐·达罗和哈拉帕的大型建筑本质上并非家用建筑。著名的摩亨佐·达罗"大浴池"可能用于公共仪式。它是一个特别修建的水池（南北长 12、宽 7、最深处 2.4 米），四周廊柱环绕，两端设有出入口。

2. 印度河文字、印章和泥板

在哈拉帕阶段，一个相当规范的书写系统——"印度河文字"被广泛使用。它由早期印度河文字进化而来，并可能有一些区域性的不同仍然需要加以分辨。我们在带有动物图案的印章上发现了许多完整的文字。带有动物图案和文字的印章，可能代表统治精英——地主、商人和宗教领袖。最常见的动物图案是独角兽，这是一个印度人民发明的神秘动物，在超过65%的印章上都可以见到它，可能代表了广泛的商人或官僚群体。在其他印章上面，还有一些不太常见的图案，如大象和双峰瘤牛，它们可能反映了更强大的个人或宗族。

基于对符号序列和正字法的分析，我们发现文书似乎一般由右至左书写。印章文字大概有400～450种变化的符号，平均长度约是5个符号。多数学者同意，这些符号代表一个形音并存（语素）的体系，一个符号可能代表一个字，一个音节或是一个发音。还有一些象形文字符号，描述工具、动物、植物、甚至是持有不同物品的人。其他符号，如阶梯、圆圈、或卍，可能是表意文字。从印度河流域的河流、山脉和古地名来看，有包括德拉威语（Dravidian）、南亚语系（Austro-Asiatc）、印度—雅利安语（Indo-Aryan）、汉藏语系（Sino-Tibetan）和新石器时代的"X"语言在内的多种语系存在。但似乎史前时期并未使用这些语言的早期形式，印度河文字也并没有参考这些语言来书写姓名或商品。由于缺乏双语铭文的文本对照，要解读这种文字系统几乎是不可能的，但通过上下文关系的研究，倒是可以重建一些该语言的基本功能。

在阿拉伯湾地区发现了刻有印度河文字的圆形印章，这可能代表了一个截然不同的控制印度和美索不达米亚之间海洋贸易的商人社区。这些印章的大多数动物图案是低头的公牛形象。这些公牛不是瘤牛，因为它们没有驼起的背。印章上的文字使用印度河文字，但是符号的序列不同于我们在印度所见，说明这些符号用于书写另一种语言。

刻有阿卡德语（Akkadian script）的印度风格印章在美索不达米亚的发现，可能提供给我们一些关于印度印章刻文性质的新见解。这些印章并没有刻写商人的私名，而是刻上了重要神明或对贸易的吉语。

3. 手工业专门化

手工业专门化的发展与城市中心的出现息息相关。由于印度河文字尚未破解，对专门的手工业技术的研究成为了解印度河的贸易、技术和社会—经济以及政治组织的重要途径。城市坐落在交流和贸易的枢纽，刺激了各种特殊技术的发展。随着城市人口的增长，各种手工业发展起来，为各种团体创造身份的象征，满足逐渐增长的复杂的城市需求。很多城市中心的手工业可以追溯到早先的位于遥远的原材料产地的村落团体，其他的则是城市手工业行家创新的成果。譬如，打制石器、加工贝类、制作石珠，甚至包括炼铜，在城市出现之前早就开始了。相对应的是，复杂的金属铸造和焊接，用专门的钻子钻取坚硬的石珠，雕工精美的滑石印章，生产玻璃器以及制作石镯的技术，都是在城市里发明或者发展的。书写的技术本身也可视为一种专门的手艺，在城市阶段得到精炼和标准化。有些技术是专门为精英阶层塑造高贵的身份而发展起来的，以便加强交流以及加固社会、宗教，甚至可能巩固政治的等级制度。

4. 贸易和经济

通过对原材料产地分布的研究可以重构印度河城市经济组织的概况，半成品、原材料、作坊和已完工的产品发现在一个大的聚落中，是专门化生产的遗址。这个材料说明当时存在高度细分的经济交流体系。很多更大的城镇和城市直接与外面的地区相连，彼此之间也形成地区间的网络。这种长期的稳定的体系是商人到数百公里之外的大城市贩卖原材料和商品获得利润的必要条件。通过地区间的交换网络，城市与城镇和村庄相连，城市和相近的腹地之间的食物和日用品的分配则通过更为局部的网络得以实行。

5. 艺术和宗教

印度河流域的城市和农村人群似乎共享某些基本信仰，这种信仰在建筑物的朝向、装饰品和葬俗、艺术和装饰纹样、造像、彩陶纹饰以及大量通过各种媒介表现的抽象象征物上都有体现。不同的时代和不同的地方，装饰艺术和各种象征物会有一些变化。还没有支配性宗教传统出现的迹象，也没有在印度河流域发现可以确定为正规的永久的寺庙遗址。不过在哈拉帕中期和晚期之间（哈拉帕遗址的 3B 和 3C），发现描绘有礼拜者和礼仪行列的印章，可以确认当时城市居民举办各种仪式。礼拜者的形象是单膝跪地，向一个站在神圣的无花果树或者菩提树中的有角神祇奉献祭品。石雕相对较少，但是在摩亨佐·达罗和朵拉维拉有发现。它们表现的是站立或者舞蹈的男性形象、坐姿的男性，还有一尊可能是女性形象。其中，最著名的神像是所谓的"司祭王"（Priest-King），得名自美索不达米亚的类似造像，但由于没有文字记录，不能确定其身份。在美索不达米亚，人们用戴有有角头饰的形象来表示神祇（Potts 1997），这个传统也可能传入印度河流域。印章上还有表现在一只大虎面前击鼓的形象，画面上还有持横幅的队伍和一只独角兽。礼仪活动也可能在其他场合进行，譬如围绕火坛、门道，或者就在一片空地上进行。

墓地通常位于遗址的南边或者西边，在哈拉帕、朵拉维拉、罗塔尔（Lothal）、路帕尔（Rupar）、法尔马纳（Farmana）和卡里班干（Kalibangan）等遗址的主要区域内都发现有墓地。墓葬是南北朝向，头朝北。尸体通常以裹尸布包裹，有少量的个人装饰品，置于木棺内。墓葬中没发现金、铜或者宝石珠子之类的贵重装饰品。女性通常左手戴贝镯，有时会随葬一面小铜镜。在哈拉帕，多数女性墓葬都出土一颗或多颗石珠或者一件护身符。男性随葬一些珠子，有时串成长项链或者头饰。多数墓葬出土陶器，数量多少不一，可能曾经用以盛装食物或者饮品。

哈拉帕和其他遗址出土的骨骸表明这些人生前相对健康而且饮食充足。骨骸的遗传特性分析表明，由于贸易的增加和小规模的区域性移民，次大陆和西亚的人之间存在增大的基因流。哈拉帕和其他遗址墓葬的锶同位素研究开始对定居和移民的模式有所启发。其初始研究表明墓地里的多数人并不出生于哈拉帕，这可以通过远距离联姻网络来解释。目前发掘的墓葬只是总人口的一小部分，基于有特色的陶器和装饰品的研究，这些个体可以确定为印度河精英阶层的成员。城乡的其他居民没有被埋在墓地中，而可能是在河里施行水葬，或者置于丛林中，或者可能被火葬。哈拉帕晚期，哈拉帕和朵拉维拉等遗址里的木棺葬被罐装、石柜装或土冢的二次葬取代。

本土化时代（公元前 1900～前 1300 年）——哈拉帕晚期

700 多年之后，哈拉帕期的城市一体化在本土化时期（公元前 1900～前 1300 年）或者哈拉帕晚期发生了变化。大城市和它们的卫星聚落受到一系列重大变化的冲击，诸如环境退化、河流改道、降雨波动、某些城市的人口压力过大以及城市被遗弃等。迦葛—哈卡拉—萨拉斯瓦蒂河的枯竭，印度河的改道导致农业中断，最终导致贸易和政治网络的崩溃。

贸易和技术的逐渐整合，以及社会及意识形态的其他变化，促进了新的文化、政治和宗教传统的形成。这些变化可以追溯到公元前 1000 年左右，发生在晚期哈拉帕文化与后来的传统相交替的地方，特别是俾路支、旁遮普（Punjab）和恒河—亚穆纳（Ganga-Yamuna）河流域上游地区。

虽然有些学者认为这是印度河文明的衰落期，但也可以将其视为一个转变和整合的时期，最终在公元前一千纪进入到城市发展的新阶段。之前人们将印度河城市的衰落归因于涌入次大陆的移民，甚或是印度—雅利安语系人群的入侵。然而，迄今为止，尚未发现哈拉帕晚期有过入侵或战争的考古学证据，但从吠陀经典中能确认印度—雅利安语系的人群，在哈拉帕晚期及其后确实出现在北印度河流域。吠陀为之后的婆罗门印度教（Brahmanical Hinduism）奠定了基础。其他宗教，例如耆那教（Jainism）和佛教（Buddhism），也在这个时期开始萌芽。由于过去的移民说或者入侵说已经被推翻，对于这个语族的出现和传播的新的解读方式只能依赖尚不充足的考古学材料。

与这些变化相应的是，除了继续之前的农业、畜牧业、制陶、制珠、贝壳加工和冶金技术之外，还出现了诸如提升窑炉温度和制作玻璃珠等新的技术。

结论

新的调查、发掘，严谨的科学研究，以及对老材料的再分析，解决了许多与印度河城市化的起源和发展有关的问题。印度河流域本身新的考古发现层出不穷，同时，伊朗、中亚、海湾地区以及印度半岛也不断涌现新的发现。在某个地方一定能发现双语的铭文，可以解读印度文字系统，判定其语言或其所代表的语言。另一个需要解决的问题是印度河流域居民的遗传史。日渐强大的科技力量使我们可以从印度墓葬出土的严重风化的骨骼或牙齿中获取 DNA 样本。不过后来火葬在印度占主流，没有人类骨骼遗存下来，所以最大的问题在于如何使 DNA 数据库连贯起来。最后，我们还需要教育当地的个人或团体，使他们帮助我们保护这些迅速消失中的考古学材料，以便子孙后代能够继续完善我们对于早期南亚地区的城市文明的认知，并了解它对当代世界的贡献。

致谢

感谢王巍教授和首届世界考古论坛的组织者和赞助方。也要感谢巴基斯坦国立考古与博物馆署和印度的考古调查局，以及和我一起工作并允许我使用他们在印度的研究成果的同事们。支持我们研究的资金来源包括美国国家科学基金会（NSF）、美国国家人文基金会（NEH）、美国国家地理（NGS）、史密森学会（Smithsonian）、皮博迪博物馆（Peabody Museum）、哈佛（Harvard）大学、威斯康星（UW Madison）大学、哈拉帕网站（www.Harappa.com）和全球文化遗产基金会（Global Heritage Fund）。

参考文献

Kenoyer, J. M. (2007). Indus Civilization. in D. Pearsall (Ed.), *The Encyclopaedia of Archaeology* (pp. 715-733). San Diego: Elsevier.

Kenoyer, J. M. (2010). Gandharan Cultural Traditions: Context, Chronology and Legacies of the Indus Civilization. *Ancient Punjab, Vol. 1*, 1-18.

Kenoyer, J. M. (2013). The Indus Civilization. in C. Renfrew and C. Bahn (Eds.), *The Cambridge Prehistory*. Cambridge: Cambridge University Press.

Meadow, R. H. and Kenoyer, J. M. (2005). Excavations at Harappa 2000-2001: New Insights on Chronology and City Organization. in C. Jarrige and V. Lefèvre (Eds.), *South Asian Archaeology 2001* (pp. 207-224). Paris: Editions Recherchesur les Civilisations-ADPF.

史前礼仪与宏伟性起源的比较研究

伦福儒
英国剑桥大学

主讲人简介

伦福儒教授现任剑桥大学麦克唐纳考古研究所高级研究员，1990～2004年曾任该所创建理事。1981～2004年，伦福儒担任剑桥大学迪士尼讲座教授。1980年，他被推举为英国科学院院士。他先后于1962年、1965年和1976年获得剑桥大学硕士、哲学博士和科学博士学位。伦福儒曾于1972～1981年担任南安普顿大学考古系主任和教授，在此期间主持了奥克尼郡匡特尼斯（Quanterness）遗址与希腊米洛斯岛菲拉科皮（Phylakopi）遗址的发掘工作，2006～2008年他又主持了基克拉迪（Cycladic）群岛的克罗斯岛（Keros）的发掘。目前，他与其他研究者合作指导克罗斯岛的调查工作。

伦福儒教授提倡过程考古学。他著作颇丰，以放射性碳年代测定、史前语言与考古遗传学等方面的研究而著称。他目前的研究兴趣是欧洲史前考古和考古学理论。在其著作《考古学与语言：印欧语系起源之谜》（1987年）中，他提出了著名的安纳托利亚假说。伦福儒教授还致力于阻止考古遗址盗掘活动，并著有《盗掘、遗产与所有权：考古学的伦理危机》（2000年）一书。

伦福儒于 1991 年被英国皇室授予男爵爵位。1996 年，伦福儒被授予美国国家科学院外籍院士。2004 年获得史前考古学领域的巴尔扎恩奖（Balzan Prize）。同年，他开始担任英国驻雅典研究院（the British School at Athens）管理委员会主席。伦福儒教授还先后获得过谢菲尔德大学、雅典大学、南安普顿大学、利物浦大学、爱丁堡大学、圣安德鲁斯大学、肯特大学、伦敦大学以及利马大学的荣誉博士学位。

中国考古学家有三项主要任务:(1) 书写本国历史;(2) 将此扩展到没有文字记录的时代;(3) 建立自己的考古学派。

——苏秉琦 (1999, p. 17)

【摘要】

　　本文关注世界各地被定位为礼仪中心的一系列古迹:在各地它们约出现于"食物生产"阶段(新石器时代)社会中。突出的例子有:土耳其东部的哥贝克力石阵,英国巨石阵和布罗德加石圈,法国卡纳克石阵,秘鲁沿岸卡拉尔和其他遗址以及中国辽宁牛河梁遗址。从社会学意义上说,这些中心遗址被认为是"民众的",与阶层社会相比它们代表了集体导向的社会。

　　有学者认为,这些遗址之间的差别表明了一种平均主义社会(或至少是集体倾向)的本质,作为早期国家社会的礼仪中心,信仰着供奉超自然神的宗教。这些分层社会有:古埃及早王朝,美索不达米亚,秘鲁查文,希腊青铜时代晚期的席拉和米勒斯。它们在这些地区的出现至少比上述民众集会中心晚出现一千年左右。

应邀在 2013 年世界考古论坛上发言,令我倍感荣幸。我相信这次会议不仅对于中国考古学界,对世界考古学界而言更是一次里程碑式的盛会。我深信中国考古学将以此为契机超越中国考古学会第二届理事长苏秉琦提出的三项主要任务,同时更进一步,使中国在世界考古学之中找到自己的席位。如果缺乏对中国考古学家大力参与的东亚考古的充分认识,就谈不上有真正意义上的世界考古学。同时我也坚信,要是没有对其世界性的充分理解,中国考古学亦不可能完成苏秉琦所提出的三项任务。

　　苏秉琦的前任,中国考古学会第一届理事长夏鼐(1910～

1985）先生本人就拥有这样的国际性视野。1980年我访问北京时，他表示以曾经与英国田野发掘方法的先驱摩蒂默·惠勒爵士（Sir Mortimer Wheeler）一同在梅登堡（Maiden Castle）发掘过为荣。

今天我的演讲主题是世界史前史上一个正处于发展中的研究领域，着眼于所谓国家社会（state societies）出现之前的一个时代，戈登·柴尔德（Gordon Childe）在他的"城市革命"（Childe 1936）中，已就该领域展开过充分讨论。"国家"的定义千差万别（Feinman and Marcus 1998），但是很多中国学者都同意，将中国国家社会的出现定于稍早于商代的"二里头"时期（见 Liu 2004）。我们现今关注的是在那之前一千年以内的一系列引人瞩目的象征性行为，目前我们对此的研究和理解甚少。我尤其希望检视那些与礼仪活动相关的、可认作象征性的方面，其中有些行为还与大型建筑的建造相关，有的则与礼仪性的堆积有关。由于通常我们强调更多的是权力的运作，"极早期社会中的象征性策划与礼仪实践"这个主题还没有系统的比较研究（例如 Smith 2012）。

礼仪和宗教：恰当的定义

首先，"宗教"，从其对某一种特定的、永恒的神灵进行崇拜的意义上说，在国家社会出现之前的许多地区，它的特性很难被记录下来。史前时期缺少文字记载，使得这一时期的宗教研究难上加难。宗教是我在发掘希腊米洛斯的基克拉迪岛（Cycladic）菲拉科皮（Phylakopi）遗址中的史前"神庙"时，一直在探索的主题。在这座神庙建筑的发掘报告《祭礼考古》中，阐述了祭拜神灵的例子（Renfrew 1985, p. 363）。由此，可将宗教定义为："一种通过人类神职人员有表现力的活动来实现，对强大的、至高无上的、永恒的存在进行崇拜和安抚的表现"。通过将菲拉科皮和克里特文明与其他遗址进行比较，我们得到更多关于神灵崇拜的图像资料来支持这一例子（Marinatos 2010）。

在这项研究中，当崇拜某一个或一些特定神灵的情况得以确认时，我建议限制使用"宗教"一词，因为仪式活动存在的证据尚不充足。这时我们需要定义"仪式"一词。仪式可与结构有序的重复性表演行为等因素有关（Renfrew 2007，p. 115）。但是，并非所有表演都需要有表演者，表演也不都是遵循同样的方式。仪式的执行具有至少两个层面上的时序性：首先，仪式需按特定的时间周期性地实施；其次，礼仪自身内部也具有时序性，包括严谨的动作顺序，并按规定持续或重复进行。贝尔（Bell 1997，p. 138～169）划分了仪式的 6 种基本属性，其中 5 种（见 Renfrew，待刊）列于此处：

（1）规范化的表情和举止；

（2）通过遵从早先的文化活动来形成传统；

（3）通过重复和对身体的控制以形成固定的规范；

（4）通过约束人的行为和反应来管理规则；

（5）公开进行的表演。

此外，除了宗教仪式之外，还有世俗仪式（Renfrew 2007；Kyriakidis 2007）。世俗仪式或与世俗权力的庆典有关，或者是运动或游戏的习俗。还有一个广泛存在的仪式——葬仪，其中有些暗含宗教之意，有些却不含。另外，几乎所有的社会都有用餐和问候礼仪；此外还有舞蹈的礼仪；还有有关法律和实施法律的仪式。

每当讨论考古学材料上反映的象征性或者说礼仪性的行为时，就会有学者猜想它具备宗教性意义。象征性当然可能带仪式的性质，但并不意味这种行为直接与神灵相关，也不能认为这就说明存在宗教含义。

史前时代早期的仪式活动

说了这么多题外话，现在进入论文的正题。早在全新世之时，有些地区已经出现了明显的仪式行为指征，需要在比较研究的框架下进行认真的思考。某些地区出现的时间甚至非常之早，还发现了与仪式行为相关的人类活动遗存。 这里着眼于各地的国家社会登上历史舞台之前普遍存在的早期社会，似乎这时还没有出现针对某个或某些神祇的仪式。过去的研究曾对"集体导向"的社会与"个人主义"的酋邦加以区分（Renfrew 1974, Blanton et al. 1996），但由于缺乏考古学材料证明"独特首领"的存在，"酋邦"这个概念似乎并不准确，而"民众社会"这个词或许更加合适。此处"民众"这一概念使用的是其社会学意义而非语言学意义（Turner 2010）。

不难发现，这些社会里还没有发生崇拜某个或某些神祇的宗教。至于纪元时代某些与此主题相当契合的社会，譬如复活节岛（Easter Island）或美国西南部的查科峡谷（Chaco Canyon），由于其年代晚近，本文就不加涉及了。

方便起见，我们将这些地点分成如下几组：

（1）集会场所。为了便于集体活动，很多人定期集会于该场地，举行表演、游行和竞技等活动。

（2）丧葬场所。用于大量人口连续埋葬的场地，即合葬墓或墓群（例如墓地）。

（3）堆积场所。来自远近各处的人定期会面，将具备象征性的人工制品，尤其是外地生产的产品（通常情况下这种制品在别的地方生产并带到被选定的地点），正式堆积起来。

（4）个人或者小型亲属集团造访的、有重要意义的目的地，其中某些还被定期反复使用。考虑到这种造访人的数量不多，也与对死者的处理或系统堆积象征性物品的活动无关，所以这种地点没有被列入上述场所中。这种地点是真实存在的，例如作为朝圣地的某些希腊洞穴以及秘鲁的山脉。

各类仪式地点有时在稍晚时期会再次被宗教仪式采用，举行纪念某个或某些神灵以期获得其庇佑的仪式。让我们先看看这些神灵还没有出现时，有没有什么礼仪活动的证据。

全新世之前的特殊地点

目前可见多处更新世时可能用于仪式活动的地点。早在旧石器时代早期，似乎就有对人类尸体进行特殊处理的例子，如西班牙的 Siam de los Huesos（De Lumley 2009, p. 17; Zilhão, 待刊），关于旧石器时代晚期的人类葬礼材料更是不胜枚举。

其次，法国和西班牙等地旧石器时代晚期的那些壁画洞穴很可能便是举行仪式活动的场所，尽管通常这类洞穴容纳不了多少人，但其性质已经十分明确。

早全新世时代的仪式地点

（1）集会场所

迄今为止所知最早的集会场地是土耳其东南部乌尔法（Urfa）附近的哥贝克力石阵（Göbekli Tepe）。在该遗址，克劳斯·施密特（Klaus Schmidt 2007, 2012）发掘出一系列由竖立的石柱组成的圆圈，有些石柱上刻有动物浮雕。显然这是一处仪式性遗址。约11,000 年前，美索不达米亚上游的狩猎—采集人在此地集会，很可能还举行宴飨活动。还有众所周知的秘鲁北海岸大型建筑，其年代大约始于公元前 3000 年，这时当地的粮食生产也刚刚起步。在苏佩（Supe）河谷（Shady Solis et al. 2001）的卡拉尔（Caral）遗址进行的全面调查中，发现了广场和类似金字塔的石丘，但是没有图像，也没有神祇象征物。再看英格兰南部新石器时代晚期的巨石阵，此处显然是一聚会地点，与之相类的还有布罗德加石圈（Ring of Brodgar）。此外，最近奥克尼群岛布罗德加海峡遗址的发掘也相当引人瞩目。

马耳他的"神庙"以及公元前四千纪的布里塔尼（Brittany）的卡纳克（Carnac）遗址中直线排列的石阵也可能是古代集会场地。

在我的印象中，中国许多早期重大仪式活动都与丧葬地点有关，但新石器时代牛河梁红山文化礼仪遗址（Zhang et al. 2013）的主要功能并非墓地，而显然是一处集会场地。

（2）丧葬地点

世界上许多早期农业社会都普遍存在以大型建筑形式出现的丧葬地点，最典型的例子便是欧洲东北部的墓群。"巨石（megalithic）"这个术语就来自用以建造这类墓室的巨大的石块（Daniel 1963）。这类遗迹在法国和西班牙很多遗址中十分常见，英国、爱尔兰、德国北部以及斯堪的纳维亚也有不少，其中最著名的是爱尔兰的纽格兰奇（Newgrange）、诺斯（Knowth）和北苏格兰奥克尼的迈斯·豪尔（Mess Howe）。

以上地点都是群体墓葬遗址，而马耳他的哈尔·萨夫列尼（Hal Saflieni）和沙赫拉（Xaghra）则是墓葬与神庙相结合的遗址。

目前我们讨论的国家社会形成之前的墓地都可归入此类。中国部分地区的新石器时代墓葬中出土有精美的礼玉（Liu 2003）。以瑶山为例的良渚文化墓葬及其出土物说明，早在国家形态出现以前，精巧的象征物已经存在了。尽管这些随葬品的出现明显地表现出首领阶层的存在，但是，如果就此用"平民"一词，也许并不是那么恰当。

（3）堆积场所

在考古学上，有一些地点被延续使用了数个世纪，这些地方好似有某种特殊功用，以一种系统的规则和程序在运作。其中我比较熟悉希腊基克拉迪群岛中的克罗斯岛（Keros）上的卡佛斯（Kavos）遗址（Renfrew 2012，待刊；Renfrew et al. 2012）。卡佛斯遗址的"圣殿"建筑出土了大量被有意破坏的精细陶器、大理石容器和大理石雕塑堆积。但这些出土器物可能并不是原地打碎的。推测它们来自基克拉迪群岛中的其他岛屿，在公开仪式性活动中使用后，打碎带到克罗斯岛。另外，克罗斯岛上除了这些手工制品之外并没有发现其他任何人类遗存。

系统地埋藏高级物品的地点在北欧地区如丹麦的泥炭沼泽

（peat bogs，Gløb 1969）和不列颠群岛上的河流流域（Bradley 1990）也有发现，只是年代稍晚一些。

我对所谓的中国玉器时代印象很深刻（Mou and Wu 1999），这一时期在许多地方都出土了大量精美的玉器，然而这些地点通常与人类墓葬没有直接关系。璧、琮之类的特殊玉器常出土于上述丧葬地点中的墓葬里，同时也在非墓葬性的遗迹中占据显著地位。

早全新世社会的仪式

对早期粮食生产出现前后的社会结构发展的研究尚有很大空间。这里简要提及的各种仪式活动都扮演着十分重要的作用。马克思和恩格斯提出早期社会划分理论后的二百年间，大量的考古大发现使得该理论有了进一步修正的必要。可能需要在其中引入一些中间类型，例如在平等社会和国家社会之间加入酋邦社会（Service 1971; Earle 1997）。形形色色的社会形态，有些尚是平等主义，有些则等级森严，其中哪些能够合理地被认定为酋邦社会，又使这个问题更加复杂（Renfrew 1974; Blanton et al. 1996）。

本文还有其他需要强调的方面，其中大部分涉及被描述为礼仪行为的活动。这一领域还有相当大的研究空间，仍需要充分明确的定义。有必要开展系统的比较和对照，通过比较研究的方法来探索各大陆不同发展轨迹。

参考文献

Bell, C. (1997). *Ritual, Perspectives and Dimensions*. Oxford: Clarendon Press.

Blanton, R. E., Feinman, G. M., Kowalewski, S. A. and Peregrine, P. N. (1996). A Dual-Processual Theory for the Evolution of Mesoamerican Civilization. *Current Anthropology, 37*, 1-86.

Bradley, R. (1990). *The Passage of Arms: An Archaeological Analysis of Prehistoric Hoards and Votive Deposits*. Cambridge: Cambridge University press.

Childe, V. G. (1936). *Man Makes Himself*. London: Watts.

Cultural Relics and Archaeology Institute of Zhejiang Province. (2003). *Yaoshan*. Beijing: Cultural Relics Publishing House.

Daniel, G. E. (1963). *The Megalith Builders of Western Europe*. London: Hutchinson.

De Lumley, H. (2009). The Emergence of Symbolic Thought: the Principal Steps of Hominisation Leading Towards Greater Complexity. in C. Renfrew and I. Morley (Eds.), *Becoming Human: Innovation in Prehistoric Material and Spiritual Culture* (pp. 10-28). Cambridge: Cambridge University Press.

Doumas, C. (1992). *The Wall Paintings of Thera* (p.158, pl. 122). Athens: Thera Foundation,

Drennan, R. D. and Petersen, C. E. (2006). Patterned Variation in Prehistoric Chiefdoms. *Proceedings of the National Academy of Sciences of the USA, 103*, 3960-3967.

Earle, T. (1997). *How Chiefdoms Came to Power: The Political Economy in Prehistory*. Stanford: Stanford University Press.

Feinman, G. M. and Marcus, J. (1998). *Archaic States*. Santa Fe: School of American Research.

Gløb, P. V. (1969). *The Bog People: Iron Age Man Preserved*. London: Faber and Faber.

Kyriakidis, E. (2005). *Ritual in the Bronze Age Aegean*. London: Duckworth.

Kyriakidis, E. (Ed.). (2007). *The Archaeology of Ritual*. Los Angeles: Cotsen Institute of Archaeology at UCLA.

Liu, L. (2003). The Products of Minds As Well As Hands: Production of Prestige Goods in the Neolithic and Early State Periods of China. *Asian Perspectives, 42*, 1-40.

Liu, L. (2004). *The Chinese Neolithic: Trajectories to Early States*. Cambridge: Cambridge University Press.

Marinatos, N. (2010). *Minoan Kingship and the Solar Goddess*. Urbana: University of Illinois Press.

Mou, Y. K. and Wu, R. Z. (1999). A Discussion on the "Jade Age". in R. Whitfield and T. Wang (Eds.), *Exploring China's Past* (pp. 41-44). London: Saffron.

Renfrew, C. (1974). Beyond a Subsistence Economy. The Evolution of Social Organization in Prehistoric Europe. in C. B. Moore (Ed.), *Reconstructing Complex Societies: An Archaeological Colloquium* (pp. 69-95). Cambridge: Mass.

Renfrew, C. (1985). *The Archaeology of Cult: The Sanctuary at Phylakopi*. London: British School at Athens and Thames & Hudson.

Renfrew, C. (2007). The archaeology of Ritual, of Cult, and of Religion. in E. Kyriakidis (Ed.), *The Archaeology of Ritual* (pp. 109-122). Los Angeles: Cotsen Institute of Archaeology, University of California.

Renfrew, C. (2012). *Cognitive Archaeology from Theory to Practice (Annual Balzan Lecture 3)*. Firenze: Olschki.

Renfrew, C. (in press). The Sanctuary at Keros. Questions of Monumentality and Materiality. *Journal of the British Academy*, forthcoming.

Renfrew, C., Boyd, M. J. and Bronk Ramsey, C. (2012). The Oldest Maritime Sanctuary? Dating the Sanctuary at Keros and the Cycladic Early Bronze Age. *Antiquity, 86*, 144-160.

Schmidt, K. (2007). Die Steinkreise und die Reliefs des Göbekli Tepe. in Badisches Landesmuseum (Ed.), *Die ältesten Monumente der Menschheit* (pp. 83-85). Stuttgart: Konrad Theiss Verlag.

Schmidt, K. (2012). *A Stone Age Sanctuary in South-Eastern Anatolia*. Berlin: ex oriente.

Service, E. R. (1971). *Primitive Social Organization: An Evolutionary Perspective*. New York: Random House.

Shady, S. R., Haas, J. and Creamer, W. (2001). Dating Caral, a Preceramic Site in the Supe Valley of the Central Coast of Peru. *Science, 292*, 723-726.

Smith, M. E. (2012). *The Comparative Archaeology of Complex Societies*. Cambridge: Cambridge University Press.

Su, B. Q. (1999). A New Age of Chinese Archaeology. in R. Whitfield and T. Wang (Eds.), *Exploring China's Past* (pp. 17-25). London: Saffron.

Turner, G. (2010). *Ordinary People and the Media: The Demotic Turn*. Los Angeles: Sage.

Wang, T. (1997). Establishing the Chinese Archaeological School: Su Bingqi and Contemporary Chinese Archaeology. *Antiquity, 71*, 31-39.

Xu, P. F. (1999). Archaeological Research on the Origins of Chinese Civilisation. in R. Whitfield and T. Wang (Eds.), *Exploring China's Past* (pp. 33-40). London: Saffron.

Yu, W. C. (1999). New Trends in Archaeological Thought. in R. Whitfield and T. Wang (Eds.), *Exploring China's Past* (pp. 27-32). London: Saffron.

Zhang, H., Bevan, A. and Guo, D. (2013). The Neolithic Ceremonial Complex at Niuheliang and Wider Hongshan Landscapes in North Eastern China. *Journal of World Prehistory, 26*, 1-24.

Zilhão, J. (in press). "Our dead, Our place". The Case for Ethnicity and Territoriality, Not Cognitive Development Underpinning the Emergence of Burial in the Middle Palaeolithic. in C. Renfrew, M. Boyd and I. Morley (Eds.), *Death Shall Have No Dominion: The Archaeology of Mortality and Immortality*. Cambridge: Cambridge University Press, forthcoming.

从考古学角度看礼仪化经济和复杂社会的起源

查尔斯·斯坦尼什
美国加州大学洛杉矶分校

主讲人简介

查尔斯·斯坦尼什，加州大学洛杉矶分校人类学系教授（自 2001 年起）、扣岑（Cotsen）考古研究所主任、洛杉矶自然历史博物馆人类学部副研究员。斯坦尼什于 1979 年在宾夕法尼亚州立大学获得学士学位，1985 年获得芝加哥大学博士学位。1992 年曾担任芝加哥菲尔德自然历史博物馆（Field Museum of Natural History）副研究员，1995～1997 年任该馆人类学部主任。他的研究兴趣包括安第斯（Andean）人类学和聚落考古学，并以前现代世界的复杂政治和经济体系的发展为主。其理论著述集中于贸易、战争、仪式化劳动（ritualized labor）在人类合作进化过程中的作用。斯坦尼什曾在玻利维亚、秘鲁、智利等多个南美洲国家和地区开展田野工作。此外，他还是美国艺术与科学院院士、美国科学院院士。

斯坦尼什出版过多部学术著作，如《古代安第斯的政治经济》（1992 年）、《古代的的喀喀：秘鲁南部和玻利维亚北部地区的复杂社会演化》（2003 年）和《农业策略》［与乔伊斯·马尔克斯（Joyce Marcus）合著，2006 年］等。此外发表论文 50 余篇。

至迟从 5 万年前起，迁徙的觅食者和狩猎者已经在智力上与我们发育得极为相似。这种"采集—狩猎"型的社会组织是现代人（解剖学意义上的）历史上最成功的社会适应模式，并且一直持续到更新世末期。

这一事实随即引发了一个问题：为什么我们要放弃这种极其成功的生活方式，而去选择别的？

但我们确实这样做了。在全新世初期的某段时间里，世界上某些地方的一些人迁徙频率开始降低。他们至少在一年中的部分时间里聚居在某些地方，而大部分其他人则继续着采集—狩猎的生活方式。但是在有些地区，人们聚集在某些特定的地点，进行着我们尚未能完全理解的各种社会互动。随着时间的推移，当越来越多的人接受这些新的交流方式时，复杂社会开始生根发芽并传播开来。

更令人惊叹的是，世界上的很多地区都各自经历了相同的过程。

虽然文化不同，人们沟通往来的方式也不同，但多样性的背后有一系列共通的现象，它们带来了美洲和东半球文明的兴起。

从流动的采集—狩猎生活方式到定居，来自遥远他乡或本来毫无关联的人们开始长期地合作，成为人类历史上最伟大的社会变革之一。这是考古学的核心问题之一，也是我今天所要讨论的话题。

理论挑战

在过去的两代人中，大概始于 20 世纪 50 年代，比较社会学家提出了大量强有力的理论来解释人类历史上这一伟大的变革。这些理论的共同特征之一是假设人类被迫卷入一个更加复杂的社会政治体，或是由于一些不可控的因素，如环境和人口压力，或是因为他者的原因——自我导向型的精英阶层为自身利益操控着局势。我们已经检验了这些理论，其中许多因素确实很好地解释了等级国家社会的起源。我们关于国家起源的理论解读可以说是十分成熟的，这一点从本次论坛涉及此话题的诸多论文中可见一斑。

然而，相同的理论模式对社会复杂性产生的原动力，即从迁徙的采集—狩猎生活方式到定居村落的转变上的解读仍显不足。这里无暇探讨大量细节，诸如人口和环境压力等因素确实具有相关性，但无法对考古记录中社会复杂性的最初发展作出解释。同样的，人种学和考古学的资料强烈表明，直到旧世界青铜时代国家社会的成熟和美洲古典时期及文化中间期（the Middle Horizon periods），一个群体凌驾于另一个群体之上的社会权力（即阶级的形成）才得到发展。

博弈论：合作的进化

这就提出了一个严肃却又吸引人的理论性挑战。最初的复杂社会是如何在一个如此非强制性的环境中产生的？要回答这个问题，我建议我们转向过去三十年社会科学中发展起来的各种博弈论。博弈论者已经非常成功地解释了复杂性在非强制性环境中的自私行为者之间如何出现，确切地说，是在早期复杂社会的文化背景中如何产生。

因此我们必须用博弈论术语重新定义这个问题。这里，社会复杂性被定义为一个背景，在此背景下，关系疏远或毫无关联的个体组成大型群体并为其共同利益进行合作。我们可以从"合作的进化"而非文化进化的角度重新表达这个问题：人类是如何在无国家组织、政治力量、商品市场及其他社会强迫形式的小规模社会中创造复杂的经济合作组织的？世代流传的反复互动交流的人类成功合作的规则是什么？这些规则是如何转化成群体成员都能理解的社会准则和习惯的？为什么其中一些受规则约束的组织可以生存并茁壮成长，另一些则被吞并或消亡？

我将尝试证明，无政府社会中的人们创造了行为规则并将其用于各种仪式行为。事实上，这些规则任何时候都能在互动的人群中发展，无论是在任意一个小群体还是在更大的社会政治背景中。这种"仪式化的经济"是一种方式，由此，社会互动中那些促进合作的固有属性转变成规范和信仰，并由代价高昂、有利社会的行为维持，通过代际而非正式的执行机制得以传承。这不是一种仪式的经济，也不是建立在视精神目标高于物质享受和社会威望前提下的经济。相反，它是一种在缺乏等级和国家的社会中，使用自我导向型的社会个体来创造合作性的社会活动，并通过分散但高效的仪式行为使之规范化的经济。

资料

在过去的三十年里，我们已经收集了大量关于世界各地早期复杂社会的资料。我们要问：最早的复杂社会是如何组织起来的？最早的聚落的考古学特征是什么？也许最重要的是，究竟是什么因素——如果有的话——在全球范围的此过程中同时出现了？

让我们来简单看看世界不同地区关于早期复杂社会的一些新发现。

目前世界上复杂社会的最早证据来自安纳托利亚，这里有著名的哥贝克力遗址。该遗址发现于 20 世纪 60 年代的一次调查，但直到 15 年前才被考古学家克劳斯·施密特（Klaus Schmidt）确认为一座早期聚落遗址。发掘表明，该遗址文化始于公元前 9500 年左右，并持续了几千年。

哥贝克力遗址的早期阶段遗迹由山丘上的环形建筑群组成，每一建筑都有两座纪念碑式的立柱或石碑。围墙和更多的石柱围绕着环形建筑。这些石柱呈"T"形，高 3 ～ 6 米，每根重 40 ～ 60 吨。其中很多石碑雕刻有精美的动物图案。总体来看，这些石柱和围墙形成了一个巨大而令人印象深刻的仪式建筑的壮丽景观。

施密特认为哥贝克力遗址"仅仅"是一座非居住用的神庙建筑，但其他科学家认为有证据表明人们至少在一年中有部分时间居住于此。遗址内动物骨骼的分析表明当时大量屠杀动物，尤其是瞪羚（Curry 2008）。所有动物均为野生，没有一只经过驯化，且显然几乎全部都被食用。

约旦 WF16 遗址与哥贝克力遗址差不多同时修建。最晚在公元前 9000 年，WF16 遗址出现了一座壮观的 19 米×22 米带有石膏地板和装饰长椅的土坯结构建筑。该遗址至少还有 30 个其他建筑，它们大多结构复杂。这些特征吸引研究者将其与哥贝克力遗址进行比较，并认为"与哥贝克力遗址相比，WF16 遗址是一种更为特殊的仪式场所"。

作为比较社会学家，我们认为社会复杂性突然出现的绝对时间并不重要，重要的是与其相关的、内在的因果进程。由此，我们的目光可以转向世界范围内社会复杂化出现较晚的地区，以寻找相似的模式。

英国在这方面已经开展了大量工作。众多的新石器时代石圈遗迹提供了复杂社会的最早证据，这些遗迹可追溯至公元前 4000 年左右的西欧新石器时代早期，巨石阵（Stonehenge）即是其中的一例。它始建于约公元前 3100 年，并持续至约公元前 2300 年。从许多方面来看，巨石阵不过是一座巨大的石圈遗址，随着时间的推移，逐渐修建了环形河岸和壕沟。

事实上，欧洲西北部还有很多类似的、较小的石圈遗迹，代表着该地域内的早期复杂社会。像安纳托利亚一样，最早的聚居地往往代表了某种基于明确仪式的社会合作。

虽然比安纳托利亚晚了 5000 年，但欧洲西北部经历了同样的过程。这显然不是某种来自其他区域的文化扩散，而是导向欧洲西北部偏僻角落复杂社会形成发展的本土社会进程的结果。

我们在美洲看到了由礼仪建筑显现出来的类似复杂社会模式，这一点非常重要。在北美佛罗里达和路易斯安那州，考古学家发现了一些早期的崮堆聚落。当地的前农业社会可追溯至公元前 3400～前 3000 年（Saunders et al. 1997）。例如，沃森·布瑞克遗址（Watson Brake site）是一个经过规划的复杂的崮堆，占地面积约 8 公顷。公元前 1600～前 1300 年的路易斯安那州波弗蒂角遗址（Poverty Point）可能是最古老的城镇，虽然有证据表明栽培作物正缓慢进入当地的经济体系，但该遗址同样是由非农业人员建造。

在秘鲁，早期复杂社会约始于公元前 3000 年，其中最早的聚落之一为北部海岸的阿斯派罗遗址（Aspero）。它由"六座巨大的平台崮堆组成，每座边长约 40 米，高约 4 米"。大多数崮堆是在自然山丘上再建造的。同其他可供比较的遗址一样，六座阿斯派罗金字塔坐落在沙滩上，形成一道壮丽的纪念性景观。

与阿斯派罗遗址同时代的是距海岸线约 25 公里的卡拉尔遗址（Caral）。该遗址约建于公元前 2600 年的一些早期建筑，也是建造在岩石上的矮小金字塔状崮堆。这些金字塔坐落于其他建筑附近，包括未雕刻的石碑。秘鲁中部安第斯山脉还有很多这样的遗址，如帕拉伊索（El Paraiso）。

而在我自己从事工作的秘鲁中南部海岸帕拉卡斯（Paracas）遗址，我们发现约公元前 800 年，在该区域富饶多产的沿海地区和高地之间诞生了最早的复杂社会，并形成一个宏大的仪式化景观。

除了是由石头建造之外，这里整个区域都覆盖着类似纳斯卡线风格的线条。我们在山谷边缘的聚落上方发现了 80 余条线，其中包括远远圈起崗堆的边框线，冬至日（6 月 21 日）的指示线，以及延伸至该区域四个主要聚落的线条。这一聚落模式明显为遗址与周边线条的复合体。

我们同样在一条单独的山脊上发现了几座崗堆。它们形状不一，其中三座精确标示了夏至日点，另外两座有围墙，也与夏至日点相对应。

在对主要金字塔的发掘中，我们在其建筑顶部下沉的庭院区域发现了一系列地板。而大量完整的献祭品，说明这一仪式平台在相当长的一段时间里不断被利用与重复使用。

这些全球性的现象反映了什么？

首先，在世界早期复杂性遗址中，仪式建筑和行为是社会生活中最显著的部分。我们可以推论这些遗址里可能已经出现了成熟的家庭结构，但事实并非如此。他们本可以将许多房址聚集成为独特的聚落，但他们没有这样做。实际上所有早期复杂性遗址展示了一个模式，在这个模式中，公共的、仪式性的建筑比其他建筑类型或遗址布局更重要。

其次，这些早期遗址充满了仪式艺术。精美的石刻雕像，可移动的仪式艺术，似乎在所有早期文明中都是常见因素。

我们如何阐释这些新资料？

我们来简要复述一下这一关键的理论问题，在缺乏国家、暴力机关、金钱以及其他强制性社会机制的无政府状态下，人们如何维持非亲属的合作？再次重申，我们要在"文化的进化"之外关注"合作的进化"。这对人类学博弈论来说是个新领域。

我们可以把这种在非强制环境下出现的、复杂的、非政府群体称之为"管理领导层"。在这里无法将此点展开叙述，但是由伟大的人类学家弗朗茨·博厄斯（Franz Boas）和其学生海伦·科迪尔（Helen Codere）等提出的"无等级排列"概念为我们提供了一个新的观察视角。正如经典文化生态学或其他文化进化模式假设的那样，成功的管理领导层创建了有利于个人和群体的有效经济合作组织，创造了更高的多种商品的人均生产率，而非所谓的付出高昂代价。提升的生产率为合作群体集中资源，并提高他们吸纳其他群体的能力。随着这些成功的社会组织形式的传播，一个新的进化机制被创造出来。选择性压力在最成功的群体中扮演越来越重要的角色。这种新的进化机制——由乔伊斯·马尔克斯（Joyce Marcus）首次提出理论相关性——在前政府或无政府背景中作为最主要的循环论为人所知。

所以我们可以将文明起源的问题改述为：导致非亲属群体之间持续的、多世代合作的，并导致管理领导层出现的条件是什么？

我认为更新世晚期人口密度的增加改变了合作行为的成本与收益。从这个角度而言，高人口密度并没有迫使人们进入等级社会关系中。相反，它允许不同群体之间的合作。换句话说，在此之前（智力上的现代人的第一个 5 万年），任一区域人口密度增加时，最小的代价就是从一个地点迁移到另一个地点。但是，一旦一个地区被有效"填充"，简单的"外迁"或"分裂"式的回应变得代价高昂，而合作的好处变得明显。

这些前所未有的新境况建立了一种新的进化机制，其中存在着在群体中发展合作的、专业化的劳动组织的选择性压力。在这一模式中，仪式和宴饮成为不同群体进行经济合作的手段，而贸易和战争为推动整个体系提供了外在资源。这些无政府状态社会通过创造经济仪式、社会禁忌和由宴饮及其他活动维持的奖励合作代理机制，维持高水平合作。领导层的出现并不是强迫性的，而是两厢情愿、自然发展而成。权威的管理层发挥着劳动任务调度以及对特殊手工业产品和贸易进行再分配的作用。使用经济学中的一些基本概念——规模经济、边际效益等——我们可以为早期定居社会中的商品生产建立经济效益增加的模型。这一高效组织由仪式、禁忌组成，并在宴饮上获得奖赏。

无政府管制的仪式化经济，以能被大众理解的公平方式调节奢侈品的再分配。宗教禁忌同样惩罚"搭便车者"，并允许社区制定一些规范指导工作、战争和贸易，而非不管是对个人还是对组织而言都代价高昂的强制性手段。换句话说，在缺乏政府管制的状态下，仪式、宴饮和禁忌成为社会准则的表现形式，提供自治家庭中协调经济活动的手段，并吸引新的追随者。无论是哥贝克力、卡拉尔、琴察、波弗蒂角地区，还是西欧新石器时代早期大量的巨石阵，这些聚落都保持了由多个群体朝圣和使用的印记。

真实的进化方式是断断续续的，在复杂社会与回归更为舒适的迁徙—觅食生活方式之间，伴生着强烈的震荡。这一过程持续了数千年。东西半球最早一批遗址建立后的几千年，正是对这些新社会组织的一个检验。最终，某些社会组织在创造和集中资源方面变得更具优势。在东半球新石器晚期或美洲形成期，这些聚落结合成大型城镇。其中一些发展出强制性政府，形成了建立在阶级剥削基础之上的完全不同的社会关系体制。

同样重要的一点是，国家的发展吸纳了社会组织的仪式形式，通过镇压冲突和垄断跨区域交换，斩断了其物质基础。但这就是另外一个话题了。

早期中国文明形成过程的考古学观察

王巍
中国社会科学院考古研究所

主讲人简介

王巍，1982 年毕业于吉林大学历史系考古专业，进入中国社会科学院考古研究所工作。1995 年获得日本九州大学文学（人文）博士学位。1996 年获得中国社会科学院研究生院历史学博士学位。现为中国社会科学院研究员，博士生导师。他还分别被授予德国考古研究院通讯院士，美国考古学会外籍院士及中国社会科学院学部委员。现任中国社会科学院考古所所长。主要社会职务有：国家学位委员会历史学科评议组第五届和第六届成员、中国考古学会理事长、亚洲史学会评议员（常务理事）。王巍教授曾先后主持过 1996 ~ 1998 年河南偃师商城宫城内宫殿区的发掘，2000 年陕西周原西周宫殿基址的发掘，以及 2003 ~ 2004 年河南安阳殷墟孝民屯的发掘。其主要研究方向包括夏商周考古、东亚地区古代文明起源研究及东亚地区古代文化交流的考古学研究。近年承担的主要科研项目："十二·五"科技支撑项目——"中华文明探源工程"项目负责人；中国社会科学院重大课题"中国古代文明的起源与早期发展研究"主持人；国家社科基金重大委托项目"蒙古族起源和元代帝陵"项目（2012 ~ 2021 年）首席专家。

一、关于文明相关概念的理解

（一）文明是人类文化和社会发展的新阶段

在生产发展的基础上，社会不断复杂化，出现了分工和分化，专职从事管理的人和阶层进一步发展成为不同的阶级，出现了具有强制性的公共权力——国家。

而文明，则是在国家的组织和管理下，人们创造出的物质财富和精神财富的总和。

（二）中华文明起源研究的核心问题

中华文明是如何起源形成的？经历了怎样的过程？为何会经历这样的过程？

文明形成的标志是什么？有没有放之四海而皆准的标志？

中华文明起源、形成有无中心可言？如果有，这个中心是何时、又是如何形成的？为何能够形成这样的中心？

中华文明有何特点？为何会形成这些特点？

（三）文明的三个组成部分及其相互关系

三个组成部分包括物质文明、精神文明和制度文明。

物质文明是文明社会的物质基础，它决定文明社会的发达程度，同时对精神文明的发展起到牵制和制约作用。

精神文明是文明社会的观念、意识形态和精神生活达到的境界，是物质文明和制度文明在人们头脑中的能动的反映。

制度文明是文明社会的根本，它决定着文明社会的性质。

二、中华文明起源和形成的过程

（一）万年奠基——农业的出现

北京东胡林遗址出土距今 10,000 年前后的栽培粟和黍，浙江上山、湖南玉蟾岩出土距今 10,000 年左右的栽培稻，这些发现表明，农作物至迟在距今 10,000 年前已经开始在中国北方和南方被种植。

（二）8000 年前起步——河南舞阳贾湖遗址和内蒙古赤峰兴隆沟遗址

（1）初期的农业（栽培稻和粟）。

（2）平等的氏族社会（房屋和墓葬成排分布，没有等级差别）。

（3）丰富的精神生活。贾湖遗址发现距今 8000 年前的笛子、刻在乌龟甲上的符号；兴隆沟遗址发现动物与人合葬、且时人流行用人头骨制作装饰品、发现项链吊坠和最早的玉器——玉玦（耳环）的制作和使用痕迹、发现特殊的埋葬习俗——在居室地面下的埋葬。

（三）6000 年前加速发展——社会开始出现分工和贫富贵贱的分化

（1）河南濮阳西水坡遗址发现死者身体两侧用贝壳堆塑的龙虎形象。

（2）河南灵宝西坡遗址（距今 6000～5500 年）发现的中心聚落群和规模较大但随葬品并不丰富的"大墓"。

（3）江苏张家港市东山村遗址（距今 5800 年）。它是首次在长江下游地区发现包括 9 座高等级大墓的遗址，属于崧泽文化早中期。这些大墓随葬品丰富，与小型墓葬分区明显，同时发现大型房址，表明至少在距今 5800 年前后，当地社会已出现明显的贫富贵贱的分化。

（四）距今 5000 年前进入文明社会时期

1. 约 5300 年前东北地区文明初现——辽宁喀左牛河梁遗址的祭坛、积石塚、神庙、玉器

（1）农业的初步发展。

（2）社会显著分化的证据——规模巨大，随葬精美玉器的大墓。

（3）原始宗教的发达——出土泥塑的女神和动物像的"神庙"。

（4）玉龙的出现。

（5）与中原地区的文化联系——接受中原地区彩陶文化影响的彩陶器座。

2. 约 5300 年前安徽含山凌家滩祭坛和墓地的发现

（1）随葬品极为丰富的大型墓葬。

（2）大型墓葬随葬石龙和石鸟。

（3）含有神秘色彩的刻纹骨牌。

（4）大量玉石武器——钺随葬于显贵墓中。

（5）大型墓葬出土的玉人（酋长？祖先？巫师？）。

3. 长江下游早期文明都邑——良渚古城

（1）总面积约 290 多万平方米巨型古城的兴建。

（2）城址外大型水坝的兴建。

（3）当时已经出现发达的稻作农业，并且使用犁耕。发现大规模的水田遗迹，古城内中部高等级建筑区莫角山遗址发现了密集埋藏的（炭化）稻米。

（4）良渚古文明的突出特征是使用大量玉器，其中最为精美的玉器皆发现于最高等级墓葬，表明玉器的生产和制作是由良渚贵族所控制的。

（5）良渚玉器花纹复杂精美、主题单一，表明良渚社会信仰的高度一致。

4. 中原地区初期文明的形成——陶寺大型城址的发现

（1）面积接近 280 万平方米，属于巨型城址。

（2）城内具有较为明显的功能分区，包括宫殿区、仓储区、手工业作坊区、一般民众居住区、墓葬区等。

（3）宫殿区内发现近万平方米的大型夯土建筑，出土了最早的陶瓦、刻画墙皮，表明当时的宫殿相当奢华。

（4）在宫殿区旁边发现十几个大型仓储用窖穴，可能是权贵阶层所掌管的"府库"。

（5）大型墓葬相对集中出现在墓地的一个区域，大墓不仅规模大，而且随葬品丰富，包括鼓、磬、成排放置的武器、绘有龙纹的陶盆、制作精美的玉器等，还包括表明墓主人等级身份的器具。

（6）在大中型墓葬区旁边，发现了一个半圆形的坛状遗迹，可能是天文观测或祭祀农时或节气时所使用的观象台。可以判定 4000 年前的陶寺历法，根据当地气候、农时、宗教节日将一年分为 20 个节令，包括春分、秋分、夏至、冬至等重要的时令节气。

（五）距今 4000 年前的过渡时期——早期文明的新阶段王国文明

表现在夏代后期都邑——二里头遗址的一系列重要的考古发现。

（1）中国最早的宫城。

（2）中国最早的体现中轴线和左右对称布局思想的宫殿。

（3）中国最早的官营手工业作坊区。

（4）中国最早的青铜容器群。

（5）中国最早的用车痕迹——车辙。

（6）最精美的绿松石镶嵌物。

（六）距今 3000 年前的巩固时期——西周王朝的分封制使王朝的统治得以巩固

（七）距今 2000 年前的转型时期——秦统一中国，统一文字、度量衡、废除分封制，实行郡县制，开始进入帝国阶段；到西汉王朝时期彻底转型为帝国文明

三、关于中华文明形成的几点认识

（一）关于文明形成的标志

文明形成的本质特征是国家的产生。在缺少文字记载的史前时代，判断文明的标准可从当时社会的物质文化遗存中寻得。综合中华大地上各种资料的情况，以下要素是文明社会的关键特征：

（1）农业与手工业显著发展，出现了明确的社会分工，部分手工业生产的专业化（冶金、琢玉、髹漆等）。

（2）盐、铜等重要的经济资源以及高等级手工业制品的生产和分配为权贵所控制。

（3）社会显著的阶层分化，形成了金字塔式的社会结构，出现了掌握军权与祭祀权力的贵族阶层及其最高统治者——王。

（4）形成了维护社会等级制度规范的礼制，出现了专门埋葬王及其他高级权贵阶层的墓地、大型墓葬，出现表明被葬者高贵身份的高等级随葬品。

（5）暴力与战争成为较为普遍的社会现象，原始宗教在社会生活中占有重要地位。

（6）人口显著增加并集中，出现作为政治、经济、文化中心的都邑，以及反映王权的高等级大型建筑和大规模公共设施；出现了王权管理的区域性政体——早期国家。

（二）关于中国初期文明形成的时间

根据以上认识，我们认为，良渚、陶寺和石峁巨型城址和大型墓葬的出现表明当时已进入了初期文明社会。

主要依据：

1. 社会结构的变化和王权的出现

超大型城址的建造所反映的控制和组织大规模人力的王权的存在。

大型宫殿建筑的兴建，规模巨大、随葬品丰富的大型墓葬的出现所反映的至高无上的权力。

高等级物品（礼器）的出现（陶寺遗址的排列整齐的玉石钺、陶鼓、石磬、龙盘等，良渚遗址的玉琮、玉璧、玉钺等）所反映高等级身份的阶层的存在。

2. 文化的高度发展

农业的发展（良渚文化犁耕的出现，陶寺多品种种植制度）。

冶金术的出现（陶寺铜器尤其是容器的制作）和琢玉等手工业技术的高度发展。

文字的出现（陶寺、良渚）。

艺术的发展（镶嵌蚌饰的螺钿漆器和绘画、玉雕等）。

（三）关于中华文明的起源与形成的背景、条件和机制

1. 文明起源与形成的背景

（1）相对封闭的地理环境：东边是大海，西边是高山和沙漠。

（2）南北差异的自然环境下发展出不同的生业形态（长江流域稻作、黄河流域粟作为主，北方农牧混合）。

（3）内部不同区域之间较为密切的文化联系。

（4）共同的信仰和共同的祖先认同（龙、黄帝、禹）。

2. 文明起源的基础和前提

（1）生产力的发展是文明起源的物质基础。

（2）人口的增加和集中是文明起源的前提。

（3）剩余产品的出现和增加是文明起源的重要条件。

3. 文明起源的过程和机制

（1）分工的出现和发展。

（2）分化的出现和发展。

（3）权力的出现和发展。

（4）战争的出现和发展。

（5）原始宗教和祭祀的发展。

（6）礼器的出现与礼制的形成。

4. 文明起源后社会变化的特点

（1）迄今为止人类社会顺其自然式地发展变成人为地、强制性地、加速度地发展。

（2）手工业尤其是奢侈品的生产逐渐为权贵阶层所控制，成为为政治服务的工具。

（3）社会财富逐渐集中于权贵阶层，并合法化。

（4）社会成员的地位由平等到出现贵贱贫富的差别，从而形成阶层，再分化为阶级，人们进入阶级社会。

（5）社会重大事务的决定方式，由氏族部落一般成员普遍参与变为少数人决定，再发展为由王一人决定。

（6）由战时的全民皆兵到专职军队的出现。

（7）社会的规范由习惯到由法律明文规定。

5. 各地区文明的起源、形成与发展存在不平衡性——时间有早有晚，进程有快有慢，结果有盛有衰

（四）中华文明多元一体格局的形成

（1）距今 8000 ～ 7000 年，各地区已经出现了文化交流。如用玉习俗的出现后，不同地区间形制相似的玉玦的制作和使用。

（2）距今 5500 年左右开始，各地区之间的交流日益密切。

交流内容包括生产技术、礼仪制度和宗教观念。其中值得注意的是，距今 5400 年前后，中原地区庙底沟文化中彩陶文化因素曾向四周地区强力扩张。

距今 5300 年前后，龙的形象在各地普遍出现，玉龙、玉鸟、玉龟、玉人等构成的玉礼器在北起辽西，南到江淮之间均有出现，且在形制方面具有很大相似性。它可能暗示着各地区的权贵阶层之间存在某种形式的交流，以至于在原始宗教信仰和价值观方面形成了共同性。

密切的交流使得中国黄河、淮河、长江流域各主要文化区在基本经济特征和基本文化特征上具有了相当程度的共性，出现了较大范围的文化趋同现象，文化的一体化进程得到显著加强，形成了一个有别于周边地区的文化圈，即早期中国的雏形。

（3）距今 4500 年以来，中原地区开始呈现出汇聚周围地区先进文化因素并率先发展的趋势。

在与古史记载中的尧密切相关的山西襄汾陶寺遗址大型墓葬中，出现大量与长江中游、黄河上游和下游等周边地区相关的高等级遗物。可见在夏王朝建立之前，各地先进的文化因素确有向中原地区汇聚的趋势。

（4）距今 3800 年前后，中原地区与夏王朝后期相关的二里头文化在同时期的各文化区中开始居于优势地位，向周围地区施以强大的辐射，以中原地区为中心的多元一体化格局开始形成，对促进周围地区文明的发展以及中华文明统一性的形成发挥了重要作用。

（5）商王朝时期，在商王朝的王畿地区之外，存在着为数众多的方国，他们与商王朝之间的关系并不稳定，商王朝强盛之时，他们就臣服于商王；商王朝衰弱之时，他们就努力摆脱商王朝的控制。但毕竟形成了一个以商王朝为中心的、较之于夏王朝更加广阔和稳定的势力范围。以崇尚青铜礼器、玉器等为代表的商代统治阶级的价值观伴随着冶金术辐射至相当广阔的区域，出现了四川三星堆、江西新干、陕西李家崖等一批区域性的青铜文明。

（6）西周王朝建立后，汲取了商王朝被其附属方国之一的周所推翻的教训，实行分封制，把周王的亲属和功勋之臣封到各地，建立诸侯国，使之成为维持周王朝统治的支柱和屏障。中国的文化趋同达到了前所未有的程度，各诸侯国出土的青铜器在形制方面高度一致，显示出周王朝强大的影响力。

（7）春秋时期，数十个诸侯国争斗割据，到了战国时期，逐渐形成了七个大的诸侯国割据、争霸的局面。战国末期，这些诸侯国相继被秦国所灭，中国历史上第一个统一的王朝——秦朝建立，中国历史进入了帝国时期，中国文明迈入了一个帝国文明的时代。

（五）中华文明的特点

历史悠久，延绵不断；

土生土长，自成体系；

满天星斗，百花齐放；

多元一体，互动交流；

汇聚辐射，百川归海；

祖先崇拜，宗法制度；

以农为本，工商食官；

以玉为贵，将玉比德。

世界考古论坛
公众考古讲座

墨西哥世界文化遗产阿尔班山遗址的管理

妮莉·罗伯斯
墨西哥国立人类学与历史学研究所

主讲人简介

妮莉·罗伯斯在墨西哥获得了考古学和建筑修复学位，并作为富布莱特学者（Fulbright Scholar）于 1994 年获得乔治亚大学人类学博士学位。1985 年她首次在瓦哈卡（Oaxaca）担任米特拉（Mitla）考古研究和修复项目的主管职务，1997 年被任命为瓦哈卡阿尔班山世界遗产主任（Oaxaca's World Heritage Site at Monte Albán），并任职至今。

她长期担任墨西哥考古理事会会长，并且是墨西哥第一位当选美国考古协会管理委员会会员的女性考古学家。她曾为联合国教科文组织提名评估世界文化遗产，还曾任职于国际文物保护与修复中心（ICCROM，罗马）管理委员会。

罗伯斯孜孜不倦地致力于墨西哥和拉丁美洲的文化资源管理工作。1997 年，她首次为墨西哥阿尔班山考古区制定了遗址管理规划，这类

规划后来成为所有遗址的必备要求。她创立了第一个正式的轮椅无障碍通道，成为第一个把植物学家带进考古团队的考古区主任，并为来自拉丁美洲的遗址管理者开设国际培训课程。她建立了一个资料中心，遗址管理者们可借此了解到世界遗产保护地的管理创新；还创立了为墨西哥瓦哈卡地区周边社区博物馆服务的协助推广项目。她撰写和编辑了 12 本有关墨西哥考古和文化资源管理的书籍，包括美国考古学会出版的《墨西哥考古资源管理》（2000 年）。

【摘要】

阿尔班山是墨西哥考古的骄傲。其重要性在于它是美洲第一个规划的城市，是萨巴特克（Zapotec）文化的宗教、经济和政治中心。鉴于其突出的价值，它被联合国教科文组织确认为世界遗产。

由于它的重要性，该遗址现在是墨西哥乃至世界最热门的文化旅游景点之一，是近年来社会、政治和经济的区域资源的典范，并由此引发了一些问题，如身份、法律、传统研究的局限性和保护范式。

本次演讲主要讨论历年来为更好地管理这个世界遗产而实施的一系列不同策略。

消失的城市和湮没的文明

布赖恩·费根
美国加州大学圣巴巴拉分校

主讲人简介

布赖恩·费根先后于 1959 年、1962 年、1965 年在剑桥大学获得学士、硕士和博士学位，1967 ～ 2003 年，以人类学教授身份供职于美国加州大学圣巴巴拉分校。在去美国之前，他在赞比亚利文斯通博物馆史前部担任了六年的管理员。费根教授的大部分工作致力于向更多的读者传播考古学。他还提倡非传统和多学科的方法，对考古学在当代社会中的作用十分感兴趣，曾出版、编辑了 46 本书（包括 8 本教科书）和 100 多篇文章，且是《史密森尼》、《国家地理》等流行杂志的撰稿人，《考古》、《美国考古》和《探索考古》杂志的特约编辑。

除了是多产作家，他还是美国国家地理学会和大英百科全书等组织的考古顾问。此外他还有不少电视作品，如 BBC 时间——生命之"失落的文明"系列，他还参加过乔恩·斯图尔特每日秀。他也因在史密森尼学会、旧金山讲座项目和盖蒂保护研究所等的公开课而广为人知。

费根教授最近的工作致力于从考古的角度看当代气候变化问题。他撰写了几本相关主题的书，包括《大变暖：气候变化与文明的兴亡》（纽约：布卢姆斯伯里出版社，2008 年）和《进攻的海洋：过去，现在与

未来海平面》（纽约：布卢姆斯伯里出版社，2013 年）。

贾根教授 1996 年获得考古学家协会的杰出服务奖，1997 年，因在公众中宣传考古而获得公众教育奖，2013 年获得美国考古协会颁发的终身成就奖。

【摘要】

贾根教授将讨论考古学在现代社会中的重要作用，特别是如何通过对古代文明的研究来更好地理解现在的文化多样性。过去的诸文明具备复杂社会的一些共性，同时也各自保有独特的信仰和文化体系，但更重要的是，它们对于人类的存在持不同认识，这些都与21 世纪息息相关。我们怎样才能让更多的人关注过去的文明？本演讲将探讨如何让公众广泛关注古代文明的辉煌成就，强调文化遗产的重要性和如何通过文化旅游更好地理解考古学的重要性以及人类社会的共性与差异。

150 年前，英国人奥斯汀·亨利·莱亚德（Austen Henry Layard）在今伊拉克北部的尼尼微（Nineveh）发掘出两尊守卫亚述王辛那赫里布（Sennacherib）宫殿的狮身人面像。莱亚德这样写道："通过它们，辛那赫里布和他的军队带着荣耀和实力出发远征，带着战利品和俘虏归来……同样也是通过它们，亚述末代君主带着战败的耻辱返回都城"（Layard 1853, p. 221）。150 年来，辛那赫里布的狮身人面像伫立在伦敦的大英博物馆。

1848 年，当这位年轻的考古学家和探险家发掘尼尼微的门道时，发现了这两具覆盖着炭屑和烧结砖的雕塑。亚述战车的车辙在石灰石路面上依然可见。莱亚德当时发掘了相当大的面积，今天到遗址参观的游客需要穿过仅由天井采光的漆黑隧道之后才能来到狮身人面像的地方。狮身人面像上神奇的楔形文字诉说着一个国王对这个国家的早期统治以及关于他的宫殿建造过程的故事。莱亚德用羊皮筏子将他的重要发现通过底格里斯河运出。这两尊狮身人面像和宫殿墙壁上生动的浅浮雕被运至欧洲之后，引起了巨大的轰动。这位年轻的考古学家成为了一位畅销书作家和社交名人，之后他成为了一位政治家，随后还担任了外交官的工作。这个在旧约中略有提及的古代文明，通过莱亚德在尼姆鲁德（Nimrud）和尼尼微的发掘和埃米尔·博塔（Emil Botta）在尔沙巴德（Khorsabad）的发掘重新获得了生命。莱亚德的发掘同圣经的联系让这个遗址广受关注，当然他的冒险经历也十分吸引眼球，遥远的地域、未知的民族，这一切都是那么令人神往。

《圣经》与城市

曾经是一名马戏团大力士，后来变身为考古学家和探险家的乔凡尼·贝尔佐尼（Giovanni Belzoni）的掠夺令亚述的发现走向困境，他花了三年时间沿着尼罗河洗劫了大量金字塔、神庙和墓葬。贝尔佐尼的大冒险以及 20 年之前拿破仑科考团在埃及的大发现在欧洲掀起了一股"埃及热"，不论是在建筑界、时尚界还是大众文化方面，"埃及"这个名字都已深入人心。伦敦的居民对法老深深着迷，贝尔佐尼发掘品的展览每次都人满为患。

消失的文明、被掩埋的城市、国王的墓葬……贝尔佐尼和莱亚德等人的发现使得考古学和冒险家们顿时成为了闪光灯的宠儿，那是一个人人屏息期盼着考古新发现的时代。令人震惊的考古发现一直贯穿了整个 19 世纪，并进入到 20 世纪。约翰·劳埃德·斯蒂芬斯（John Lloyd Stephens）和弗雷德里克·卡瑟伍德（Frederick Catherwood）将古代玛雅带入了美国人的视野；尼尼微发现的"洪水碑"上关于巴比伦时期洪水的记载可能与诺亚洪水相映证，进一步证明了《圣经》的真实性；海因里希·谢里曼和索菲娅·谢里曼夫妇（Heinrich and Sophia Schliemann）发现了特洛伊和迈锡尼。罗伯特·科德威（Robert Koldeway）发现了巴比伦；阿瑟·伊文斯（Arthur Evans）发现了克里特岛的米诺斯宫殿；海勒姆·宾厄姆（Hiram Bingham）发现了马丘比丘；1922 年埃及帝王谷图坦卡蒙墓的发现将这股发现的浪潮推向了顶点。1926 年，莱纳德·伍利（Leonard Woolley）发掘了伊拉克南部的乌尔皇陵，至此考古史上的英雄时代终结。后来成为杰出考古学家的迈克斯·马洛温（Max Mallowan）这样写道："打开的皇陵看上去很像一张用宫廷女性的山毛榉叶头饰装饰的黄金地毯，上面放置着金和银的七弦琴"（Mallowan 1977, p. 22）。伍利用其极为精彩生动的文笔描绘了丧葬仪式，详细描述了普阿比王子（Pu-abi）的侍从服毒之后按照规定的顺序躺下殉葬的过程。"在一端，棺材的遗迹上躺着皇后的尸体，她的手边放着一个金杯，身体的上部满满地覆盖着黄金、白银和青金石，这些东西组成了一件斗篷一直延伸到她的腰部。"（Woolley 1929, p. 167）他对皇家墓葬的描绘吸引了成千上万的读者，但不幸的是，他的田野日记记录得十分简单，我们没法用它来检验这些神奇复原的真实性。

延伸的新世界

一个世纪以前考古学界形成的一些陈规陋习至今仍困扰着我们。在那个充满罗曼蒂克和异域风情的考古大发现时代，考古学家很少，而且大多来自富裕的阶级。这是一个既排外又爱好夸夸其谈的群体，仅有少数人跳出原有的欧洲和地中海盆地的界限，到远方开展田野工作。考古学家给人的印象大多是头戴遮阳帽的教授，在神秘的金字塔阴影下神游太虚。他们也通常被视作寻宝者，为欧洲和北美的博物馆找寻精美的文物。印第安纳琼斯和木乃伊系列等好莱坞电影都偏好于强调这种老一套的考古路子，尽管很多观众都意识到这些电影仅仅是以考古学家为主人公的虚构惊悚片。

不过，图坦卡蒙和乌尔的发掘之后，考古学发生了很大的变化。今天的考古学已经不再神秘，它以科学为基础，是当代社会核心基石的一部分。它是一门受人尊重的科学，在电视和报纸上，关于考古的报道就如火灾和车祸一样普遍。一些主要的考古发现，比如美国詹姆斯敦聚落（Jamestown settlement）和中国的秦始皇陵都理所当然地成为国际头条新闻。较之以前，更多的人着迷于历史和考古学。头戴安全帽、手拿GPS和手铲的考古学家形象开始深入人心，我们不再被视为一群奇怪的或是优秀的人，尽管有时仍然带有一些穴居人或寻宝者的老套形象，但我们已经是流行文化的一部分。当然，现在仍然有很多人认为我们是研究恐龙的专家。

较之过去冒险者考古学家的时代，现在的考古学完全不同，而且更加复杂。过去，公众对考古的认识和考古学对当今社会的重要性一般滞后于实际的考古操作。现在，新发现不断涌现，以至于很多重要发现仍然位于公众的视线之外。我们已经走向了全球化，二战以后的六十年间，考古学研究地域在全世界范围内得到了戏剧性的扩张，考古学家的人数也在不断增加。以前全世界的考古学家仅有几百名，现今已超过两万名，并且仍然在不断增加。我们生活在一个全球化考古的时代，我们不仅将考古研究的地域扩展到每个大洲和国家，同时还引进了许多重要的科学技术，这使得考古成为了一项多学科的事业。放射性碳素测年已经变革了我们对于单个古文明兴起衰落同整个古文明体系之间关系的看法。微量元素和残留物分析正在改变我们对于古代贸易和饮葡萄酒、挤奶等经济活动的了解。最近在古气候学方面的新进展，例如树轮测年和冰芯研究等，使得评估气候变化对于前工业文明的影响成为可能。各领域的信息风暴，特别是因特网为学科的发展提供了许多有利的条件。几乎所有关于考古的头条新闻都与最新的发现或是基于最细微数据的最新理论相关，此处试举一例：尼安德特人同现代人的通婚。这主要是由于大学的宣传部门希望获得更多的研究经费，我认为可以将这类活动称作公众宣传，但是在本次会议上，我们将探讨一些更全球化的、比较不那么耸人听闻的、同古代文明形成的基本问题相关的话题，比如古文明的差异性和相似性都体现在哪些方面。

文化资源管理（CRM）和延伸

通常所知的文化资源管理有很大一部分是在公众考古学名义下展开的，通过管理有限的考古资源来缓解工业建设等活动带来的影响，比如城市发展、深耕及露天采矿等对地下文物造成的破坏。现在，在很多城市中，文化资源管理下的考古发掘和调查占大部分，一般时间都很紧迫并且工作的条件也不甚理想。许多重要发现都是通过文化资源管理开展的，例如伦敦莎士比亚玫瑰剧院的发掘。在北美西南部开展的大规模CRM调查项目已经被证实是非常成功的。全世界很多城市考古都是在重建项目开展之前进行的。公共宣传是文化资源管理活动的重要组成部分。尽管有一些特例，但大部分项目都只有当地民众感兴趣。再一次强调，文化资源管理虽然有诸多好处并且保存了大量有限的考古资料，但是它并不能解决所有问题。

不幸的是，在现代工业社会，考古学是一门相对弱势的学问。它对于解决经济发展、失业和长期贫困等紧急问题的帮助不大。每当面对这些问题时，"考古学对社会很重要"这样的命题很容易被抛在一边。在这个被盗文物被贴上巨额标签的世界上，考古学的重要性遭到了严重的误解。人们禁不住想要问，在当今这个面临着环境和社会问题极大挑战的年代，那些早已消逝的商代、印度河、莫切等文明同我们有什么联系吗？

讲故事的重要性

我们怎样改变公众对于古代文明的看法？我认为很多问题要归咎于考古学家自身贫乏的表达能力。吃肉喝酒的冒险年代已经一去不复返了，我们现在已经很少用引人入胜的方法来写作和表述考古发掘和调查。今天对于古文明的研究已经相当专业，普通民众很难了解，更直白地说：因为很无趣，所以公众也不想了解。大部分考古文章都不可避免地充斥着生涩的术语，有时连专业人士都很难读懂，这带来很多理解上的障碍。考古学家们普遍持有这样一种想法：他们倾向于认为公众对考古都很感兴趣，所以考古学家不必花费太多精力，考古本身就会吸引大众的注意力。在给非考古专业的人做了很多年的演讲之后，我发现除了图坦卡蒙墓和金字塔之外，大部分人对于考古的印象都非常模糊，除非这项考古工作与他们的生活息息相关。有一次，我给一群供水专家做了一个关于加利福尼亚中世纪干旱的演讲，他们非常感兴趣，这是因为"百年大旱"这个主题同现在美国西部的干旱预测有明显的联系。我多次发现，如果你想要吸引听众的注意，你所讲述的考古故事必须与当下的问题密切相关。

我认为我们现在首先应该做的事情是根据研究本身来讲故事，但要保证不损害研究的缜密性。每一项考古调查，即使是那些不重要的项目，都有自己的故事：它们的研究者是怎样开展工作的？他们是怎样想到这个主题并开展研究的？他们对这项调查和调查的结果是如何看待的？像秘鲁西畔的莫切领主（Peru's Moche Lords of

Sipán）这样壮观的发现，本身就是一个令人激动并有广泛吸引力的故事。但如果我们要描述的是吴哥窟腹地边界模糊的聚落或者是石制品分布的重要性呢？我相信，只要谨记我们的故事并不是关于手工业制品和建筑、贸易股票，而是关于人，杰出的和卑微的人的时候，我们就能讲一个好故事。不论我们故事的主人公是贵族还是普通人，士兵还是农民，男人还是女人，自由人还是奴隶……我坚信只有他们的联系、他们的挑战和他们的收获才能构成最感人肺腑的关于古代文明的故事，也正是以上种种，为我们的比较性叙述提供了丰富的材料，而这些也恰好是吸引公众的地方。对比描述的另一个资源是那些令人印象深刻的考古侦探的故事，比如残留物分析，它可以揭示许多关于古代葡萄酒贸易的内容，非常引人入胜。这个故事需要两个要素——一个是向外行人解释发现过程的叙述，另一个是告诉他们制作葡萄酒这项活动究竟包含了些什么内容以及制作葡萄酒的工人们的故事。但是我们绝对不能忘记这类故事必须要有更宏大的社会背景，即我们所发现的这些东西和当今世界有什么联系。

我们一直倾向于认为古代文明同其他文明和当今世界是相互隔绝的，但这其实是一种错误的想法，这很大程度是由于在莱纳德·伍利时代并不流行的跨学科团队合作的广泛开展。可以说近年来对古文明的研究已经发生了根本的转变，古气候学的革命获得了大量有效的高分辨率的气候信息，使我们能以独特的比较方法看到干旱对高棉和玛雅文明及苏美尔人和莫切人的影响。这些社会应对干旱的措施对我们来说是极好的案例。例如，他们管理水资源、治理干旱的方法，或是抗霜冻型农业的开展。总之，在这些地区广泛存在潜在的公共利益，这些地区面临着严重的水资源短缺、长期的干旱、海啸及其他极端天气的威胁。我们可以为公众和科学团体提供那些受到持续性环境变化的地区的信息。老实说，我们甚至都还没开始投入与古代文明的比较研究中。

所有关于过去的故事最终都是围绕考古学记录的管理权和我们

祖先世界的利益而展开的。我们所有人，无论是考古学家还是外行，穷人还是富人，都是人类文化遗产的管理者。无论是玛雅金字塔、高棉神庙、古代长安城还是希腊山坡上散落的陶片。作为管理者，我们有责任为现世和未来保护文化遗产。我们皆享受着历史留下的馈赠，反映在考古学上，就是各种富有特色的文化，每个人或每个群体都有自身独有的特征。不论是土著还是农民、考古学家还是其他科学家、游客、甚至纪念品销售员及遗址的警卫，皆有特殊之处。了解人类多样性和古代文明必须将人这个概念贯穿研究和公众展示的始终，以确保那些不同的文化背景的人的信息能够被理解。这些信息包括考古发现、口头传统，甚至包括几十年在发掘现场工作的工人的记忆。这种合作会变得很常见，但绝不会简单，源自于此的比较信息往往具有不可估量的价值。我们讲述过去，必须与现在的人相关，并且将他们纳入研究过程之中。

讲述故事：印刷、媒体以及"抓住年轻人"

一代人以前，几乎所有的公共宣传皆依赖于书面文字、广播和电视。现在市场上考古书籍已近饱和，但是相对而言，极少有人关注更有概括性的故事，如文明比较或环境变化、气候变化以及它们对古代社会的影响等议题，或社会不平等性、人口增长及最平凡的物质——水的话题等。在某种程度上，这是考古学过于专业化的后果，学者们愿意在同行评审的期刊上发表论文，好像他们患上了一种"出版抑或灭亡"综合征。我们中有很多人担心进行广泛的比较性叙述会走出狭小的专业知识范围。考古学的价值体系依旧围绕着考古发现和专业性的学术知识。多年来，为广大观众写作被认为是不理智的行为，或是"不恰当的研究"。如果我们要鼓励这种吸引更多的观众的比较研究以及相关书籍出版，就必须允许作者在原有的考古学标准上展开，不要批评这种活动。从这个意义上来说，公众对于我们的漠然实则要归咎于我们自己的行为。我们在鼓励公众讨论古代文明对当今世界的重要性方面做得并不好。我们并没有尝试培养擅长公众宣传的考古学家，他们既有专业方面的知识，同时又能够为公众撰写考古普及读物，并具有进行公开演讲和熟练使用网络媒体的能力。数月前，我惊恐地被告知我的某篇文章没有"面向学术读者得体写作"。我不太明白到底原因何在，但猜想也许是因为我的书超出了学术期刊晦涩的文稿形制的范围。

当今世界充斥着收音机、电视、网络和社会媒体，与"考古学英雄时代"相比，公众很难长时间集中注意力。许多考古学项目和遗址都有自己的网站、并且同社会媒体保持着联系，有时也能吸引大量的观众。然而不幸的是，在最理想情况下，这些媒体也是暂时的，也就是说，进行持久交流是很困难的，更不用说提供实质性的信息了。电视上播放了一些不错的节目，有很多一直在向全球观众重复播放，尤其是英国 BBC 等媒体制作的纪录片。近年来，韩国电视台也开发了一些优秀的作品，中国也有一部包含考古发现的气候变化方面的系列纪录片。很多成功的考古节目正在不断完善，尤其是时光团队在英国、北美等地制作的纪录片，它一般通过为期四天的报道将一项研究项目介绍给电视机前的观众。这种工作将娱乐性融入严谨的考古研究之中。时光团队不仅报道令人震撼的考古发现，也开发了非常前沿的遥感技术，现在正广泛应用于减少破坏性发掘上。

"抓住年轻人"一直是公众考古的一个历久弥新的口号，通过为不同年龄段的儿童开设特别课程，结合现场教学、实习和博物馆参观，给年轻人灌输考古价值观，宣传考古学的意义和重要性。但是在很多国家，尽管有一些介绍古埃及、玛雅和其他文明的简单课程，考古学仍不是主流的历史课程。在某种程度上，这也是课程在吸引学生注意力上激烈竞争的成果。

文化旅游：展示我们的相似性和差异性

人类解决统治、生存、政治与社会组织等问题的方式多种多样，古代文明给我们提供了许多典型案例。我们周围古文明的物质遗存，同今天我们看待自己和生活的方式有莫大关联。文化旅游和文化遗产是连接过去和公众最有效的形式。令人惊讶的是，尽管现在文化旅游业发展迅猛，却很少有考古学家精通此道。例如中国的国内旅游是一个发展迅速的巨大产业，不断壮大的中产阶级对本国近代和过去的历史产生了越来越浓厚的兴趣。在欧洲、印度、墨西哥、秘鲁，每年国内旅游的人数都在不断激增。大型喷气式客机和巨型游轮为考古遗址带来洪水般的游客，像马丘比丘这样本来除了探险家之外人迹罕至的遗址也不例外。

　　游客数量激增的同时带来了机遇和难题。遗憾的是，管理著名考古和历史遗址的人往往不是考古学家，他们不得不处理许多复杂的问题，其中很多是前代人不可想象的。越来越多的人集中在旅游旺季的某一天参观吉萨金字塔或吴哥窟，这远远超过了以前数年内游客量的总和。无论是古迹还是其他遗物，正在遭受到人口压力带来的破坏。我们如何处理这些问题？将游客转移到较小的遗址，建立复制品或模型，还是限制参观人数？尽管各地面临的问题不同，但是游客想要在没有导游、旅行团和在交通拥堵的情况下独立参观一个遗址变得越来越困难。如果有人想要参观一个像长城或迈锡尼那样的遗址，他真的能体验到吗？"真正地经历过去"是我们的比较研究中吸引观众兴趣的重头戏。

　　在我的职业生涯中，我曾有幸在前工业时代的旅游规模下参观了世界各地的考古遗址。我曾经在暴风雪天气里漫步于英国北部哈德良长城，感受免受罗马帝国摧残的遥远村落；也曾坐在希腊埃皮达鲁斯几乎空无一人的露天剧院最高的一排，聆听欧里庇得斯的吟唱穿过舞台一排排的座位，到达我身旁，这种经历使人毕生难忘……这一刻，似乎能感受到几千年前的脉搏，仿佛有个声音在对你说话。这多么奇妙啊！毫无疑问，经历过去是了解现在的最好方式，仅仅通过参观是做不到的。

　　如何为公众安排这种经历是我们面临的最大挑战之一。我觉得开放的遗址现场是最有效的方式，但是我们要注意对导游的培训，因为他们中的大多数人并不了解科学的准确性，同时也不了解建筑和国王世系等相关方面的知识。他们可能难以想象，一群醉汉的共鸣夹杂着欢呼和嘲笑震响了奥林匹亚体育场，祭祀火光的烟雾在它上方盘旋时的情境。噪音和气味、声音和推攘——这些是人们记忆古文明的方式，我们可以用意想不到的方式拓展人们的想象力。毕竟我们都属于智人，带有人类所有的特质和情感，现代人和古人在这点上是一样的。在这方面，声和光的展示是有帮助的，但是作用还是有些不够。听到蒙古人爬上长城时被砍断手的故事，或者想象在一个月夜，一位玛雅酋长从黑暗的神庙走向拥挤的人群、摇曳着火光的广场——可以使过去变得更加直接真实，也完全与人们的经历有关。你的想象力将你带到那儿，尽管只是短暂的一瞬，但回到一个消失的社会的经历必将使你永生难忘。

我们有足够的理由去增加旅游者的感受，不仅是出于公众考古的考虑，也实实在在地出于经济发展上的考量。从国际方面来说也是一样的，拥挤不堪的遗址成为许多国家的经济发动机，比如英国、埃及、意大利、墨西哥、秘鲁诸国。在中国，壮观的秦始皇兵马俑以及还未发掘的秦始皇陵每年吸引了成千上万的国内外游客。一个精心制作的保护结构覆盖于埋葬坑之上，每个陶俑都有自己的特征，他们站成直线，编成军团，军官有其正确的位置。当你行走在俑坑上面俯视全坑，你看到的是一个随时准备赴战的军队。你会发现你正与中国古代历史上的持续惨烈的战争和穷兵黩武的现实面对面。如果你释放了你的想象力，你可以把整个兵马俑想象为一个活生生的军团，每个士兵都有不同的个性、带着不同的恐惧被塑造进一个匿名的军团。我们不禁想问：这个拥有大量军士的军团与我们自己的世界是如何联系的？对中国游客而言，重要的是它能告诉我们什么事情？它是如何同我们现在的生活相联系的？兵马俑坑是一个令人难忘的具有国际影响力的考古遗址，有着巨大的经济价值，同时得到了很好的展示。但是我想问，有多少游客在离开时会去思索这些士兵过去的历史。在我看来，这就是考古学面临的最大的挑战之一：连接我们所知的人类的过去、现在和未来。我们如何使古代文明复苏，使其成为一个鲜活的例子，从中窥探古代复杂的人类社会并辨别不同文明之间的差异？这就是公众考古面临的重大挑战之一。找到一种创造性的、科学性的方法来激发观众灵活的想象力是一条可行的解决之道。

公众考古并非一门新兴学科。自从奥斯汀·亨利·莱亚德和莱纳德·伍利时代开始，与广大观众接触已经成为考古学的一部分。今天，在与观众交流方面，我们面临着更大、更复杂的挑战。历史曾经见证了大大小小的人类社会的兴衰，我们知道考古学是观察这些人类经历的一种独一无二的方式。考古学家书写国家历史，痴迷于研究那些不知名的工匠的过去，因为我们知道他们恰恰才是古代文明的支柱。在环境问题方面，我们也从古代获知了很多信息。我们面临的困境不是故事本身——它们是如此迷人，但是我们难以将自己所知的故事全部讲述出来。下一代公众考古学家面临的挑战，是如何将这些迷人的故事带进主流学界，去提醒世界，考古和考古发现才是了解文明的核心，因为是考古让人类更了解自己。

参考文献

Layard, A. H. (1853). *Discoveries on the Ruins of Nineveh and Babylon.* London: John Murray.

Mallowan, M. (1977). *Mallowan's Memoirs.* New York: Dodds, Mead.

文化遗产：沟通世界的桥梁

帕达耶
印度德干学院

主讲人简介

帕达耶教授是德干学院考古学名誉教授和前任院长。在其致力于印度考古的 45 年学术研究生涯中，他为印度考古学的发展做出了卓越的贡献。他长期在卡纳塔克邦北部的 Shorapur Doab 地区主持田野发掘，其中又以在亨斯，Yediyapur, Isampur 和 Budihal 的发现最为重要，从聚落考古角度重建了此地区旧石器时代和新石器时代的文化谱系。他将聚落考古的方法和遗址形成过程的分析引入印度考古学研究体系之中，因而广受赞誉。帕达耶教授同样是考古学理论方法研究方面的杰出学者，他曾发表过一系列相关的文章和书籍，比如：《新考古学及其余波：英美世界之外的视野》（拉维什，1990 年）。他已经撰写了 7 本著作和大量的学术论文，其主要代表作为《印度南部 Shorapur Doab 地区的新石器时代文化研究》（莱顿，1973 年）及《印度半岛亨斯谷地的

阿舍利文化：聚落系统的视角》（德干学院，1982 年）。他曾获得富布莱特基金会高级研究学者奖金并且是富布莱特客座学者。1986 年，他得到加利福尼亚大学伯克利分校和新墨西哥大学的高级研究资助，并于 1999 年获得密歇根大学、华盛顿安阿伯和史密森学会的讲座资助。帕达耶教授是伦敦古物协会的荣誉院士。2012 年，因其对考古学的卓越贡献，印度政府授予他莲花士勋章（Padma Shri）。

"……在这个行星按照引力的既定法则继续运行的时候，最美丽的和最奇异的类型从如此简单的始端，过去，曾经而且现今还在进化着。"

——查尔斯·达尔文，《物种起源》（1859）

"我们像原始人一样认为日升日落只是为了我们自己，我们无法想象围绕我们岛屿的波浪也会在其他海岸留下珊瑚和珍珠。"

——著名东方学家威廉·琼斯（William Jones, 1746～1794）

【摘要】

　　1784年加尔各答成立了亚洲学会，致力于向西方世界介绍东方国家和东方文化。现在我热烈欢迎世界考古论坛的建立，论坛将作为东半球的一个交汇点，为了全人类的利益，协调全球力量，以研究、保护和利用文化遗产。本文强调自人类起源以来人类文化的积极发展，但同时关注对文化的狭隘解读，因为它们必然会导致社会纷争和冲突。本文进一步强调推进文化遗产公众教育的必要性。虽然人类有其特定的区域、文化、语言或宗教身份，但"多重身份"这一概念让我们可以把世界文化遗产作为人类的共同遗产。反过来这要求我们培养相互尊重的态度，积极欣赏他人及其文化。本文最后希望当代社会能从过去和现在简单社会的价值观中受益。

　　上文引述的达尔文的观点，虽然是针对生物多样性，也同样适用于文化界（图一）。人类文化的起点可以追溯到200多万年前的更新世早期，用达尔文的话来说，它以无数最美丽和最精彩的形式跨越时空。世界是一个多元文化网。过去文化多样性有时会产生不和谐和冲突，即使在今天，我们也无法避免。幸运的是，凭借自我纠正的能力，人类迟早会采取相应的补救措施。

 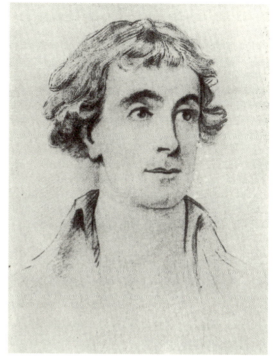

▲ 图一　查尔斯·达尔文（1809 ~ 1882）　▲ 图二　威廉·琼斯（1746 ~ 1794）

　　1784 年威廉·琼斯爵士在加尔各答建立的亚洲学会就是这样一项举措（图二）。他孜孜不倦地提倡和执著追求的东方学研究，是为了消除在英国盛行不衰的狭隘的文化观，如前文引述，他对狭隘文化观的温和责备也引起了人们的注意。对威廉爵士而言，学习和学问并不是出于好奇的本能，而最终是为了加强世界各民族和文化之间的理解。事实上，威廉爵士和后来的学者对东方文明的研究在欧洲引发了又一次文艺复兴，即"东方文艺复兴"，一如同雷蒙德·施瓦布（Raymond Schwab）1984 年同名著作所述。

　　历史告诉我们，在某种程度上，有些事件和情境会重演。这是一个令人愉悦的发展，在东方建立跨文化的桥梁的新举措已经开始，只是舞台从南亚转移到了东亚，从加尔各答转移到了上海。我们必须称赞中国社会科学院考古研究所与上海市人民政府共同建立世界考古论坛（SAF）的首创精神。我们很荣幸能够参加这个新的国际论坛的开幕式，探讨人类丰富多彩的文化遗产。

这与中国已经成为东方国家的领头者相得益彰。不仅仅是因为中国已经成为一个全球性的经济力量，更是因为它是世界知名和备受推崇的文明古国之一。李约瑟（Joseph Needham）的名著《中国科学技术史》（*Science and Civilization in China*）一书中早已意识到了中国对世界的思想和文化多方面的贡献。近年来，中国考古学取得了突飞猛进的进步，她的名望不再局限于北京猿人的物质和文化遗留、被誉为世界奇迹的长城、秦始皇陵兵马俑等。在过去的半个世纪里，中国考古学在旧石器时代考古、农业起源、青铜时代考古以及科学技术应用等方面取得了重大进步。最新的令人兴奋的消息是，中国北方的水洞沟旧石器时代晚期遗址的研究表明，石片技术取代了石叶技术（*Antiquity*, Volume 87, 2013），与欧亚大陆其他地区的情况不同。我们向中国考古学家表示衷心的祝贺。

世界考古论坛提出了一些非常令人赞许的宗旨。它将考古遗产视为全人类的共同财富，而非将它们局限在狭隘的区域。论坛旨在汇聚来自世界各地的人一起努力，投身于文化遗产的记录、研究和保护。它致力于世界范围内古代文化的比较研究，不是评价孰高孰低，而是强调它们的固有属性和活力。为更好地理解当代世界，论坛也对相关的文化遗产研究工作进行考察，并加以改善。

论坛充实了联合国教科文组织在促进世界各国之间的文化交流的工作，它的建立在世界重大事件史上可谓是生逢其时。毫无疑问，现代工业和科技的发展让我们的生活温馨而舒适，但这仅仅是相对而言。事实是，世界上仍然存在因经济不平等而产生的严重问题，这是经济学领域的一个难题。从更广阔的范围来讲，我们的世界也反复面临着由文化偏见和成见引发的危机。事实上，我们正处在十字路口，这一情况值得彻底反思。

文明的成就和存在的问题

维多利亚时代著名的人类学家泰勒（E. B. Tylor）在他的《原始文化》（*Primitive Culture*, 1873）一书中，对文化进行了全面定义，甚至非专业人士都很容易理解。他写道："文化或文明，就其广泛的民族学意义来说，是包括全部的知识、信仰、艺术、道德、法律、习俗以及作为社会成员的个人所掌握和接受的任何其他的才能和习惯的复合体"。考古记录和各种史料揭露了人类文化自其朦胧的起源以来的时空变化。人类学和考古学因对人类文化的研究成为独立的学科。1851 年在伦敦水晶宫举办的展览从视觉上展示了 17 、18 世纪的科学发现和 19 世纪的工业革命给人类带来的成就。换言之，展览的目的是"对全人类当时取得的伟大成就提供考验和展示的机会，并以之作为未来发展的新起点"（G. W. Stocking, *Victorian Anthropology*, 1987: 3）。

当然，过去的 150 年见证了更多的工业和技术进步，因此，至少需要十几个同等大小的水晶宫才能展示这些成就。我们已经分裂了原子并将其能源用于建设性甚至破坏性的目的。我们发明的技术，使我们能够在一天之内往返于全球不同的地方，甚至达到另一个星球。卫星已在全球范围内促进了瞬时视听通信。DNA 的研究为遗传学知识开辟了新的前景。医学研究为以前不可能攻克的健康问题提供了解决方案。

这些令人叹为观止的进步是人类创造力、技能和能力的见证。我们可以就此自信地认为当代世界一切安好吗？还差得很远。首先想想大自然会对我们做什么。世界上的任何一个角落随时都会面临各种自然灾难给人类带来的痛苦和苦难。我们仍然需要面对火山喷发和板块运动、山体滑坡和洪水、龙卷风和海啸。此外，还有一系列由政治、经济和社会不平等引发的问题。不是所有周游列国、在飞机座椅上悠闲地享受美味午餐或晚餐的人都记得地球上还有数百万人饱受饥饿折磨。当然解决这些问题的措施正在制定中，但是还没有形成彻底解决的方案。

世界上还有一系列与自然灾难、贫困或经济剥削无关的问题。20世纪，戈登·柴尔德（Gordon Childe）提出"人类创造自己"，实际上他还有一本同名著作（1936）。我认为柴尔德的本意是强调人类的主观能动性推进了人类的所有发展和进步，但他可能没有注意到人类带来的负面影响。不幸的是，正是这消极的一面上演着掠夺者的游戏。我们所有的人都熟悉过去它是如何引发政治和社会动荡、种族冲突、宗教仇恨和文化偏见的。这些问题我们现在仍然无法避免。在这些冲突中，文化遗产往往成为争论的焦点，索赔还是反索赔？对文化遗产的狭隘观念已经引发了人类暴动和社会混乱。

一些例子足以说明这一情况：

（1）1992年的乘车节（Rathayatra），数千名民众以罗摩神（Rama）的名义摧毁了印度北部阿约提亚（Ayodhya）地区的一座清真寺。

（2）泰米尔猛虎组织在斯里兰卡中部城市康提（Kandy）制造了佛牙寺爆炸事件。

（3）塔利班毁坏了巴米扬（Bamiyan）大佛。

（4）印度菩提伽耶（Bodh Gaya）最近频发的爆炸案。

当然，这样的案例也可能在世界上的其他地区继续大量上演。一个不幸的事实可以由此略见一斑。虽然自然世界之间的距离正在不断缩小，但人与人之间的心理隔阂却不断扩大，这一切严重干扰了世界社会的正常运作。阿约提亚等事件给社会结构留下的伤痕难以愈合。我们扪心自问：这些不幸事件的原因是什么？显然，心理上的优劣感、对他人的不信任、宗教和文化上的仇恨造成了这一切。这些心态反映在文化遗产上面是狭隘的、地方性的。换句话说，这种狭隘的做法源于宗教、种族、政治以及我们赋予文化遗产的社会标签。

现在关键的问题是：我们是要像专注于过去遗物的学生一样摆弄我们的电脑，浏览互联网而无视这些事件对社会结构的破坏，还是想方设法遏制和打击之？

文化遗产的公共教育

人类文化遗产的公共教育是全面、持久的可行方案。它应该从家庭和学校开始，兼顾社会各阶层。在这里借助三个著名的中国古代概念: 气（精神或构成宇宙的力量）、阴（事物的黑暗面）和阳（光明的一面），我想说我们的任务是最大限度地减少阴（文化遗产的不利因素）和最大化阳（其有利条件）。

文化遗产的公共教育有两个相辅相成的方面。一方面是我们的努力，向社会各阶层介绍我们对过去的了解以及现在拥有的信息。第二个方面受到了极大的忽略，它需要了解过去存在的意义及其在现代日常生活中的意义。我想以印度为例谈谈我对这两方面的观察和思考。

正如我前面提到的，南亚有着悠久的古物研究历史，其源头可以追溯到 1784 年在加尔各答成立的亚洲学会。1861 年英国殖民政府成立了印度考古调查委员会。两年后开始旧石器时代史前史研究，此时距欧洲公认其科学地位刚满四年。一些昔日的联邦王国也建立了相应的部门。20 世纪中叶起，一些大学也开始进行考古研究。在这些机构的共同努力下，通过对古代历史和文化、货币和碑铭、艺术和建筑等相关研究，向人们展现了狩猎采集和农牧阶段、青铜时代、铁器时代以及历史时期的场景。最近的研究结果将印度的旧石器时代追溯到 150 万年前。

这些成就引起了世界考古学的关注。1995 年彼特·乌科（Peter Ucko）编辑的《考古学理论: 世界视角》（*Theory in Archaeology: A World Perspective*）一书中收录了我的一篇文章，主要是对这些成就进行回顾和综述。但仍有不足处，主要是忽略了文化遗产的公共教育，只有极少数机构将其视为他们必不可少的工作内容。过去 50 年我供职的德干学院就是这些少数派的代表之一。

过去 75 年，在著名考古学家桑伽俐亚（H. D. Sankalia）教授的领导下，德干学院考古学系在印度各地进行了一系列广泛的区域调查和发掘，涵盖史前、原史和历史时期。这些田野研究的结果以报告、专著和研究论文的形式发表。除此之外，桑伽俐亚教授和他的追随者从一开始就把与社会分享他们的古物研究成果视为自己的神圣职责。为实现此目的，德干学院考古系采取了一系列措施。这些措施在全国的影响深远，桑伽俐亚教授逝世 25 年后，他的名字仍然深深地烙印在印度的广大农村，尤其是那些他和他的同事进行过长期田野工作的地区。简单地说，这些促进公共教育的措施如下：

（1）考古系的一整层楼专门用于博物馆陈列。它有史前、原史、铁器时代、艺术史、碑刻、货币、科技应用和民族学八个主题展厅（图三）。这些展厅用于教学，更重要的是，工作日对公众免费开放。这些观众包括村民、小学生以及考古爱好者，我们经常可以看见成群的小学生挤在一起观看展览的场面。

▼ 图三　普纳德干学院的 H. D. 桑伽利亚教授胸像与展示史前与历史时期文化序列的涅瓦沙（Nevasa）发掘成果部

▲ 图四　向公众展示德干伊南高恩（Inamgaon）发掘出土的文物

（2）考古队在所有主要的发掘现场向附近的居民宣传当前的工作，并鼓励他们参观发掘现场，让他们熟悉考古工作的性质和发现。此外，在发掘季度快要结束时，考古队将在发掘现场举办展览，向包括中小学生、大学生在内的当地群众宣传本季度的考古发现以及它们的文化意义（图四）。这不仅加强了人类对自己文化遗产的兴趣和自豪感，也有助于我们在各自的地域内发现更多、更重要的考古遗址。

（3）有赖于我们长期的田野工作以及对当地民众的教育，某些地区对本地文化的自豪感日益上升，个别地区的村委会自筹经费在议会大厅建立了永久性的博物馆展厅，以展示当地的文物和考古发现。我在德干高原的亨斯（Hunsgi）地区进行了35年的考古工作，很荣幸能帮助那里建立了一个乡村考古博物馆（图五）。实践证明，这样的展览对于来村委会办事的农民有莫大的吸引力。

（4）桑伽俐亚教授和他的继任者 S. B. Deo 投入大量时间来准备有关最新研究成果的通俗读物。尤其是桑伽俐亚教授，除了英

▲ 图五　展陈有考古文物的德干亨斯村委会大厅

语之外，他还用一些印度语言，如北印度语、马拉地语和古吉拉语来写作。他的文章广见于报纸和流行杂志。我要特别提及的是他于1965年用英语、北印度语和马拉地语三种语言出版的《考古学导论》（An Introduction to Archaeology）。它简洁地阐述了考古学的目的和方法（全书仅31页），以及与田野工作相伴的浪漫与冒险的经历。这至今仍是印度最好的考古学入门教材，广受中小学生和考古爱好者青睐。

（5）1995年我担任系主任之后，采用了更多的方法来推动公共教育。在意识到学校历史教科书并没有重视考古后，我们为老师们开设了为期一天的研讨会。在这些研讨会上，我们给教师们介绍了考古学本质、目的和研究方法，他们亦可接触到考古学实物和相关发现。越来越多的学校允许学生前来参观，说明这些研讨会收到了良好效果。

（6）我实施的另一项措施是让文化遗产研究参与一般的农业、工业和技术等相关主题的展览。我们为参展的文物提供展位，参观这些展览的人们络绎不绝，这些考古展览在所有的地方都广受好评。在普纳（Pune）之外的一些中小学和大学也举办过这种展览。

不幸的是，在印度进行这种公众教育活动的学术机构还很少，可谓屈指可数。对这类活动的需求很多，我们只能希望政府和开展文化遗产研究的学术机构，多投入一些时间和精力来教育公众。

社会调查的必要性

这使我想起文化遗产教育的另一个主要差距。中国和印度是世界上少数几个古代地区中，古代和现代没有脱节的国家，事实上，过去的历史还是现代社会的重要组成部分。著名的南亚艺术史专家阿南达·库马拉斯瓦米（Ananda Coomaraswamy）曾指出，在西方，哲学本质上是一种精神体操，这也是其目标。而在印度，它被视为通往生命的地图以摆脱愚昧，进行救赎。一些过去的理想或价值观指导着包括文盲在内的所有人的日常生活。这些理想或价值通过各种概念、格言、谚语和比喻来表现，我们从古代和中世纪的著作（如《摩诃婆罗多》和《罗摩衍那》）中可以看到这种表现形式。在现代主义之前，各种民间方法是有效的沟通手段，甚至通用于偏远地区。如在家里大人给小孩讲故事和神话，以皮影戏、舞台剧为代表的乡村舞台之夜，婚姻、庙会和朝圣时候的吟诵等。这些价值或理想是社会、经济、政治、宗教等所有生活内容的黏合剂，促进了社会的稳定和团结，尽管偶尔确实会发生政治或宗教动乱。

可悲的是，我们目前很少从社会心理层面理解以往流行的价值观。对印度社会进行系统的社会学研究是必要的，这对中国和其他古文明一样适用。这样的研究有两方面的好处：①揭露因狭隘的宗教、社会和政治目的对过往历史的滥用；②为我们时常干涸的象牙塔里的学术追求带来一些人文精神。

多重身份的互补性

我认为，不论哪个地区或国家，一定要考虑到公共教育的基本方面。其中一点是强调人类文化遗产的共性。虽然人类学和考古学是在广泛的、抽象的层面研究人类文化，但确实是在研究人类文化。从更新世起，受地理和文化因素影响，文化呈现出多种形式。一旦树立了文化多样性的意识，连不识字的社会群体都会避免以优劣来评论文化。我用一个简单但极好的例子来说明这一观点。1993年，一位来自农村的半文盲 Shri Siddaramappa Gowda 参观我们在德干高原的 Budihal 新石器时代遗址发掘的时候，被我们的实习生的外表差异震惊了。我们告诉他这些学生有的来自印度不同的地区，有的来自遥远的日本、欧洲和中东等地区，他暂停了一会儿，没有表现出任何的反感，用他自己的辨识和理解力，对自己提出的多样性疑问进行了解释："这些差异确实存在，但是由自然和地理因素造成的"。

每一个人，除非他/她深受外在因素的影响，否则他/她是能够自我启蒙的。这种态度确定后，也就为认识文化遗产的共性做好了准备。中国的周恩来总理的朋友、印度首任总理潘迪特·尼赫鲁（Pandit Nehru），在其名著《印度的发现》（*The Discovery of India*, 1946）一书中用优美的文字表达了这一观点："我的遗产是什么？我又是谁的继承人？是过去数万年间形成和发展的人性，是过去所有的思想、感受、痛苦和欢乐，是胜利的欢呼和战败的苦楚，是很早就开始、现在还在延续并引导我们的人类征途……"。

我们强调"共同遗产"这一概念的重要性，并不意味着抹杀或低估人们对地方、民族、地区或国家等文化遗产的开发利用。人类具有这样一个独特属性，不仅能掌握，而且根据时空变化多方面欣赏物体或事态。这同样适用于我们自身对语言、文化、种族、宗教等方面的认同。诺贝尔经济学奖获得者阿马蒂亚·森（Amartya Sen）的《身份与暴力——命运的幻觉》（*Identity and Violence – The Illusion of Destiny*, 2006）一书专门探讨身份这一主题。他告诫我们，根据孕育于宗教、社会、文化或民族的单一身份或独特身份的观点，世界正面临着严重的危机。他反驳这种孤立主义或单一身份论，认为我们每个人都不可避免地具有"多元身份"。

正确理解这个概念：多重身份并不矛盾，而是互补的，这种互补性能升华人类的精神。无视和反对这种人类精神是引起冲突的原因。如阿马蒂亚·森所言："事实上，许多当代政治和社会问题与不同群体的身份冲突有关……当代世界的和谐在很大程度上取决于对人类多重身份的清晰理解……必须清楚地看到，我们属于截然不同的群体，但彼此仍可以用多种多样的方式互相交流……我们仍有余地衡量轻重缓急……"考虑到这个世界是充满各地区特有文化的马赛克（过去和现在），每个都包含许多更小的马赛克，如何决定其多重身份？阿马蒂亚·森提出了一个明智的方式，即保持开放的心态，并做出合理的选择。同时，在面对不同层次的集体或群体身份时，我们也可以保持自己的民族、文化或宗教身份。针对亚洲首个诺贝尔文学奖获得者泰戈尔的问题，非暴力不合作运动的倡导者圣雄甘地如是说："我希望我的房子周围自由地吹着所有的文化之风，但我拒绝被吹走"。一个不争的事实是，虽然他希望结束英国在印度的统治，但他从未恨过英国。

阿马蒂亚·森对我们身份互补性的观察和用批判心态的精神武器与理性选择来处理这些问题的建议和文化遗产直接相关，最简单的原因是：我们的身份大多是由我们的遗产定义。核心问题是增进彼此之间的信任和相互尊重。我们知道，中国古代的哲学家孔子非常重视人们之间的信任，甚至超过了对食物和统治者的重视。古印度的伟大帝王阿育王呼吁他的臣民彼此尊重。他颁布的法令中有这样一条："尊重他人的信仰，就是尊重自己"。这个信条不仅号召包容其他文化和信仰，并提出了这种做法的积极意义。

现代和古代的文化大使

所有这些因素都值得纳入各级公共教育。旅游业是另一个发挥至关重要作用的领域。由于航空业的发展、中产阶级物质生活的改善，近几十年来国际旅游业发展迅速。如果能够在观光和享受的同时对文化遗产有所顾忌，游客便会发现和理解其他地方及其文化、现在以及过去，会自动让这个世界更加和睦友好。参观 Budihal 遗址发掘的农民具有广阔的视野，这是一个极好的榜样。

提到旅游业，我脑海中浮现出 1500 年前两位著名的中国僧侣——他们前往印度，被誉为最卓越的文化大使——5 世纪的法显和 7 世纪的玄奘。他们通过中亚和兴都库什山脉进入印度，并花了很多年时间拜访印度高僧及佛教中心，通过与当地学者探讨并研习佛典，获取关于佛教和其他思想流派的第一手资料。亚历山大·康宁汉（Alexander Cunningham）1862 年在印度开展考古调查时曾以他们的游记为指导。时隔千年，法显和玄奘仍然被视为中印文化交流的推进者和代表人物。

值得注意的是，曾有人劝阻过玄奘的印度之旅："那里的气候会让你无法适应，男人们裸露着黑色的肌肤，不知礼仪，不能对视。"但他不为所惧，毅然踏上了艰辛的旅程。周游印度 15 年之后，他带着 74 部 1335 卷经书回到了中国并将其译成中文。珠玉在前，世界考古论坛将作为东半球的一个交汇点，促进考古文化遗产的全球合作研究与保护，并为当代社会提供宝贵经验。我们在此给予最好的祝福。

来自过去的启示

过去对现在的启示？是的，在这里我有话要说。我的理解是，世界上许多考古记录主要关注一些简单、教育落后、非城市化的社会。确切地说，它们落后于文明的标准。这一点至今仍然不变，世界上大部分地区的人们主要从事捕鱼、狩猎、采集、放牧或植物农业。不同于已经蓬勃发展的城市社会，它们像是星星之火，很容易熄灭，这些社会历经世界的沧桑并存活下来，是因为他们都适应了当地的自然环境，在很大程度上限定了自己的活动，以满足基本生活需求。

　　根据对世界各地不同民间社会的比较研究，芝加哥大学的人类学家、已故学者罗伯特·雷德菲尔德（Robert Redfield）教授出版了两本著作，分别是《农民社会与文化》（*Peasant Society and Culture*, 1956）与《原始世界及其转型》（*Primitive World and its Transformation*, 1953）。他确定了简单社会的主要特征：规模小、全部自给自足、平均化、团体合作、个人亲密的血缘关系、生产用于维系社会而不受市场支配、性不是逞强争勇而是生育或生殖的本能、道德比技术更占主导地位、以虔诚的态度对待自然、利用土地资源满足个人的基本需求、采用托管的原则显示财富和权力。这些属性保障了社会的承受能力。从考古记录我们了解到，这些属性很多也是过去简单社会的特点。

　　我提及这些简单社会，既不是美化它们，也不是诋毁城市和文明，更不是要扭转现代化的时钟。当代世界面临着资源滥用、城市化、工业化和市场经济迅猛增长的趋势，患有"扬起灰尘却抱怨看不见"综合征。我只想说，保持上述民间社会的属性，可能给当代世界带来一定程度的节制和清醒，或许是确保人类物种和其文化再持续 200 万年的方式之一。

（本文图片版权：帕达耶）

后　记

　　古埃及文明、两河文明、印度河文明、中国文明、希腊罗马文明和中南美洲文明等古代文化和文明令人神往。世界不同地区的人们对自己民族的来龙去脉格外关注。公众对相关的考古新发现总是怀有浓厚的兴趣。古物和古迹的发现，是了解古代社会和文明的第一手材料。考古学对古代社会的繁荣和衰亡有其独特的研究视野。科学的考古研究，有助于积极有效地保护文化资源和历史遗产。更重要的是，考古学的价值不仅仅在于了解过去，而且能帮助我们更好地认识当今社会和展望未来。

　　当今考古学处在令人振奋又极具挑战性的时代。一方面，世界各地的考古新发现层出不穷，其中很多正在改写我们对人类历史的认识；另一方面，各种科学技术手段广泛深入地应用于田野考古和实验室分析，考古学家可以从古代物质文化遗留中，提取更多更详尽的考古信息。同时，考古学理论和方法也得到了前所未有的发展。可以说，当今的考古学研究非同往日，探索的内容非常广泛。除了对古代文明和文化展开深入的了解，我们还越来越关注与当今社会息息相关的重大研究课题，例如环境和人类社会的可持续发展、殖民化、性别、文化交流、族群认同、民族冲突和战争、经济和社会不平等、城市化、全球化、全球气候变迁以及大众社会的参与等议题。当今世界迅猛发展，社会过分沉迷于短期的目标和结果而无视长远的需求和发展。考古学注重时间深度，特别擅长对社会长期发展过程的研究，因此在当今社会发展中显得尤为重要。

　　我们身处一个全球化和城市化空前发展的时代，世界各地普遍面临的一个严峻挑战就是保护考古资源和文化遗产。在"经济"发展的名义下，不计其数的考古遗址和历史遗产正在被无情地破坏甚至毁灭。另外，盗掘品的非法买卖导致世界各地考古遗址盗掘日益加剧。通过科学考古发掘获取材料和信息来认识古代社会，是任何其他手段和途径都不可替代的。文化遗产是不可再生资源，一旦被破坏，就会永远消失。考古工作者急需一个国际平台来与各国首脑、政策制定者、实业家以及大众开展对话和交流。通过提升人们对文化遗产重要性及其与现代社会发展关系的认识，可积极推进考古遗址和文化遗产的保护。公众考古的宣传将进一步鼓励地方政府、实业家和公众积极参与到文化遗产的保护中来，推动考古旅游业的繁荣，促进文化、经济和社会的可持续发展。

尽管公众对考古发现抱有浓厚的兴趣，但对考古发现和研究在当今社会发展中的重要性则认识不足，甚至非常片面。如何有效地向公众宣传考古研究的价值和重要性，如何利用考古发现和研究所获取的新知识来分析当今社会面临的一系列重大问题，对于考古工作者而言，都是严峻的挑战。科学的考古发现和研究必将对现代世界做出巨大的贡献，今天和未来都会从中获益。

为了迎接新时代的挑战，中国社会科学院和上海市人民政府于 2013 年年初联合发起主办世界考古论坛。论坛旨在推动世界范围内考古资源和文化遗产的调查、研究、保护与利用。它是宣传考古成果、促进考古研究、彰显文化遗产现代意义的高端国际学术平台。论坛致力于创新与合作，关注人类社会的可持续发展。

由中国社会科学院考古研究所和上海市文物局共同承办的首届世界考古论坛于 2013 年 8 月 23～26 日在上海隆重召开，来自世界 28 个国家和地区的 75 位学者，还有国内各省院校、文物和考古研究单位的 92 位代表参加了会议。首届世界考古论坛评选出 10 项重大田野考古发现、9 项重大考古研究成果，入选项目的负责人分别作了大会报告。

首届论坛的主题是古代文明的比较研究。正如已故的布鲁斯·特里格教授所言：“社会科学面对的最重要的议题是人类行为在多大程度上受制于跨文化因素，或受制于某一文化之特定因素”（《解读早期文明》，2003 年）。通过使用比较研究的方法，考古学家得以认识古代文化的物质遗留并探索其时空变化。对于认识人类行为的共性及规律，无论是人类社会、文化的独特性，还是它们的多变性，比较分析即便不是唯一的，也不啻为最好的研究方法。现代社会的基本制度和价值观深深根植于数千年前的古代文明，研究古文明对于理解和解决当今社会面临的问题及危机有着重大启示意义，比如全球化，经济和社会不平等，以及人类社会的可持续发展等。对古代文明的调查和比较研究一直是现代考古学最关注的课题，长期以来，探索古代文明兴衰的原因和结果受到考古学家的特别关注。然而，我们对于古代文明的出现，早期城市、邦国、王国和帝国的社会、经济、政治及人口的动态机制等的认识却因缺乏科学缜密的比较研究而止步不前。

在过去的几十年中，全世界范围内的田野考古工作成绩斐然。有关家庭、社群、聚落及景观的考古调查获得了大量历时性、共时性的第一手材料，使得深入开展古代文明比较研究成为可能。现代社会根植于古代，面对当今世界的问题和挑战，占有完整、丰富比较性材料的考古学家有其独特见解。古代文明的比较研究有助于阐释人类社会和人类文化的发展历程，并终将帮助我们理解过去、服务现在、把握未来。

首届世界考古论坛非常荣幸邀请到 10 位来自世界不同地区的卓越学者作主题发言，其中包括 7 位世界考古学主题论坛演讲人，3 位公众考古学讲座主题演讲人。他们的演讲涉及古代文明比较研究的方法、具体研究内容、具体案例分析等。

我们首先要感谢上海市同行对会务工作的大力支持。在时任上海市文物局局长胡劲军先生的率领下，副局长褚晓波、博物馆处处长施彤、文物保护管理处处长李孔三，刘娜、范杰、钱玲等同仁为首届论坛的隆重召开付出了不懈的努力，上海博物馆考古部主任宋建、上海大学副教授曹峻分别为公众考古讲座和志愿者服务提供了许多帮助。我们还要感谢《中国社会科学报》上海记者站查建国先生为论坛提供的摄像服务。

要特别感谢为首届世界考古论坛准备工作以及论坛会志首卷本的出版付出辛勤劳动的同仁、学生，包括郭梦、黄超、汤毓赟、邓玲玲、杨清越、付永旭、翟少冬、吴洁美、杨悦庭、裴安冉、丁晓雷、董韦、陈豪、李楠、邓振华、李可言、汤超、张依萌、丛诗音、郭子莉、季宇、博凯龄、李丹妮、高俊熙、张婷婷。感谢论坛期间承担了大量专业口译的学者同行李永迪、焦天龙、李新伟、袁靖、赵志军等先生。感谢李淼先生专门为论坛精心设计的徽标。感谢筹备首届论坛期间安阳考古工作站同仁唐际根、岳占伟、崔良生、牛世山、何毓灵、岳洪彬提供的慷慨帮助。感谢科学出版社的编辑柴丽丽为会志的顺利出版所做的贡献。我们尤其感谢黄珊自始至终为论坛各方面的工作，特别是会志的征稿、编辑、出版所付出的辛劳和奉献。

最后我们衷心感谢世界考古论坛的所有咨询委员、评审委员以及关心支持论坛的同仁。

陈星灿　荆志淳